CB059990

NA TRILHA DO ENTUSIASMO

As Obras Completas de Joseph Campbell

- *Thou Art That: Transforming Religious Metaphor*
- *The Inner Reaches of Outer Space: Metaphor as Myth and as Religion*
- *Flight of the Wild Gander: Selected Essays 1944-1968*
- *Sake & Satori: Asian Journals*
- *Baksheesh & Brahman: Asian Journals – India*
- *The Hero's Journey: Joseph Campbell on his Life and Work*
- *Myths of Light: Eastern Metaphors of the Eternal*
- *Mythic Worlds, Modern Words: Joseph Campbell on the Art of James Joyce*
- *Pathways to Bliss: Mythology and Personal Transformation*
- *A Skeleton Key to Finnegans Wake: Unlocking James Joyce's Masterwork*
- *The Mythic Dimension: Selected Essays 1959-1987*
- *The Hero with a Thousand Faces*
- *Mythic Imagination: Collected Short Fiction*
- *Goddesses: Mysteries of the Feminine Divine*
- *Romance of the Grail: The Magic and Mystery of Arthurian Myth*
- *Asian Journals: India and Japan*
- *The Ecstasy of Being: Mythology and Dance*

Outros títulos ainda estão por vir.

Joseph Campbell

NA TRILHA DO ENTUSIASMO

MITOLOGIA E TRANSFORMAÇÃO PESSOAL

Edição e prefácio
DAVID KUDLER

Tradução
CARLOS ALDEMIR FARIAS
LARISSA CAVALCANTE

JOSEPH CAMPBELL
FOUNDATION

Palas Athena

Título original: *Pathways to Bliss: Mythology and Personal Transformation*
Copyright © 2004 Joseph Campbell Foundation (jcf.org), from The Collected Works of Joseph Campbell, Robert Walter, Executive Editor/ David Kudler, Managing Editor

Grafia segundo o Acordo Ortográfico da Língua Portuguesa de 1990, que entrou em vigor no Brasil em 2009.

Coordenação editorial: Lia Diskin
Capa e projeto gráfico: Book Designers - www.bookdesigners.com
Diagramação: Tony Rodrigues
Revisão técnica: Tônia Van Acker
Revisão: Rejane Moura

Dados Internacionais de Catalogação na Publicação (CIP)
(Câmara Brasileira do Livro, SP, Brasil)

Campbell, Joseph, 1904-1987.
 Na trilha do entusiasmo : mitologia e transformação pessoal / Joseph Campbell ; edição e prefácio David Kudler ; tradução Carlos Aldemir Farias, Larissa Cavalcante. -- São Paulo : Palas Athena Editora, 2024.

 Título original: Pathways to bliss : mythology and personal transformation.
 ISBN: 978-65-86864-31-1

 1. Mitologia 2. Mitologia - Aspectos psicológicos 3. Religião I. Kudler, David. V. Título.

24-203333   CDD-291.13

Índices para catálogo sistemático:
1. Mitologia : Religião   291.13
Tábata Alves da Silva - Bibliotecária - CRB-8/9253

1ª edição – maio de 2024

Todos os direitos reservados e protegidos pela
Lei 9610 de 19 de fevereiro de 1998.
É proibida a reprodução total ou parcial, por quaisquer meios, sem a autorização prévia, por escrito, da Editora.

Direitos adquiridos para a língua portuguesa por
Palas Athena Editora
Alameda Lorena, 355 – Jardim Paulista
01424-001 – São Paulo, SP – Brasil
Fone (11) 3050-6188
www.palasathena.org.br
editora@palasathena.org.br

Conhecer os outros é sabedoria;
Conhecer a si mesmo é iluminação.
Dominar os outros exige força;
Dominar a si mesmo exige verdadeira fortaleza.

Lao Tsé, *Tao Te Ching*, capítulo 33

Sumário

Nota sobre a tradução 11
Sobre as obras completas de Joseph Campbell 14
Prefácio do editor 15
Introdução 19

PARTE I
HOMEM E MITO

Capítulo I – A necessidade dos ritos 35
    As funções da mitologia 35
    Mito e o desenvolvimento do indivíduo 43
    Mitos para o futuro 51

Capítulo II – Mito através do tempo 55
    Superfície e substância do mito 55
    O nascimento do mito:
    sociedades primitivas e ancestrais 60
    O nascimento do Oriente e do Ocidente:
    as altas culturas 71

PARTE II
MITO VIVO

Capítulo III – Sociedade e símbolo 83
    O MECANISMO DOS MITOS: COMO FUNCIONAM OS SÍMBOLOS 83
    SOCIEDADE, MITO E DESENVOLVIMENTO PESSOAL 85
    O EGO: ORIENTE E OCIDENTE 89

Capítulo IV – O mito e o self 101
    JUNG E AS POLARIDADES DA PERSONALIDADE 101
    OS ARQUÉTIPOS DO INCONSCIENTE COLETIVO 106

Capítulo V – Mito pessoal 123
    JUNG: SEGUNDO QUAL MITO EU VIVO? 123
    AS FUNÇÕES DA MITOLOGIA NA TRADIÇÃO E HOJE 143

PARTE III
A JORNADA DO HERÓI

Capítulo VI – O eu como herói 151

PARTE IV
DIÁLOGOS

Capítulo VII – Diálogos 177

    NOTAS 201
    BIBLIOGRAFIA DE JOSEPH CAMPBELL 207
    ÍNDICE REMISSIVO 211
    SOBRE O AUTOR 223
    SOBRE A FUNDAÇÃO JOSEPH CAMPBELL 231

NOTA SOBRE A TRADUÇÃO

No título original, Campbell se vale da palavra *bliss* como um termo guarda-chuva para designar vários conceitos e estados de espírito, como felicidade plena, êxtase, bem-aventurança, entusiasmo, enlevo etc. No português não foi possível empregar a mesma palavra em todas as vezes que Campbell a utilizou, uma vez que alguns termos já tinham tradução consagrada na nossa língua, como por exemplo: *ananda-maya-kosha* que se traduz por "invólucro da beatitude". No título, utilizou-se o termo "entusiasmo", vocábulo que vem do grego, significando "estar tomado por Deus" ou em um estado de exaltação da alma – e que corresponde ao entendimento comum. Em outras incidências utilizou-se "plena felicidade", "bem-aventurança", "enlevo" ou sinônimos adequados ao contexto. [Nota da Revisão Técnica – Tônia Van Acker]

Ao traduzirmos esta obra para a língua portuguesa, nos deparamos com outros desafios. Este livro reúne conteúdos de diversas palestras e conferências proferidas por Joseph Campbell ao longo de sua carreira e, sendo resultado de registros orais, retém o estilo vivaz de Campbell ao se deparar com o público ouvinte. Isto implica também traduzir para o leitor brasileiro as expressões idiomáticas, trocadilhos e referências culturais que aparecem ao longo do texto.

Em alguns desses casos, os trocadilhos brincam com a pronúncia semelhante em palavras de significados bastante diferentes, como acontece no seguinte trecho, na introdução: "Você pode dizer que a transcendência é um buraco ou o todo, tanto faz, porque ela está além das palavras". [*You can call transcendence a hole or the whole, either one, because it is beyond words*]. Aqui, Campbell brinca com os significados das palavras *hole* e *whole*, cuja pronúncia é praticamente igual em inglês, embora tenham significados completamente diferentes. Nesses casos, buscamos tornar a intenção do autor inteligível recorrendo a notas de rodapé que esclarecem os jogos de palavras utilizados.

O livro também traz diversas referências a elementos típicos da cultura e da história dos Estados Unidos, uma vez que Campbell falava para uma plateia estadunidense; nestes casos, indicamos também em notas de rodapé qual o significado de termos e expressões utilizados pelo autor, quando este não fica explícito no texto traduzido. Um exemplo se encontra no capítulo VII, com o uso da expressão *widow's walk* [passarela da viúva], no trecho "Lá em Nantucket, temos todos aqueles chalés com a passarela da viúva lá no telhado: quando meu marido voltar do mar", que se refere a uma característica de um tipo de construção histórica encontrada nas áreas litorâneas dos Estados Unidos; tal analogia, embora fosse evidente para a sua plateia quando Campbell utiliza a expressão para se referir à espera de Penélope na *Odisseia*, não encontra equivalente na cultura brasileira, e a falta da contextualização cultural constituiria uma lacuna no significado da frase.

As escolhas feitas durante o processo tradutório foram pensadas no sentido de aproximar o texto de Campbell dos leitores brasileiros, porém mantendo a fidelidade – na medida em que é possível empregar este termo quando falamos em tradução – ao estilo do autor como, por exemplo, quando escolhemos utilizar *estória* e *história* na tradução dos termos *story* e *history*, respectivamente, para diferenciar uma estória como mito, narrativa oral, e o campo da história como disciplina acadêmica. Embora em português a distinção entre as duas palavras apareça com menor frequência, decidimos mantê-la para preservar o modo como Campbell emprega esses termos.

Em geral, optamos por manter em inglês os títulos dos livros citados por Campbell, ainda que muitos já tenham sido publicados em língua portuguesa, pois essas referências bibliográficas fazem parte das notas ao final deste livro. Ao longo do livro Campbell cita trechos de diversas obras; embora as notas de fim indiquem edições em inglês, estes trechos foram traduzidos para favorecer a fluidez da leitura. As duas exceções a esta escolha foram as citações da Bíblia, que foram retiradas da edição *Bíblia de Jerusalém* (Editora Paulus, 2012), e as citações de *Finnegans Wake*, de James Joyce. Neste caso, indicamos ao leitor a edição bilíngue *Finnegans Wake-Finnicius Révem*, traduzida integralmente para a língua portuguesa por Donaldo Schüler (Ateliê Editorial, 2022). No caso da obra de Joyce, escolhemos não traduzir as citações por se tratar de uma obra de reconhecida complexidade e que demandaria uma pesquisa mais aprofundada. As adequações que fizemos nestes casos foram decisões tomadas com o intuito de tornar a leitura desta edição em português fluida para o público brasileiro, porém sem perder de vista as particularidades do texto original.

Os Tradutores
5 de março de 2023.

SOBRE AS OBRAS COMPLETAS DE JOSEPH CAMPBELL

Quando morreu, em 1987, Joseph Campbell deixou uma significativa obra publicada que explora sua paixão de uma vida inteira: o complexo de mitos e símbolos universais que ele chamava de "a grande história da humanidade". Mas também deixou um expressivo volume de trabalhos não publicados: artigos esparsos, anotações, cartas e diários, bem como palestras gravadas em fitas de áudio e vídeo.

A Fundação Joseph Campbell, criada em 1991 para preservar, proteger e perpetuar a obra de Campbell, assumiu a tarefa de criar um arquivo digital de seus escritos e gravações e de publicar material anteriormente indisponível e obras que estejam fora do mercado editorial sob o título *The Collected Works of Joseph Campbell* [Obras Completas de Joseph Campbell].

The Collected Works of Joseph Campbell
ROBERT WALTER, editor executivo
DAVID KUDLER, gerente editorial

PREFÁCIO DO EDITOR

Em 1972, enquanto estava compilando seu livro *Mitos para viver* a partir do material resultante de duas décadas de palestras, Joseph Campbell disse que teve uma revelação:

> Minha percepção de mim mesmo era que eu amadurecera durante aquele período, que minhas ideias tinham mudado e, também, que eu havia progredido. Mas quando reuni estes escritos, todos eles diziam essencialmente a mesma coisa – durante um período de décadas. Descobri algo sobre o que me movia. Eu não tinha uma ideia muito clara do que era até reconhecer aquelas continuidades atravessando todo o livro. Vinte e quatro anos é um bom tempo. Muita coisa aconteceu durante esse período. E lá estava eu, ainda tagarelando sobre a mesma coisa.[1]

Enquanto compilava este livro, que é extraído de mais de doze palestras, entrevistas e seminários que Campbell proferiu entre 1962 e 1983, tive uma impressão muito semelhante.

Selecionei todas estas palestras porque elas delineiam a exploração feita por Campbell da ideia da mitologia como uma ferramenta para promover e entender o crescimento psicológico do indivíduo, o que ele chamava de quarta função ou função psicológica do mito. Meu primeiro plano era apresentar uma espécie de visão global dos pensamentos de Campbell sobre o assunto.

Contudo, descobri que as ideias que ele apresentara no fim do período em que encerrou suas palestras na Cooper Union e a gigantesca série As *Máscaras de Deus* estavam de fato muito alinhadas com aquelas que seguia explorando próximo do final de sua vida, embora em ambientes mais informais e mais intensos, tais como os workshops no Instituto Esalen, ocasião na qual celebrava seu aniversário todos os anos. Algo de seu pensamento cresceu – por exemplo, seus sentimentos a respeito da promessa e dos perigos do LSD como um portal para destravar as imagens míticas do inconsciente coletivo. Ainda assim, no geral a tese permaneceu a mesma. Ele sentia que o mito oferecia uma estrutura para o crescimento e a transformação pessoal, e que entender as maneiras como mitos e símbolos afetam a mente individual era um caminho para viver uma vida sintonizada com a natureza da pessoa – um caminho para o entusiasmo ou plena felicidade.

A vagarosa elaboração de seus pensamentos tornou a edição deste volume infinitamente mais fácil e infinitamente mais difícil que a edição dos volumes anteriores da série *The Collected Works of Joseph Campbell* nos quais trabalhei. O volume *Sake & Satori: Asian Journals —Japan* foi extraído de uma única fonte sequencial, o que me permitiu concentrar-me em assegurar que Campbell estivesse contando bem sua história. *Myths of Light: Eastern Metaphors of the Eternal* baseou-se em várias palestras e escritos não publicados, cobrindo 30 anos do pensamento de Campbell sobre religião indiana e asiática mas, depois de organizar os tópicos em um formato que evidenciava sua exploração da ideia do divino transcendente, cada seção se encaixou com bastante clareza: uma palestra para cada seção.

A primeira seção do atual volume, "Homem e Mito", olha para o desenvolvimento histórico do mito como uma ferramenta para o crescimento não de sociedades, mas sim de indivíduos. Esta seção foi extraída de um conjunto de palestras similarmente diverso; minha principal tarefa ao apresentá-las era assegurar que quaisquer redundâncias fossem eliminadas, de modo que o leitor não recebesse quatro repetições separadas das quatro funções da mitologia, por exemplo.

A segunda seção, entretanto, "Mito Vivo", foca na psicologia fundamental do mito, e foi extraída de uma série de apresentações feitas ao longo de quase uma década, todas intituladas "Vivendo seu mito pessoal" (um título com o qual o próprio Campbell nunca se sentiu plenamente confortável). Às vezes era uma palestra com duração de uma hora, às vezes um seminário de uma semana. Em cada caso, os tópicos abrangidos compartilhavam uma abordagem semelhante, porém eram apresentados em ordem diferente, com ênfase diferente, dependendo da audiência de Campbell, de eventos que estavam em evidência na época, e de seus próprios pensamentos em desenvolvimento sobre o assunto. Isso tornou a montagem de uma exploração plena e ainda inteligível de suas ideias mais provocadora do que usualmente é.

PREFÁCIO DO EDITOR

A terceira seção, intitulada "A Jornada do Herói", explora a premissa apresentada na obra seminal de Campbell, *O herói de mil faces*, uma ferramenta para que o indivíduo olhe para a sua própria vida. Ela apresenta ainda outro desafio. A maior parte desse material veio de um trecho de três dias de um seminário que durou um mês em 1983. Uma vez que o seminário inteiro transcorreu como uma discussão extremamente livre e abrangente, sua forma era bastante difusa. Encontrar um fio narrativo sem impor uma tese ou reduzir a exploração a ponto de torná-la incompreensível foi desafiador, para dizer o mínimo. Esta foi provavelmente a experiência mais difícil, a que mais me trouxe humildade dentre todas.

Uma das alegrias de ler – e editar – a obra de Joseph Campbell é que sua mente, como a rede de pedras preciosas de Indra, ata uma brilhante joia de pensamento à outra, sempre encontrando o fio que as liga. Como mencionei na introdução de *Myths of Light*, pode-se atribuir a Campbell os notáveis saldos conceituais daquele volume. Quaisquer lapsos de lógica devem ser depositados unicamente aos meus pés.

É importante observar que a minha contribuição para trazer este livro à vida é apenas uma entre muitas. Gostaria de reconhecer o trabalho incansável do presidente da JCF, Robert Walter, que não apenas manteve vivo o legado de Campbell nos 17 anos desde sua morte, administrou a pequena, mas próspera, corporação sem fins lucrativos que tem mantido a obra de Campbell seguindo adiante, mas que também me ajudou a classificar caixas de transcrições e fitas de áudio a partir de sua própria experiência como amigo e editor de Campbell na busca pelo material mais adequado para este livro.

Também gostaria de legitimar os continuados esforços de Jason Gardner da New World Library, que tem sido nosso parceiro para trazer esta série maravilhosa e crescente à vida, e de Mike Ashby, que nem titubeou quando confrontado com sânscrito, japonês e *Finnegans Wake*.

Desejo registrar, também, as contribuições de Sierra Millman e Shauna Shames, jovens brilhantes de quem vocês ouvirão falar nos próximos anos, e que forneceram transcrições para algumas seções desta obra. A Srta. Millman ainda trabalhou no copidesque da primeira seção, "Homem e Mito".

Finalmente, desejo agradecer à minha esposa, Maura Vaughn, com quem trilhei o caminho, e que o torna digno de se trilhar.

DAVID KUDLER
16 de julho de 2004

INTRODUÇÃO[2]

Estive conversando recentemente com um grupo no Instituto Esalen, na Califórnia. A maior parte eram mulheres, e estavam muito interessadas em saber se existiam na mitologia clássica modelos de comportamento para mulheres que estão tentando atuar na vida moderna como soldados, executivos e afins – algo que não existia antes. E daí surgiu a questão de se as figuras míticas sequer deveriam servir como modelos de comportamento.

Eu diria que, quer devam ou não, a situação típica tem mostrado que os mitos de uma sociedade fornecem *sim* modelos de conduta naquela determinada época. O que a imagem mítica mostra é a maneira segundo a qual a energia cósmica se manifesta no tempo e, conforme os tempos mudam, os modos de manifestação também mudam.

Conforme disse a elas, os deuses representam os poderes protetores que nos sustentam em nossos campos de ação. E ao contemplar as divindades, recebemos uma força estabilizadora que, por assim dizer, nos coloca no papel que é representado por aquela divindade em particular. Existem divindades protetoras da agricultura, divindades protetoras da guerra, e assim por diante. Em nossa tradição clássica, não existe divindade protetora para a mulher no campo dos negócios, da ação, da guerra etc. Atena é a protetora dos guerreiros, mas não é, ela mesma, uma guerreira. Embora Ártemis fosse uma caçadora, o que ela representa é o poder transformador da deusa, da natureza, não a ação dentro da esfera social. O que uma mulher de negócios poderia possivelmente aprender com Ártemis?

Onde quer que se tenha uma imagem mítica, ela foi validada por décadas, séculos ou milênios de experiência ao longo do caminho, e fornece um modelo. Não é fácil construir uma vida para si mesmo sem ter modelo algum. Eu não sei como está agora, neste minuto, quando tantas novas possibilidades se abriram para a vida. Mas, em minha experiência, sempre tem acontecido que o modelo é que nos dá a ideia da direção a seguir, e da maneira de lidar com os problemas e as oportunidades que surgem.

Mito não é a mesma coisa que história; mitos não são relatos inspiradores de pessoas que viveram vidas notáveis. Não, o mito é o transcendente em relação ao presente. Ora, um herói folclórico é diferente do sujeito que é assunto de uma biografia, mesmo que o herói possa ter sido uma pessoa real em algum momento: John Henry ou George Washington. O herói folclórico representa o aspecto transformador no mito. Quando você tem uma tradição mítica oral, ela está bem atualizada. Nos contos folclóricos dos indígenas americanos, temos bicicletas, temos a forma do domo do Capitólio em Washington. Tudo é incorporado na mitologia imediatamente. Em nossa sociedade de textos fixos e palavras impressas, é função do poeta ver o valor vital dos fatos ao redor e deificá-los, por assim dizer, para fornecer imagens que estabelecem uma relação entre o cotidiano e o eterno.

É claro que, ao tentar relacionar-se com a transcendência, não é necessário ter imagens. Você pode tomar o caminho Zen e esquecer os mitos completamente. Mas estou falando aqui do caminho mítico. E o que o mito faz é fornecer um campo no qual você consegue se situar. Esse é o sentido da mandala, do círculo sagrado, seja você um monge tibetano ou o paciente de um analista junguiano. Os símbolos são dispostos ao redor do círculo, e você deve situar-se no centro. Um labirinto, é claro, é uma mandala bagunçada, na qual você não sabe onde está. Assim é o mundo para as pessoas que não têm uma mitologia. É um labirinto. Elas lutam para abrir caminho como se ninguém jamais tivesse estado ali antes.

Recentemente conheci o trabalho de um esplêndido psiquiatra alemão chamado Karlfried Graf Dürckheim (não confundir com o sociólogo francês Émile Durkheim). Esse psiquiatra resumiu todo o problema da saúde – psicológica e física – que diz respeito ao mito, continuando o trabalho de Carl Gustav Jung e Erich Neumann.[3] Vive em nós, diz Dürckheim, uma sabedoria de vida. Todos nós somos manifestações de um poder místico: o poder da vida, que moldou tudo que vive, e que nos moldou no ventre de nossa mãe. E este tipo de sabedoria vive em nós, e representa a força deste poder, desta energia, se derramando no campo do tempo e do espaço. Mas é uma energia transcendente. É uma energia que vem de um reino além de nossos poderes de conhecimento. E essa energia se vincula em cada um de nós (neste corpo) a um certo compromisso. Ora, a mente que pensa, os olhos que enxergam, podem ficar tão envoltos em conceitos e em tarefas locais e temporais que nos amarram e não deixam aquela energia fluir. E aí ficamos doentes. A energia é bloqueada, e somos jogados para fora do centro; esta ideia é muito parecida com os princípios das medicinas tradicionais chinesa e indiana. Então o problema psicológico, a maneira de prevenir esse bloqueio, é tornar-se – e eis aqui a frase – *transparente ao transcendente*. É fácil assim.

O que o mito faz por você é apontar para além do campo dos fenômenos, em direção ao transcendente. Uma figura mítica é como o compasso que você usava para desenhar círculos e arcos na escola, com uma perna no campo do tempo e a outra no campo do eterno. A imagem de um deus pode se parecer com a forma de um ser humano ou de um animal, mas ela faz referência a algo que transcende a forma.

Ora, quando você traduz a perna metafórica, movente, do compasso em uma referência concreta – em um fato – o que se produz é meramente uma alegoria e não um mito. O mito aponta para além de si mesmo, para algo indescritível, ao passo que uma alegoria é meramente uma história ou imagem que ensina uma lição prática. É o que Joyce chamaria de arte *imprópria*.[4] Se a imagem mítica se referir a um fato ou a um conceito, então você tem uma figura alegórica. Uma figura mítica tem uma perna no transcendente. E um dos problemas da popularização de ideias religiosas é que deus se torna um fato final e não é mais, ele mesmo, transparente ao transcendente. Isto é o que Lao Tsé quer dizer quando fala, no primeiro aforismo do *Tao Te Ching*: "O Tao que pode ser nomeado não é o Tao".[5]

Torne seu deus transparente ao transcendente, e não importará mais qual seja o nome dele.

Ora, quando você tem uma divindade como modelo, sua vida se torna transparente ao transcendente na medida em que você realiza a inspiração desse deus. Isto significa viver não em nome do sucesso ou de conquistas no mundo, mas sim em nome da transcendência, deixando que a energia seja comunicada.

É claro que, para alcançar o transpessoal, você tem de passar pelo pessoal; precisa ter ambas as qualidades. O etnologista alemão Adolf Bastian falou sobre a existência de dois elementos em todo mito: o primordial e o local. Você deve passar pela sua própria tradição – o local – para chegar ao nível transcendente, ou primordial, e para que tenha uma relação com Deus tanto pessoal quanto transpessoal.

Em sociedades primitivas, o xamã faz o papel de um canal vivo entre o local e o transcendente. O xamã é aquele que de fato passou por uma cisão e recuperação psicológica. O menino ou menina que se aproxima da adolescência tem uma visão ou ouve uma canção. Essa visão ou canção corresponde a um chamado. A pessoa experimenta uma doença neurótica, tem calafrios. Esse é na verdade um tipo de episódio psicótico, e a família, por estar em uma tradição que conhece a situação, recorrerá a um xamã para dar ao jovem as disciplinas que irão tirá-lo daquele dilema. Essas disciplinas incluem encenar certos ritos psicológicos que colocam o indivíduo de novo em contato com a sociedade, rituais em que ele ou ela cantam sua canção.

É claro, o que esse indivíduo encontrou ao ir fundo no próprio inconsciente é o inconsciente de toda a sua sociedade. Tais pessoas estão presas em um horizonte pequeno e compartilham um sistema limitado de problemas psicológicos. E assim o xamã se torna um professor e um protetor da tradição mítica, mas é isolado e temido; é uma posição muito perigosa de se estar.

Ora, uma pessoa mais velha pode *querer* se tornar um xamã em algumas sociedades, e aí então deve submeter-se a certas provações para obter o poder que o xamã primário obteve automaticamente. No nordeste da Sibéria e em muitas partes das Américas do Norte e do Sul, o convite do xamã envolve uma vida travestida. Ou seja, a pessoa deve viver a vida do sexo oposto. Isso significa que aquela pessoa transcendeu os poderes de seu gênero original, e então mulheres vivem como homens e os homens vivem como mulheres. Esses xamãs travestidos desempenham um papel muito expressivo na mitologia indígena do Sudoeste – os hopi, os pueblo, os navajo e os apache – e entre os indígenas sioux e muitos outros.

Waldemar Bogoras e Waldemar Jochelson foram os primeiros a reconhecer essa inversão de gênero em meio ao povo chukchi na península Kamchatka da Sibéria.[6] Estes dois homens testemunharam uma constelação de reações a esse fenômeno. Uma delas foi que alguns jovens que tinham ouvido a convocação para se tornar o que eles chamam de um "homem mole" ficaram tão envergonhados e tão negativos em relação a isso que cometeram suicídio. Se o xamã não responde ao chamamento, então ele naufraga psicologicamente e se despedaça. Trata-se de uma convocação psicológica muito profunda.

Recentemente, li a história de uma mulher que cresceu numa cidade mineradora no oeste da Virgínia. Quando era garotinha, saiu andando pela floresta e ouviu uma música maravilhosa. Não sabia o que fazer com aquilo, nem sabia o que era. Os anos se passaram e, por volta dos seus 60 anos, ela procurou um psiquiatra com o sentimento de que tinha perdido a vida. Foi em profundas memórias hipnóticas que ela se lembrou dessa canção.[7] Vocês a reconhecem, é claro: é a canção do xamã.

Ao atender a esta canção, a esta imagem visionária, os xamãs se centram. Eles ficam em paz entoando as canções e realizando os rituais. Bem na ponta da América do Sul, na Terra do Fogo, vive o povo tribal mais simples do continente americano, os ona e os yámana. No início do século XX, o padre Alberto de Agostini, um sacerdote que também era cientista, viveu entre eles por algum tempo e nos trouxe praticamente tudo que sabemos sobre a mitologia deles. Ele conta que acordava à noite e ouvia o xamã local tocando tambor e entoando sua canção sozinho, a noite inteira – agarrando-se no poder.[8]

Ora, a ideia de segurar-se no poder por meio de seu mito onírico indica a maneira segundo a qual o mito funciona em geral. Se for uma mitologia viva, uma que seja real e organicamente relevante para a vida do povo da época, repetir os mitos e encenar os rituais produz o efeito de centramento. O ritual é simplesmente a encenação do mito; ao participar de um ritual, você está participando diretamente do mito.

No mundo navajo hoje em dia, onde existe uma grande neurose porque este povo guerreiro está em uma reserva ao invés de viver sua vida tradicional, os rituais de pintura de areia são usados para curar – é uma questão de repassar o mito repetidas vezes. Isso torna você transparente ao transcendente.

É assim que o mito funciona.

Descobri, em minha experiência com esses assuntos, que os melhores ensinamentos sempre vêm da Índia. Quando eu estava prestes a completar 50 anos e passara metade de minha vida estudando e ensinando mitologia, finalmente me perguntei: *Como reúno tudo isso?* Bem, pensei eu, existe um lugar onde a mitologia tem sido dominante por muitas eras, e não apenas dominante, mas traduzida em ideias, de modo que se pode ler sobre ela; existem milênios de comentários e discussões. Você não é obrigado a ficar somente com o que conseguir depreender a partir da apreciação estética imediata.

Então fui para a Índia, e de repente tudo fez sentido para mim.[9] Percebi que minhas melhores reflexões quanto a tais assuntos nasceram em grande parte do que aprendi ali.

Existe uma doutrina que vem da tradição vedantina e que me ajudou a entender a natureza da energia que flui através dos mitos. A *Taittiriya Upanishad* fala de cinco invólucros que circundam o *atman*, que é o solo espiritual ou germe do indivíduo.

O primeiro invólucro se chama *anna-maya-kosha*, o invólucro da comida. É o corpo, que é feito de comida e que se tornará alimento quando você morrer. As minhocas, os abutres, as hienas ou as chamas irão consumi-lo. Este é o invólucro de nosso corpo físico: o invólucro da comida.

O segundo se chama invólucro da respiração, *prana-maya-kosha*. A respiração oxida a comida; a respiração a transforma em *vida*. Isso é essa coisa, esse corpo: comida em combustão.

O próximo invólucro se chama invólucro mental, *mano-maya-kosha*. É a consciência do corpo, e ele coordena os sentidos com a versão de você que acha que é você.

Daí existe um grande intervalo.

O seguinte se chama invólucro da sabedoria, *vijnana-maya-kosha*. Este é o invólucro da sabedoria do transcendente se derramando. É a sabedoria que te trouxe à forma no ventre materno, que digere os teus jantares, que sabe como fazê-lo. Esta é a sabedoria que, quando você se corta, sabe curar a ferida. O corte sangra, e aí surge uma crosta; finalmente uma cicatriz se forma, e isto é o invólucro da sabedoria em ação.

Você vai dar um passeio na floresta. Alguém construiu uma cerca de arame farpado. Ela está inclinada e penetra na árvore. A árvore incorpora aquele arame farpado. A árvore tem aquilo de que estamos falando, o invólucro da sabedoria. Este é o nível da sua sabedoria natural, que você compartilha com as colinas, com os peixes, com os animais. O poder do mito é colocar o invólucro mental em contato com este invólucro da sabedoria, que é aquele que fala do transcendente.

E o invólucro por dentro do invólucro da sabedoria é o invólucro da beatitude, *ananda-maya-kosha*, que é em si mesmo o cerne daquela transcendência. A vida é uma manifestação da beatitude, da plena felicidade. Mas o *mano-maya-kosha*, o invólucro mental, está ligado aos sofrimentos e prazeres do invólucro da comida. Daí ele pensa: será que vale a pena viver a vida? Ou, como Joyce pergunta em *Finnegans Wake*: "Was liffe worth leaving?"*.[10]

Veja: a grama cresce. Do invólucro da beatitude vem o invólucro da sabedoria e a grama cresce. Daí, a cada duas semanas, alguém aparece com um cortador de grama e corta a grama. Suponhamos que a grama simplesmente pensasse: "Ah, que droga, para que tudo isso? Desisto!".

Isso é coisa do invólucro mental. Vocês conhecem esse impulso; a vida é dolorosa; como um deus bom pode criar um mundo com tudo isso dentro? Esse é um pensamento em termos de bem e mal, luz e escuridão – pares de opostos. O invólucro da sabedoria não sabe da existência de pares de opostos. O invólucro da beatitude contém todos os opostos. O invólucro da sabedoria sai de dentro dele e se transforma em pares de opostos posteriormente.

Quando estive no Egito, fui até a pequena e miserável tumba de Tutancâmon. Comparada à tumba de Seti I bem ali ao lado, parecia uma mera edícula. São duas pequenas salas do tamanho de uma quitinete. A tumba de Seti é do tamanho de um pequeno ginásio de esportes. É por isso que ninguém se deu ao trabalho de vasculhar a de Tutancâmon, e por isso encontraram todas aquelas coisas incríveis lá dentro.

Pense no caixão de Tutancâmon em termos da imagem indiana dos invólucros. Não sei se era essa a intenção dos escultores egípcios, mas foi isso que eu vi. São três caixas quadrangulares, uma dentro da outra: invólucro da comida, invólucro da respiração e invólucro mental. Este é o lado de fora. Daí temos um grande caixão de pedra que separa os dois invólucros de dentro daqueles que estão do lado de fora. E o que vemos lá dentro? Um sarcófago feito de madeira, revestido com ouro e lápis-lazúli. Este tem o formato do jovem rei,

---

* Aqui Campbell faz um trocadilho; a frase que vem antes, "Vale a pena viver a vida?", em inglês se lê "Is life worth living?"; a citação de Joyce: "Was liffe worth leaving?" soa praticamente igual, mas poderia ser lida como "Valeu a pena deixar a vida?", por isso o trocadilho. Quanto ao significado da citação, não traduzimos por não sermos especialistas na obra de Joyce; devido à sua complexidade linguística e formal, sugerimos buscar a tradução em português (JOYCE, James. *Finnegans Wake-Finnicius Révem*. Ed. bilíngue. Tradução de Donaldo Schüler. Ateliê editorial, 2022). [N.T.]

com suas insígnias de monarca cruzadas sobre o peito. Este, eu diria, é o invólucro da sabedoria, o nível da forma orgânica viva.

E dentro dele fica o invólucro da beatitude, da plena felicidade: um caixão em ouro maciço no formato de Tutancâmon, com várias toneladas de ouro. Quando você entende como o ouro era extraído naquele tempo, percebe que aquele sarcófago custou muitas vidas e muito sofrimento por causa da quantidade de ouro utilizada. E este é o invólucro da beatitude.

E dentro dele, é claro, estava o *atman,* o corpo em si. Infelizmente, os egípcios cometeram o enorme erro de confundir a vida eterna com a eternizada vida concreta do corpo. Então o que encontramos ao visitar o Museu Egípcio? É preciso pagar um dólar a mais para ir até a Sala das Múmias. E aí se entra em uma sala com três fileiras de caixões de madeira. Em cada um deles dorme um faraó. E os nomes dos faraós estão ali como os nomes em uma coleção de borboletas: Amenhotep I, II, III e assim por diante.

Eu só conseguia pensar naquela sala da ala da maternidade, o berçário onde ficam os bebezinhos. Os egípcios basearam tudo – construíram as pirâmides e as grandes tumbas – sobre um erro básico, o de pensar que a vida eterna é a vida do *anna-maya-kosha,* do invólucro da comida. Ela não tem nada a ver com qualquer coisa do tipo. A eternidade não tem a ver com o tempo. O tempo é o que nos deixa de fora da eternidade. A eternidade é agora, é a dimensão transcendente do agora à qual os mitos se referem.

Tudo isso nos permite compreender do que, de fato, tratam os mitos. Quando as pessoas dizem: "Bem, sabe, isso não dá para acreditar, e aquilo não pode ser verdade, então vamos nos livrar dos mitos", o que estão fazendo é se livrar do vocabulário que viabiliza o diálogo entre *mano-maya-kosha* e *vijnana-maya-kosha,* entre sabedoria mental e sabedoria orgânica, a sabedoria vida-corpo.

As divindades nos mitos servem como modelos, te dão papéis a desempenhar na vida, desde que você entenda que se referem ao pé que está no transcendente. A ideia cristã do *Imitatio Christi,* a imitação de Cristo – o que significa isso? Que você deve sair e se deixar crucificar? Nada disso. Significa viver com um pé no transcendente, em Deus.

Como diz Paulo: "Já não sou eu que vivo, mas é Cristo que vive em mim".[11] Isto significa que o eterno age em mim. E esse é o significado da consciência búdica, a consciência que é ao mesmo tempo o universo inteiro e você mesmo.

O mito diz que, se você lidar com o mundo de uma certa maneira, estará sob a proteção de Atena, sob a proteção de Ártemis, sob a proteção deste, daquele ou de outro deus. Esse é o modelo. Nós não temos isso hoje. A forma da vida mudou tão rapidamente que mesmo as formas nas quais era normal pensar na época da minha infância não existem mais, e existe um outro conjunto de formas, e tudo está se movendo muito, muito rápido. Hoje não temos o período de estase que é necessário para a formação de uma tradição mítica.

Uma pedra que rola não junta musgo. O mito é o musgo. Então agora é preciso fazer isso sozinho, de maneira improvisada. Descrevo o presente como um momento de queda livre no futuro sem nenhuma orientação. Tudo que precisamos saber é como cair; e podemos aprender isso também. Essa é a situação do mito neste exato momento. Todos nós estamos desprovidos de guias confiáveis.

Contudo, mesmo agora é possível encontrar dois guias. O primeiro pode ser uma personalidade em sua juventude que lhe parecia uma personalidade nobre e grandiosa. Você pode usar essa pessoa como modelo. A outra maneira é viver para um sentido de estado de graça. Desse modo, esse entusiasmo se torna sua vida. Existe um ditado em sânscrito: os três aspectos do pensamento que apontam mais longe em direção à fronteira do abismo do transcendente são *sat, chit* e *ananda*: ser, consciência e beatitude (ou plena felicidade).[12] Pode-se dizer que a transcendência é um buraco ou o todo*, qualquer um dos dois, porque ela está além das palavras. Só é possível falar do que está deste lado da transcendência. E o problema é abrir as palavras, abrir as imagens de modo que apontem para além delas mesmas. Elas tenderão a bloquear a experiência por causa de sua própria opacidade. Mas estes três conceitos são os que nos levarão o mais perto possível daquele vazio: *sat-chit-ananda*. Ser, consciência e beatitude (ou plena felicidade).

---

* Campbell faz um trocadilho impossível de ser traduzido pelas palavras *buraco* e *todo*. Em inglês, a grafia é praticamente igual, e as duas palavras têm a mesma pronúncia (*hole* e *whole*), embora signifiquem coisas quase opostas. O objetivo é enfatizar a ideia de que as palavras usadas para descrever a transcendência são irrelevantes uma vez que o significado do conceito está além das palavras. [N.T.].

Conforme fui ficando mais velho, comecei a pensar sobre essas coisas. E não sei o que é o ser. Não sei o que é a consciência. Mas sei muito bem o que é a plena felicidade: aquele profundo sentimento de estar em sintonia com toda a integralidade do seu ser, de fazer o que não se pode deixar de fazer para ser você mesmo. Se você conseguir se agarrar nisso, já está na beira do transcendente. Você pode não ter dinheiro, mas não importa. Quando voltei dos meus anos de estudo na Alemanha e em Paris, faltavam três semanas para a quebra da bolsa de Wall Street em 1929, e durante cinco anos não consegui emprego. Felizmente para mim, não havia ajuda governamental. Eu não tinha nada para fazer a não ser ficar sentado em Woodstock, lendo e desvendando onde residia o meu enlevo. Ali estava eu, o tempo todo à beira do entusiasmo.

Portanto, o que disse aos meus alunos foi isso: siga o seu entusiasmo. Haverá momentos em que o experimentará. E quando ele se for, o que acontece com ele? Simplesmente fique com ele, e há mais segurança nisso do que em descobrir de onde virá o dinheiro no ano que vem. Por anos tenho observado toda essa situação dos jovens decidindo sobre a carreira. Existem apenas duas atitudes: uma é seguir o seu entusiasmo; a outra é ler as projeções para descobrir onde estará o dinheiro quando você se formar. Mas isso muda tão rápido. Este ano é trabalhar com computadores; ano que vem é odontologia, e assim vai. E não importa o que o jovem decida, quando chegar a hora de ele ou ela seguirem em frente, terá mudado. Mas se tiverem descoberto onde está o centro de seu real entusiasmo, não perderão nunca. Você talvez não tenha dinheiro, mas terá entusiasmo.

Sua estrela pode guiá-lo até o mistério transcendente, porque o entusiasmo é o aumento do nível da energia da sabedoria transcendente dentro de você. Então, quando o entusiasmo estanca, você sabe que bloqueou o fluxo, o nível não está subindo; tente encontrá-lo de novo. E esse será o seu guia de Hermes, o cão que consegue farejar a trilha invisível para você. É assim. Desse modo é que a pessoa descobre o seu próprio mito.

É possível obter algumas pistas a partir de tradições anteriores. Mas elas devem ser consideradas apenas pistas. Como muitos sábios disseram: "Você não consegue usar o chapéu de outra pessoa". Então, quando as pessoas se empolgam com o Oriente e começam a vestir turbantes ou sáris, o que aconteceu é que ficaram presas no aspecto folclórico da sabedoria que elas precisam. Você tem de encontrar a sabedoria, não o vestuário dela. Através desses adornos, dos mitos de outras culturas, você pode chegar a uma sabedoria que, então, terá de traduzir para a sua própria sabedoria. O problema todo é tornar essas mitologias algo próprio.

Nos meus cursos de mitologia no Sarah Lawrence* dei aula para pessoas de praticamente todas as religiões que se possa imaginar. Alguns têm mais dificuldade de mitologizar do que outros, mas todos são educados em meio a algum tipo de mito. O que descobri é que qualquer tradição mítica pode ser traduzida para a sua vida, se ela tiver sido internalizada. Agarrar-se ao mito que foi colocado em você quando criança é uma coisa boa, porque ele está ali quer você queira, quer não. O que você tem de fazer é traduzir aquele mito na sua eloquência, não apenas na sua literalidade. Você deve aprender a ouvir sua música.

Tenho um amigo – um sujeito muito interessante – que começou como presbiteriano, se interessou pelo hinduísmo, e então serviu como acólito de um monge hindu em Nova York e se tornou ele mesmo um monge hindu. Um dia ele me telefonou e disse: "Joe, vou me tornar católico".[13]

Bem, a Igreja Católica tem se interessado pela totalidade ecumênica. Pelo menos, acham que se interessam. É claro, depois que as cartas estão na mesa, não se mostram nem um pouco interessados. Estão escondendo o jogo. Eles lidam com a situação derrubando os outros sistemas. Meu amigo, que passou de monge hindu para católico, tem escrito para uma revista jesuíta americana, e costuma dizer: "Não, não se pode tratar outras religiões dessa maneira. Se você vai entrar em contato com o que hindus ou budistas estão pensando, tem de descobrir o que estão pensando, e não apenas lê-los de maneira depreciativa".

E assim ele foi enviado para Bangkok na época de um grande encontro de ordens monásticas da tradição católica. Foi durante essa conferência que Thomas Merton morreu por causa de uma instalação elétrica mal feita em algum hotel de Bangkok.

A coisa interessante que meu amigo me contou foi que os monges católicos e os monges budistas não tiveram problema algum em se

---

* Universidade onde Campbell lecionou por 38 anos. [N.T.].

entenderem entre si. Todos eles estavam buscando a mesma experiência e sabiam que a experiência era incomunicável. A comunicação é um esforço para trazer o ouvinte para a beira do abismo; é uma placa de sinalização, não a coisa em si. Mas o clero secular lê a comunicação e fica preso à letra, e é aí que surge o conflito.

Meu antigo mentor, Heinrich Zimmer, tinha um pequeno ditado: as melhores coisas não podem ser ditas em palavras – elas são verdades transcendentes, inexprimíveis. As coisas que estão em segundo lugar nessa classificação são mal compreendidas: os mitos, que são tentativas metafóricas de apontar o caminho para as primeiras. E as que vêm em terceiro lugar têm a ver com história, ciência, biografia, e assim por diante. O único tipo de discurso que pode ser entendido é este último. Quando você quer falar do primeiro tipo, daquilo que não pode ser entendido, você usa o terceiro tipo como comunicação para falar do primeiro. Mas as pessoas interpretam como se fosse uma referência direta ao terceiro; a imagem não é mais transparente ao transcendente.

Aqui está uma história que me parece incorporar a imagem essencial de alguém vivendo a sua vida, encontrando-a e tendo a coragem de ir atrás dela. Vem de um romance arturiano, *La Queste del Saint Graal*, de um monge anônimo do século XIII.

Há um momento ali no salão de banquetes de Artur quando todos os cavaleiros estão reunidos ao redor da Távola Redonda. Artur não deixava ninguém começar a comer até que tivesse acontecido alguma aventura. Bem, naqueles dias aventuras eram bem normais, então as pessoas não passavam fome por muito tempo.

Eles estavam ali esperando pela aventura do dia, e de fato ela aconteceu. O próprio Santo Graal se mostrou para os cavaleiros reunidos – não em toda a sua glória, mas coberto com um tecido extraordinário, radiante. Daí se retirou. Todos ficaram arrebatados, sentados ali em um estado de total assombro.

Finalmente, Gawain, sobrinho de Artur, ficou de pé e disse: "Proponho a esta companhia um voto, que todos nós saiamos em busca daquele Graal para contemplá-lo desvelado".

Agora vem o texto que me interessou. Nele se lê: "Eles pensaram que seria uma desgraça sair em grupo. Cada um entrou na Floresta das Aventuras no lugar que ele mesmo tinha escolhido, onde era mais escuro e onde não havia qualquer caminho ou trilha".

Você entra na floresta no ponto mais escuro, onde não há caminho algum. Nos lugares onde há um caminho ou trilha, trata-se do caminho de uma outra pessoa; cada ser humano é um fenômeno único.

A ideia é encontrar o seu próprio caminho para o ardor do entusiasmo.

Parte I

Homem e Mito

CAPÍTULO I

A necessidade dos ritos[14]

AS FUNÇÕES DA MITOLOGIA

Tradicionalmente, a primeira função de uma mitologia viva é reconciliar a consciência com as pré-condições de nossa própria existência, isto é, com a natureza da vida.

No entanto, a vida se nutre de vida. Sua primeira lei é: "Ora eu devoro você, ora você me devora" – e isso é muita coisa para a consciência assimilar. Esse negócio da vida se nutrir da vida – da morte – vinha acontecendo por bilhões de anos antes de olhos se abrirem e se conscientizarem do que estava acontecendo lá fora; muito antes da aparição do *Homo sapiens* no universo. Os órgãos da vida tinham evoluído ao depender da morte dos outros para sua subsistência. Estes órgãos têm impulsos que sua consciência nem percebe. Quando se dá conta, você pode ficar com medo de ser esse aterrorizante "devore-ou-seja-devorado".

O impacto desse horror em uma consciência sensível é tremendo – o impacto desse monstro que é a vida. A vida é uma presença horrenda, mas você não estaria aqui se não fosse por isso. A primeira função de uma ordem mitológica é reconciliar a consciência com esse fato.

As primeiras ordens mitológicas primitivas são afirmativas: elas abraçam a vida como ela é. Não acho que algum antropólogo possa documentar uma mitologia primitiva que teve uma visão negativa em relação ao mundo. Quando se compreende o que os povos primitivos enfrentavam – as dores e agonias e os problemas de simplesmente existir – é bastante surpreendente. Estudei muitos dos mitos dessas culturas ao redor do mundo, e não consigo me lembrar de uma única palavra negativa a respeito da existência ou do universo. O cansaço do mundo vem depois, com as pessoas que estão vivendo no luxo e no conforto.

A única maneira de afirmar a vida é afirmá-la até a raiz, até a base podre e horrenda. É esse tipo de afirmação que encontramos nos ritos primitivos. Alguns desses ritos são tão brutais que mal se consegue ler sobre eles, quanto mais olhar para eles. Contudo, apresentam uma imagem vívida para a mente adolescente: a vida é uma coisa monstruosa, e se você vai viver, tem de viver *desta* forma; o que equivale a dizer: dentro das tradições da tribo.

Esta é a primeira função da mitologia: não meramente uma reconciliação da consciência com as pré-condições de sua própria existência, mas reconciliação com a gratidão, com o amor, com o reconhecimento da doçura. Apesar da amargura e da dor, a experiência primária no âmago da vida é uma coisa doce, maravilhosa. Esta visão afirmativa cai aos borbotões na pessoa através de terríveis ritos e mitos.

E então, por volta do século VIII a.C., veio o que eu chamo de a Grande Inversão. Pessoas de uma certa sensitividade e sensibilidade descobriram que não conseguiam afirmar o horror da vida diária. Sua visão de mundo ecoa nas palavras de Schopenhauer: "A vida é algo que não deveria ter sido".[15] A vida é um erro fundamental, metafísico, cósmico. Muitos a acharam tão horrível que se retiraram dela.

Qual é, então, a mitologia que emerge? Naquela época, surgiram mitologias de retraimento, rejeição, renúncia – negação da vida. Aqui encontramos as ordens mitológicas de fuga. E com isso quero dizer fuga real: sair do mundo. Porém, como proceder para cancelar em si mesmo seja o ímpeto de seguir vivendo, seja o ressentimento pelo fato de que a vida não te dá o que você acha que deveria dar, e acaba sendo este horror? Como extinguir o ímpeto de vida ou a decepção com a vida? Honrando as mitologias que negam o mundo, o cosmos, e que servem a esta função. O jainismo ou o budismo monástico dos primórdios são exemplos primários desta abordagem metafísica.

O jainismo talvez seja a religião mais antiga do mundo que continua em funcionamento. Um número muito pequeno de jainistas ainda vive, principalmente em Mumbai e seus arredores. E sua primeira lei é *ahimsa*, a não violência, não machucar qualquer tipo de vida. Ironicamente, eles são um grupo imensamente rico na Índia porque, se você quer uma carreira que não fira a vida (pelo menos fisicamente), o trabalho bancário acaba sendo uma das melhores opções. De modo que eles se tornaram um grupo diminuto, mas muito elitizado.

Como a maioria das seitas negativas, eles se dividem em duas comunidades. Uma é a comunidade leiga, os membros que vivem no mundo. A outra comunidade é composta por monges e monjas que são sustentados pela comunidade. Finalmente, é claro, eles não precisam de muito sustento de maneira geral porque entram na floresta e seu principal trabalho é *ir embora*.

Como se faz isso? Você começa desistindo de comer qualquer coisa que pareça estar viva. Não comerá carne, é claro, este é o tabu número um. Mas deixará de comer inclusive o que parece ser um vegetal vivo. Você não colhe uma laranja ou maçã. Você espera que caiam do pé. Imagine como seria deliciosa a mesa gourmet de um asceta jainista. Finalmente, sua alimentação se resumiria a comer apenas folhas mortas e coisas assim, mas você aprende, por meio de técnicas respiratórias da yoga e disciplina, a digerir cada pequena partícula de cada coisinha que comer.

O segundo objetivo é, através desse tipo de vida, perder todo o desejo de viver. A ideia é não morrer antes de ter perdido todo desejo pela vida, para fazer com que essas duas coisas coincidam. Nos estágios finais, você deve fazer um voto todos os dias de não dar mais do que um certo número de passos; reduzirá o número de passos com o tempo porque, cada vez que dá um passo, particularmente na floresta, você está machucando os fungos, as formigas, talvez até mesmo o solo.

A ideia nesta tradição – e ela oferece uma imagem fantástica do universo – é de que todas as coisas são almas vivas, que podem ser chamadas de mônadas de vida no caminho ascendente. Aquilo em que você está pisando está vivo. E, através de muitas encarnações, terá alcançado uma vida na forma humana, que estará pisando em algo vivo. Penso que esta é uma das mais grandiosas imagens de todo o universo: o crescente conjunto de *jivas*, ou mônadas vivas. Me faz pensar em uma garrafa de refrigerante quando você tira a tampa – todas as bolhas subindo. De onde elas vêm? Para onde vão? Elas vêm de um lugar além de todas as categorias, e vão para além de todas as categorias. Mas enquanto isso, na vida, estão indo para cima.

Portanto aqui temos duas atitudes em relação ao grande mistério. Uma é de completa afirmação. Jamais se diz não para nada. Você pode controlar sua existência e o seu sistema de valores e o seu papel social e assim por diante, mas, em seu coração e nas suas profundezas, você está dizendo sim para tudo. A outra é de fato dizer não – até o fim também. E você não participa de todo esse horror mais do que o mínimo necessário. O lance é sair dali.

Um terceiro sistema emerge, segundo mostram os documentos históricos, com o zoroastrismo, que data do período entre o século XI e VII a.C. Surge aí a noção de uma divindade – Ahura Mazda, o senhor da luz e da verdade – que criou um mundo perfeito. Angra Mainyu, o senhor do engano, destrói ou nega esse mundo. De acordo com Zaratustra (ou Zoroastro), uma restauração do mundo perfeito está a caminho, e podemos participar dela. Ao favorecer o bem em detrimento do mal em nossas vidas e atos, gradualmente ajudaremos a restaurar o mundo bom perdido.

É possível reconhecer essa forma de crença como algo que veio até nós por meio dos estágios tardios na tradição bíblica e na tradição cristã da Queda e Ressurreição.

Essa terceira posição, portanto, oferece uma mitologia melhorativa. Tal visão de mundo expressa a noção de que, através de certos tipos de atividade, uma mudança pode acontecer. Através de oração e boas obras ou alguma outra ação, a pessoa pode mudar os princípios básicos, as pré-condições fundamentais da vida. Você endossa o mundo sob a condição de que ele siga a sua noção do que o mundo deveria ser. É como se casar com alguém para aperfeiçoar ele ou ela – isso não é casamento.

Estes são, até onde sei, os três principais pontos de vista mitológicos nas altas culturas: um é inteiramente afirmativo, o outro, rejeição completa, e um terceiro diz: "Vou endossar o mundo quando ele for da maneira que eu penso que deveria ser". A secularização popular desta última posição encontra voz, é claro, na atitude progressista, reformadora do mundo, que reconhecemos ao nosso redor.

Uma ordem mitológica é um sistema de imagens que dá à consciência um senso de significado para a existência, a qual, meu caro amigo, não tem significado algum – ela simplesmente existe. Mas a mente sai procurando significados; ela não consegue jogar a menos que conheça (ou crie) algum sistema de regras.

As mitologias apresentam jogos lúdicos para serem jogados: como fazer de conta que você está fazendo assim e assado. Em última análise, através da brincadeira, você experimenta aquela coisa positiva

CAPÍTULO I – A necessidade dos ritos

que é a experiência de estar-no-ser, de viver de maneira significativa. Essa é a primeira função da mitologia, evocar no indivíduo a sensação de um grato e afirmativo assombro diante do mistério monstruoso da existência.

A segunda função da mitologia é apresentar uma imagem do cosmos, uma imagem do universo ao redor, que irá manter e provocar tal experiência de maravilhamento. Essa pode ser chamada de função cosmológica da mitologia.

A questão da verdade não tem importância aqui. Nietzsche diz que o pior argumento que se pode apresentar a uma pessoa de fé é a verdade. Seria verdade mesmo? Quem se importa? Na esfera da imagética mitológica, a questão central é que eu gosto disto desta maneira; esta é a fonte da minha vida. Questione a autenticidade cosmológica da imagem do universo arcaica de um clérigo, sua noção da história do mundo – "Quem é você, orgulho intelectual, para questionar essa coisa maravilhosa que tem sido a fonte de toda a minha vida?".

As pessoas vivem jogando um jogo, e você pode estragar a brincadeira sendo o Sr. Sobriedade que chega e diz: "Bem, qual a utilidade disso?". Uma imagem cosmológica te dá um campo no qual jogar o jogo que te ajuda a reconciliar a sua vida, a sua existência, com sua própria consciência, ou sua expectativa de significado. Isto é o que uma mitologia ou uma religião têm a oferecer.

É claro, o sistema deve fazer sentido. Uma das experiências mais desconcertantes que já tive foi durante a viagem da *Apolo 10* à Lua. Essa foi a missão espacial que veio logo antes daquela que aterrissou de fato na Lua, a viagem na qual aqueles três homens maravilhosos voaram ao redor da Lua bem na época do Natal. Eles falaram que a Lua parecia seca e estéril. E aí, para honrar o feriado, começaram a ler o primeiro livro do Gênesis. Ali estavam eles, lendo aquelas palavras vetustas que não tinham nada a ver com o cosmos através do qual estavam voando, que descreviam um universo plano no formato de um bolo de três andares criado em sete dias por um Deus que vivia em algum lugar abaixo da esfera na qual estavam naquele momento. Aquelas palavras falam sobre separar as águas de cima das águas de baixo, sendo que eles tinham acabado de assinalar que tudo era seco. A total discrepância entre a tradição religiosa e a condição física factual me atingiu fortemente aquela noite. Que calamidade para o nosso mundo que ainda não tenhamos nada que possa despertar os corações das pessoas como aqueles versículos o fazem, algo que, contudo, fizesse sentido em termos do universo real e observável!

Um dos problemas na nossa tradição bíblica é que o universo ali apresentado é o que foi definido pelos sumérios há cinco mil anos; surgiram dois modelos de universo desde então. Houve o sistema ptolomaico e, ao longo dos últimos 400 ou 500 anos, tivemos o universo copernicano, com o sistema solar e as galáxias rodopiantes. Mas aqui estamos nós, presos àquelas historinhas esquisitas do primeiro capítulo do Gênesis. Elas não têm nada a ver com todo o resto, nem sequer com o segundo capítulo do Gênesis.

A segunda função da mitologia, portanto, é apresentar uma imagem do cosmos que mantém o senso de assombro místico e explica tudo aquilo com que você entra em contato no universo ao seu redor.

A terceira função de uma ordem mitológica é validar e manter um certo sistema sociológico: um conjunto compartilhado de certos e errados, do que é adequado ou inadequado – do qual a sua unidade social em particular depende para existir.

Nas sociedades tradicionais, essas noções de ordem e lei se encontram na estrutura da ordem cosmológica: têm a mesma natureza essencial, igualmente válidas e igualmente inquestionáveis. Na tradição bíblica, por exemplo, temos um único Deus que criou o universo; supõe-se que essa mesma divindade tenha anunciado as leis sociais a Moisés no Monte Sinai, os Dez Mandamentos, e assim por diante. Portanto, as leis sociais dessa sociedade sagrada têm a mesma autenticidade das leis do universo. Não se pode dizer: "Ó, minha nossa, não gosto que o sol nasça tão cedo durante a primavera e o verão. Preferiria que aparecesse mais tarde". Nem se pode dizer: "Ah, não gosto que as pessoas não possam comer carne e leite na mesma refeição". Ambas as leis vêm da mesma fonte. Elas são apodícticas, ou seja, não podem ser negadas. As ordens sociais de uma sociedade tradicional, baseada em mitos, são tão autênticas e tão incriticáveis quanto as leis do próprio universo. Não se pode mudá-las; não se pode ir contra elas, exceto para destruir a si mesmo.

Isto é característico das antigas noções mitológicas de moralidade. A moralidade é dada, e nenhum congresso humano pode decidir que "Agora isto está obsoleto, agora isto é absurdo, agora é algo que irá nos destruir. Vamos mudar. Vamos ser racionais em relação a isto". A Igreja não pode fazer nada a respeito, e nenhuma sociedade

CAPÍTULO I – *A necessidade dos ritos*

tradicional pode fazer qualquer coisa a respeito. Esta é a lei, e é o que é. O Papa Paulo VI vem enfrentando esse problema em relação à contracepção. Ele assumiu uma posição absurda, dizendo que de alguma forma sabe o que Deus tem a dizer sobre esse assunto.

Tenho uma pequena mensagem para o Papa, e não pude encaminhá-la, mas quando Dante, n'*A Divina Comédia*, chega ao auditório divino da rosa celestial, Beatrice aponta a congregação. Eles veem uma gloriosa rosa branca, com a Trindade no meio. Vamos chamá-la de Recipiente da Rosa. Ela contém uma multidão de pessoas, todas as almas que foram criadas para preencher o lugar dos anjos caídos. Beatrice mostra a Dante que o recipiente está quase cheio. Ora, isto foi em 1300, imagine só o que aconteceu desde então. O Papa simplesmente não leu os livros corretamente. Vejam, está na hora de parar essa superpopulação. Já foi entregue a mensagem. A certa altura é preciso parar de encher o recipiente. Não tem lugar nem para ficar de pé. De todo modo, assim é na tradição bíblica.

Encontramos algo semelhante na Índia, onde se tem a ideia, não de um deus criador, mas de *brahman*, um poder impessoal que traz o universo à existência e o leva embora de novo. Um elemento fundamental dessa ordem universal são as leis que governam as diferentes espécies de animais e plantas, bem como as leis da ordem social indiana, o sistema de castas. Estas não podem ser mudadas. São uma expressão da ordem universal.

Ora, na Índia, até hoje, existe um conflito entre, de um lado, o sistema de castas e os tabus que vêm daquela tradição e, de outro lado, a lei secular do atual estado indiano. Há alguns anos, o sumo sacerdote de um dos grandes templos budistas disse: "Se você quiser ser britânico, rompa com a casta. Se você quiser ser hindu, obedeça às escrituras". E as escrituras contam que cada casta tem sua própria função e lugar. Portanto, na sociedade tradicional, a ordem social faz parte da ordem natural, e existe algo que é a lei moral. As pessoas ainda usam este termo, mas o que era moral ontem pode se tornar imoral hoje. Isso certamente pode acontecer, e aconteceu; vi isso durante a minha vida.

Por fim, a quarta função da mitologia é psicológica. O mito deve carregar o indivíduo através dos estágios de sua vida, do nascimento até a maturidade, a senilidade e a morte. A mitologia deve fazer isso em concordância com a ordem social daquele grupo, com o cosmos tal como entendido pelo grupo, e com o monstruoso mistério.

A segunda e a terceira função foram assumidas em nosso mundo por ordens seculares. Nossa cosmologia está nas mãos da ciência. A primeira lei da ciência é que a verdade não foi encontrada. As leis científicas são hipóteses de trabalho. O cientista sabe que, a qualquer momento, podem ser descobertos fatos que tornem a teoria atual obsoleta; isso acontece constantemente hoje em dia. É engraçado. Em uma tradição religiosa, quanto mais antiga a doutrina, mais verdadeira se acredita que ela seja.

Na tradição científica, por outro lado, um trabalho escrito há dez anos já está ultrapassado. Há um movimento contínuo para a frente. Então não há lei alguma, nenhuma Pedra Angular na qual se possa repousar. Não há nada deste tipo. É fluido. E sabemos que as rochas também são fluidas, embora levem um longo temo para fluir. Nada dura. Tudo muda.

No reino social, igualmente, não consideramos nossas leis algo divinamente ordenado. De vez em quando ouvimos, por exemplo, em relação ao problema atual do aborto: Deus está falando com esse ou aquele senador, ou com o Reverendo tal e tal. Mas não parece fazer sentido. A lei de Deus não é mais a justificativa para as leis da nação. O congresso decide qual é a meta decente para a ordem social e qual instituição deve fazer essa meta acontecer. Então eu diria que, nessa nossa sociedade secular, não podemos mais de fato pensar que as funções cosmológica e sociológica sejam um problema.

Entretanto, a primeira e a quarta função ainda desempenham um papel importante na vida de todos nós, e são estas que irei abordar. Estamos muito longe das antigas tradições. O primeiro papel da mitologia é a questão do assombro. E, como mencionei, você pode ter uma atitude dentre três possíveis em relação a ele.

A quarta função é a pedagógica. Basicamente, a função da ordem pedagógica é trazer uma criança à maturidade e então ajudar os idosos a se tornarem desapegados. A infância é um período de obediência e dependência. A criança é dependente dos pais, ela se volta para os pais para buscar conselho, ajuda e aprovação. Chega um tempo, entretanto, em que o indivíduo tem de se tornar autossuficiente e não dependente, tornando-se, ele mesmo, a autoridade. Aqui chegamos a uma distinção entre a atitude tradicional perante esse problema e a atitude ocidental contemporânea. A ideia tradicional é que o adulto que foi da dependência à responsabilidade deveria assumir as leis da sociedade sem críticas, representando-as. Mas em nosso mundo, estimulamos o desenvolvimento das faculdades críticas do indivíduo, achamos que ele deve avaliar a ordem social e a si mesmo, e então contribuir com críticas. Isto não significa detoná-la. Nem significa explodi-la antes de descobrir o que ela é.

Quero falar um pouco mais sobre esta última função.

MITO E O DESENVOLVIMENTO DO INDIVÍDUO

Acredito que a função psicológica é a mais constante das quatro funções nas várias culturas. Considere o problema de um indivíduo em desenvolvimento, seja um nativo sioux nas planícies da América do Norte do século XVIII, seja um indivíduo urbano neste ambiente selvagem, mecanicamente construído, no qual nós, pessoas modernas, nos encontramos hoje. Todos seguimos um caminho muito semelhante em termos de nosso desenvolvimento psicológico do berço ao túmulo.

O primeiro fato que distingue a espécie humana de todas as outras é que nascemos cedo demais. Chegamos ao mundo incapazes de cuidar de nós mesmos por um período próximo a 15 anos. A puberdade não aparece por 12 anos ou mais, e a maturidade física não chega até o início dos 20 anos. Durante a maior parte desse longo arco da vida, o indivíduo está em uma situação de dependência psicológica. Somos treinados, quando crianças, para que todo estímulo, toda experiência, nos leve simplesmente a reagir com: "Quem vai me ajudar?". Estamos em uma relação de dependência de nossos pais. Toda situação suscita imagens parentais: "O que mamãe e papai querem que eu faça?". Freud explica muito bem essa dependência.

Se você quiser um doutoramento, por exemplo, não sairá da tutela das autoridades até que tenha, talvez, 45 anos. Mas aí não sairá nunca. Você sempre consegue distinguir se um autor ainda está trabalhando sob as autoridades pelo número de notas de rodapé que ele coloca em seu texto. É preciso ter a coragem de suas próprias convicções e deixar que outra pessoa verifique a sua autoridade caso deseje.

Compare, por exemplo, um professor falando na televisão, respondendo perguntas, com um atleta sendo entrevistado. O acadêmico com muita frequência hesita, e a gente se pergunta, será que ele tem mesmo alguma ideia? O que o impede de falar? Daí você assiste o jogador de baseball e ele responde facilmente. Ele fala com autoridade. Responde com tranquilidade. Sempre fiquei impressionado com isso. Aquele atleta se livrou das autoridades quando era o melhor arremessador no campo aos 17 ou 18 anos. O pobre professor trabalhou sob as autoridades até começar a ficar grisalho, e agora é simplesmente tarde demais. Chegou a hora de sair porta afora completamente.

A certa altura da vida, a sociedade pede que esta criaturazinha dependente se torne um iniciador responsável da ação, alguém que não se volta simplesmente para pedir a ajuda do papai ou da mamãe, alguém que *é* o papai ou a mamãe.

A função dos ritos de puberdade em culturas mais antigas que a nossa era efetuar uma transformação psicológica, e não importa se você consegue somar 2 + 2 ou 962.000 + x. O principal é que você assuma responsabilidades num estalar de dedos, sem titubear. A pessoa que está dividida entre atitudes de dependência e responsabilidade é o neurótico: é ambivalente, está sendo puxado em duas direções.

Neuróticos são simplesmente pessoas que não cruzaram completamente a soleira psicológica. Elas têm uma experiência, e a primeira reação é: "Onde está o papai?". Daí repentinamente lhes vem a compreensão, "Ah, eu sou o papai!". Essas crianças de 40 anos, aos prantos em um sofá freudiano, são simplesmente pessoas que primeiro reagem de maneira dependente e depois têm de pensar: "Ah, espere um instante, eu cresci".

Portanto, todo mundo é criado com uma atitude de submissão à autoridade e medo de punição: sempre olhando para aqueles que estão acima de si à espera de aprovação ou reprovação. Daí, de repente, na puberdade, a pessoa tem de se tornar um adulto e assumir responsabilidade por sua própria vida. Todas as reações automáticas que, por algo em torno dos 20 anos, desencadearam submissão à autoridade devem ceder espaço a uma suposição de autoridade própria. A iniciação primitiva e os ritos da puberdade, que sobrevivem no tapinha que o bispo deve dar no momento da crisma, servem para *despertar você*; despertar você para a vida adulta, para abandonar sua infância.

Entre o povo aborígene dos aranda, na Austrália, por exemplo, quando os garotinhos começam a se tornar desagradáveis e difíceis de lidar para suas mães, as mulheres se juntam e lhes dão uma boa surra nas pernas com varas e coisas assim. Algumas semanas depois,

CAPÍTULO I – *A necessidade dos ritos*

algo muito interessante acontece. Os homens, todos usando estranhos trajes de deuses tais como os jovens sempre aprenderam a reconhecer como figuras de divindades, entram com rombos (ou zunidores)* e gritos e todo tipo de instrumentos barulhentos assustadores. Os meninos correm para pedir proteção às mães. E as mães fingem protegê-los. Daí os homens os agarram e os levam embora. Portanto, a Mãe não serve mais; agora eles têm de enfrentar a situação.

E o que eles enfrentam não é nada divertido mesmo. Uma das pequenas crises ocorre quando os homens posicionam os meninos atrás de uma tela de arbustos. Várias coisas muito interessantes estão acontecendo do lado de fora à noite – danças e assim por diante. Dizem aos meninos que não olhem. Bem, você consegue imaginar o que acontece com qualquer menino que olhe? Ele é morto e comido.

Essa é certamente uma maneira de lidar com delinquentes juvenis. Simplesmente erradicar qualquer jovem que não coopere com a sociedade que provê seu sustento. É claro, a parte ruim desse método é que ele priva a comunidade de talentos originais: apenas os meninos comportados sobrevivem.

Depois de um tempo, a cada menino é dada a chance de ver o que está acontecendo lá fora. Então ele se senta do outro lado da tela, uma criança amedrontada, por volta de dez a treze anos. Na extremidade do espaço de dança, um homem estranho aparece, encenando o mito do Canguru Cósmico. Daí o Cachorro Cósmico vem e ataca o canguru. Toda esta performance faz parte da mitologia do ancestral totem. Então o jovem está sentado na beira do banco, observando a apresentação, quando dois sujeitos grandes vêm correndo pelo campo e pulam nele. E continuam a pular nele.

Agora ele se lembrará do canguru e do cachorro para sempre. Pode não ser um método terrivelmente sofisticado, mas o menino entende a mensagem, e não há muitas mensagens a serem entendidas. Todas as imagens iniciais do pai e da mãe são transferidas para as imagens ancestrais da própria tribo.

Uma série de outras coisas empolgantes acontece: há mais espetáculos, e o menino é circuncidado. Ele ganha uma coisinha especial

---

* Instrumento sonoro, considerado um aerofone livre. Consiste em uma tábua achatada que pode ser feita de madeira, osso ou outra matéria-prima, com um furo em uma das extremidades, onde se amarra uma corda. O som é produzido ao girar o instrumento no ar, segurando na ponta da corda. [N.T.]

chamada *tjurunga*, que supostamente curará o ferimento e o protegerá, tornando-se uma espécie de fetiche pessoal dele – e assim por diante. Os homens alimentam o menino com o próprio sangue. Fazem cortes nos braços de onde o sangue escorre, e o garoto se alimenta desse sangue: bolos de sangue, sopa de sangue – o sangue é derramado nele todo.

Quando tudo acaba, o garoto não é o garoto que era antes do ritual. Muita coisa aconteceu. Seu corpo mudou, sua psique mudou, e então ele é enviado de volta para as meninas.

Ali ele encontra uma delas, a filha do homem que o circuncidou, já selecionada para ser sua esposa. Ele não tem qualquer escolha; não há critério pessoal. Ele não tem oportunidade alguma de dizer: "Não gosto disso. Quero outra coisa". Agora ele é um homenzinho certificado, e irá se comportar do modo como um homem de seu grupo deve se comportar.[16]

Essas sociedades enfrentam um problema de sobrevivência, e o indivíduo que é iniciado na ordem social deve ser iniciado de tal maneira que suas respostas espontâneas estejam em concordância com as necessidades daquela sociedade. A sociedade o molda sob encomenda: ele está sendo aparado e talhado para ser um órgão de certo organismo. Nada de pensamentos independentes, por favor.

Nas sociedades de uma cultura tradicional, portanto, a maturidade é a condição de se viver dentro dos limites das tradições culturais. Você se torna o veículo da ordem moral. Você faz com que ela seja cumprida. Você acredita nela. Você é ela.

Em nossa cultura, temos um requisito diferente. Queremos que nossos alunos, nossos filhos, sejam críticos, usem a cabeça, se tornem indivíduos e assumam responsabilidade por suas próprias vidas. Alguns deles começam cedo demais, me parece, mas no todo este é um princípio de grande potência criativa. Contudo, ele leva a um problema muito novo em relação às nossas mitologias. Diferentemente de culturas tradicionais, não tentamos imprimir a tradição na pessoa com tal força que o indivíduo se torne simplesmente uma cópia ambulante do que veio antes. Ao invés disso, a ideia é desenvolver a personalidade individual – um problema contemporâneo e específico do Ocidente, vocês talvez se surpreendam de saber.

Na Índia, por exemplo, espera-se que o indivíduo aja exatamente como tradicionalmente sempre se esperou que uma pessoa de sua

CAPÍTULO I – *A necessidade dos ritos*

casta aja. Aquele antigo ritual do *sati* – da mulher se jogando na pira funerária de seu marido, um rito tão abominável para as nossas sensibilidades – vem de uma palavra em sânscrito, *sat*, que é a forma feminina do verbo "ser". Uma mulher que executa seu dever como esposa até o fim *é* algo, precisamente porque ela é uma esposa. E a pessoa que desobedece a este *sat*, este *dharma*, esta lei de sustentação, é *asat*: um "não algo".

Este ponto de vista é o exato oposto da nossa perspectiva ocidental. Se uma pessoa simplesmente vive segundo uma autoridade e faz exatamente o que lhe mandam fazer, identificando-se com seu papel social, nós o chamaríamos de quadrado, careta – "Não existe um indivíduo ali".

Em seguida chegamos a uma transformação psicológica que todas as pessoas tiveram de enfrentar: o trajeto da maturidade à senilidade e o enfraquecimento das forças. Nas sociedades primitivas e em todas as altas culturas arcaicas, esta transição vem mais cedo do que acontece conosco, graças à nossa altamente desenvolvida ciência médica. Em muitas sociedades, é espantoso o quão cedo essa crise de velhice começa a aparecer. De todo modo, não importa quando, ela vem.

Justo quando você aprendeu o que seus instrutores lhe ensinaram, suprimindo todos os movimentos do espírito que são incompatíveis com a ordem social local, bem quando você começa a ser alguém informado, começa a governar e direcionar, então tem início a perda do controle. A mente falha em lembrar das coisas, a mão derruba objetos, você se sente mais cansado do que costumava ficar no fim do dia, pensar no sono se torna muito mais agradável do que planejar a ação – você está começando a se retirar. Além disso, apareceu outra geração muito vigorosa, com um estilo de cabelo diferente, e você pensa: "Bem, eles que tomem conta". As mitologias têm de cuidar dessa situação da retirada.

Quando todas as energias da sua vida e todas as energias que o mundo exigiu de você foram aplicadas aos objetivos de uma dada ordem social, e então você descobre que esses objetivos ou mudaram ou não são mais suscetíveis às suas ações, você cai em um mergulho psicológico rodopiante. As energias da psique recaem naqueles reinos das profundezas do ser – que a sociedade não solicitou – as facetas que foram interditadas quando você estava sendo moldado para a vida adulta.

Espreita aqui o que Freud chama de libido descartável. Aquelas coisas que você não tinha permissão para fazer agora, de repente, se tornam interessantes. Por exemplo, vocês conhecem a história do homem de meia-idade que já aprendeu tudo que lhe ensinaram a fazer e fez tudo que pensou que deveria ser feito. Ele realiza tudo isso com facilidade, então agora tem tempo livre.

O que ele faz com o seu tempo livre? De repente ele pensa: "Ah, todas aquelas coisas das quais me privei para alcançar isto!". Além do mais, a conquista em si se torna menos e menos interessante. Não gosto de contar isso para meus alunos universitários, mas na verdade não vale a pena. Você pensa: "Ah, aquelas coisas que eu deixei de lado!".

De qualquer modo, papai começa a ver aqueles olhinhos cintilantes ali que não notara antes. As jovens de alguma maneira lhe parecem mais maravilhosas do que lembrava terem sido em sua juventude, e a família começa a dizer: "O que aconteceu com o papai?".

Ou talvez ele tenha planejado ganhar tudo e daí se aposentar. O que ele queria fazer quando se aposentasse? Ele se dedicaria ao amor de sua juventude – digamos que fosse a pesca. Então ele se equipa com uma quantidade considerável de apetrechos rituais, certos tipos de chapéus, varas ("Não chame de bastão; isto é uma vara"), equipamentos, e todos os tipos de isca com as quais ele cobre seu chapéu, e tudo bem: o velho tem tudo agora. Deixem-no fazer o que gosta, deixem-no ir; ele tem uma cabana perto do rio e tudo o mais.

O que ele está fazendo? Está pescando; mas isso é o que ele estava fazendo da última vez que amou alguma coisa, quando tinha 12 anos. O que ele puxa? Peixes. Pelo que o seu inconsciente está esperando? Sereias.

Ele tem um colapso nervoso – isso não é piada; é um fenômeno que os Estados Unidos pode documentar, são milhões de casos: o homem que pensou que sabia pelo que estava trabalhando. Ele estava trabalhando para poder pescar. Daí subitamente descobriu que estava casado, tinha filhos, e tinha que se matar de trabalhar, e todo mundo estava meio que o ajudando a passar por isso com a esperança de que algum dia ele se aposentaria e faria aquilo que queria fazer. Enquanto isso, algo dentro dele tinha crescido para mais além do que ele; ele não está pronto para peixes, ele quer garotas, e isto não é o que está disponível. Então ele vai para um asilo de lunáticos, onde essas Loreleis vêm do seu inconsciente em formas muito pouco apetitosas. Esse é o poder da libido descartável.

CAPÍTULO I – *A necessidade dos ritos*

Ou a mãe; todos nós conhecemos a Mãe: ela nos deu sua vida, nos deu tudo o que tem. Talvez também tenha tido alguns amantes bacanas e assim por diante, além daquele cretino corpulento que chamamos de papai. Daí os filhos vão embora, então sobra uma casa vazia. E uma vida vazia, e vem uma fúria de agarrar a vida de novo. Ela se foi, se foi, tudo aquilo para o qual ela se doou, tudo aquilo em que ela jogou a sua libido se foi.

Ela enlouquece; se torna aquilo que chamamos de sogra. Ela educa os netos, diz quando você tem de fechar a janela, quando deve abri-la, como fritar os ovos – todo esse tipo de coisa. É uma crise terrível. Esses poderes da psique interior vêm à tona de maneira compulsiva – a pessoa não consegue evitar – e às vezes podemos ver a pessoa pensando: "Não devo fazer isso". Daí a pouco, meu Deus, lá está ela fazendo tudo de novo.

As antigas mitologias tinham de cuidar desse problema também. Tinham de levar as pessoas da dependência em ser aquele que carrega o universo, até se tornarem alguém que não é mais desejado. Bem, as sociedades antigas tinham uma noção maravilhosa: as pessoas idosas são sábias. Então todo mundo fazia de conta, você sabe, e pediam aos mais velhos conselhos e consentimento, e eles davam. Você tinha o conselho dos anciãos, do senado, e a sociedade encontrava uma maneira de manter os sujeitos mais velhos engajados.

Já há alguns anos mantenho contato com o Departamento de Estado. Hoje as pessoas ali me dizem que um dos maiores problemas deles é *não* fazer as coisas que os embaixadores e o presidente e o gabinete lhes dizem para fazer. O Departamento de Estado é um grupo de indivíduos muito instruídos: eles sabem o que fazer. Entretanto, são apenas agentes; as orientações vêm das pessoas que derramaram dinheiro nos partidos Republicano ou Democrata para a eleição, e assim se tornaram embaixadores disso e daquilo. Esses são os anciãos. E eles dizem aos diplomatas profissionais o que fazer. Ouvi de muitos funcionários do Departamento de Estado que o principal problema deles é realizar o trabalho o mais devagar possível de modo a causar o mínimo possível de danos.

As autoridades são os idosos. Nós não sabemos como lidar com eles hoje em dia, mas nas antigas sociedades tradicionais eles sabiam. O motivo é que naquele tempo não mudava quase nada de geração para geração. As coisas aconteciam antigamente da mesma forma como aconteciam no presente. Então você poderia perguntar aos anciãos como as coisas costumavam ser feitas, e a resposta tinha alguma influência no que deveria ser feito agora. Isso não é mais verdade.

Existe uma última transição para a qual uma ordem mitológica precisa nos preparar: a jornada da saída pela porta escura.

Há uma historinha que ouvi certa vez sobre o Circo Barnum e Bailey. Eles costumavam ter uma tenda especial para o show de horrores. Você pagava 50 centavos ou algo assim para entrar e ver as aberrações, e havia vários cartazes indicativos: "Para a Mulher Barbada", "Para o Homem Mais Alto do Mundo", "Para o Esqueleto Vivo" e tudo o mais. Havia tantas coisas para ver que as pessoas não saíam, e a tenda ia se enchendo de gente. Isto se tornou um problema: o que fazer com pessoas que não saem? Alguém teve a ideia maravilhosa de retirar o cartaz indicando a saída e colocar um que dizia: "Para o Grandioso Egresso". É claro que todo mundo quis ver o Grandioso Egresso.

Nós temos uma historinha como essa para ajudar as pessoas a morrerem. Você sai pela porta, e será simplesmente maravilhoso lá fora. Haverá harpas para tocar, todo mundo vai te encontrar, e por aí vai.

Quando a sociedade começa a dizer, "Agora nós realmente não precisamos de você aqui, e também não precisamos de você ali", as energias voltam de novo para a psique, e o que fazer com elas?

Estive em Los Angeles recentemente, e vi muita gente idosa de pé na esquina. Perguntei à pessoa que estava comigo: "O que eles estão esperando?".

Ele disse: "Estão esperando o ônibus para a Disneylândia".

Bem, essa é uma das maneiras de cuidar das pessoas. Tudo o que a Disneylândia é, veja bem, é uma projeção externa da fenomenologia da imaginação. E se eles não podem entrar em suas próprias imaginações, podem muito bem entrar na de Walt Disney, e ele os ajudará.

E é isto que as religiões têm feito todo esse tempo. Elas fornecem algo no que pensar à guisa de seres divinos e anjos e de como será lá fora. Isso te dá um monte de entretenimento e evita que você seja uma chateação grande demais para a sua nora ou quem quer que seja que tenha de se preocupar quanto a o que fazer com você. A TV já não funciona mais hoje em dia.

Ora, é um princípio mitológico básico, diria eu, que aquilo que na mitologia chamamos de "o outro mundo" é na verdade (em termos

CAPÍTULO I – *A necessidade dos ritos*

psicológicos) "o mundo interior". E aquilo que chamamos de "futuro" é "agora".

Uma vez ouvi por acaso um clérigo em uma cerimônia de casamento anglicana dizer para o casal algo mais ou menos assim: "Vivam a vida de vocês de tal maneira que mereçam a vida eterna no futuro". Eu pensei: "Bem, o modo como ele disse isso não está de todo correto". O que ele poderia ter dito, pensei eu, seria: "Vivam a vida de vocês, o casamento de vocês, de tal maneira que experimentem a vida eterna de vocês agora". Porque a eternidade não é um tempo muito longo.

A eternidade não é futura nem passada. A eternidade é uma dimensão do agora. É uma dimensão do espírito humano – que é eterno. Encontre aquela dimensão eterna em você mesmo, e viajará pelo tempo e por toda a extensão dos seus dias. O que ajuda a refletir o conhecimento desta dimensão transpessoal, trans-histórica do seu ser e da sua experiência, são os arquétipos mitológicos, os símbolos sempiternos que vivem em todas as mitologias do mundo, que têm sido os modelos de sustentação da vida humana desde sempre.

MITOS PARA O FUTURO

O que vemos hoje? Penso que é óbvio, a partir do que tenho falado aqui, que a mitologia tenha uma função, que ela cuide dessa criatura, o ser humano, nascida cedo demais. Ela nos carrega da infância à maturidade, da maturidade à nossa segunda infância, e daí porta escura afora. Vocês sabem que a maioria das mitologias nos contam que a Mamãe e o Papai estarão lá fora, os antigos ancestrais, Deus Papai e Deusa Mãe: você vai gostar, encontrará todos os seus velhos amigos, vá em frente, não tenha medo de morrer. É um tipo de creche psicológica.

Há uma imagem que me veio há muito, muito tempo: o outro animal que nasce cedo demais é o marsupial – o bebê do canguru grande, ou do canguru pequeno, ou do didelfiídeo*. Esses não são animais placentários; não podem ficar no ventre da mãe tempo o suficiente para crescer. Assim, nascidos na idade gestacional de cerca de 18 dias, eles sobem rastejando pela barriga da mãe e entram em uma pequena bolsa. Ali se fixam em um mamilo e permanecem até que consigam sair e caminhar.

---

* Família à qual pertencem os gambás. [N.T.]

Ali estão em um segundo ventre, um ventre com vista*.

Penso na mitologia como o órgão equivalente para o homem. Precisamos da mitologia como o marsupial precisa da bolsa onde se desenvolver para além do estágio do infante incompetente, a fim de chegar a um estágio onde pode sair andando da bolsa e dizer: "Eu, aqui estou: isto sou eu".

No entanto, para auxiliar o desenvolvimento pessoal, a mitologia não tem de ser sensata, não tem de ser racional, não tem de ser verdadeira; ela deve ser confortável, como uma bolsa. As suas emoções crescem ali até que você esteja seguro para sair. E com o desmembramento da bolsa – que é o que aconteceu ao nosso mundo – não temos aquele segundo ventre. A atitude racional afirmou: "Ah, esses velhos mitos, são bobagem"; e a bolsa se despedaçou.

Então o que temos? Temos um monte de nascimentos perdidos que não puderam chegar à colação de grau do segundo ventre. Eles foram jogados fora, nus e se contorcendo, cedo demais, e tiveram de desvendar tudo sozinhos.

Como seria se um pequeno feto fosse jogado no mundo? Ele tem resistência o suficiente para ser um bebê de incubadora, mas sem essa bolsa marsupial, sem uma pedagogia mitológica, a psique acaba toda distorcida.

Ora, o que aconteceu em nossa tradição moderna foi que a ciência desqualificou as alegações de todas as nossas grandes religiões. Todas as alegações cosmológicas da Bíblia foram refutadas; a dela é uma imagem ridícula do universo se comparada com aquilo que se vê quando se olha através de um telescópio no Observatório do Monte Wilson. Ela expõe uma imagem ridícula da história quando se olha para a enormidade do passado descortinado por arqueólogos e paleontólogos.

Foi completamente aniquilada toda a nossa confiança no conceito de que Deus não está dentro de nós, mas nessa sociedade sagrada. Ninguém pode dizer honestamente que acredita em tais coisas; as pessoas fingem: "Tudo bem, eu gosto de ser cristão".

E eu gosto de jogar tênis. Mas não é desse jeito que somos ensinados a encarar tais questões, então ficamos desorientados. Some-se a

---

* Esta frase – *a womb with a view* – faz trocadilho com o título do romance de E. M. Forster, *A Room With a View* (1908), que em tradução literal seria "um quarto com vista". No Brasil, o romance foi publicado sob o título *Uma janela para o amor* [N.T.].

CAPÍTULO I – *A necessidade dos ritos*

isto a vinda de ideias orientais, congolesas, esquimós. Estamos em um período que Nietzsche chamou de período de comparações. Não existe mais um horizonte cultural dentro do qual todo mundo acredita na mesma coisa. Em outras palavras, cada um de nós é jogado na floresta da aventura sem lei alguma; não há qualquer verdade que tenha sido apresentada de tal maneira que se possa aceitar sem questionamentos.

A grande questão da ciência é que não existem fatos, apenas teorias. Não se *acredita* nelas; elas são hipóteses de trabalho que o próximo fragmento de informação pode transformar. Aprendemos a não nos apegar, mas a permanecer abertos.

A psique consegue lidar com isso?

Houve uma época na civilização ocidental em que os vários mitos da cultura estavam em desacordo dessa mesma maneira. Durante os últimos anos do Império Romano, a religião cristã do Oriente Próximo foi imposta ao individualismo europeu. Se a tradição bíblica enfatizava a necessidade de subordinar o eu à sociedade sagrada, a tradição europeia colocava o mais alto valor na inspiração e conquistas individuais. Durante o século XII houve uma terrível ruptura entre essas tradições conflitantes na Europa. Se você possui uma tendência literária, essa situação está muito bem descrita nos romances arturianos, onde os cavaleiros, desfilando como heróis cristãos, são na verdade deuses celtas; deuses do romance de Tristão, onde Tristão e Isolda, como Heloisa antes deles, disseram: "Meu amor é minha verdade, e queimarei no inferno por ele".

No fim das contas, esse conflito levou ao Renascimento, à Reforma e à Idade da Razão e todo o resto.

Penso que agora devemos olhar para a mesma fonte para a qual olharam as pessoas dos séculos XII e XIII quando sua civilização estava naufragando: para os poetas e artistas. Eles conseguem ver além dos símbolos fraturados do presente e começar a forjar novas imagens que funcionem, imagens que sejam transparentes à transcendência. Nem todos os poetas e artistas conseguem fazer isso, é claro, porque muitos não têm interesse algum em temas míticos, e alguns que o têm não sabem muito sobre eles, e alguns que até conhecem bastante sobre mitos confundem sua própria vida pessoal com a vida humana em geral – supõem que a sua raiva seja a mesma do homem comum. Porém, houve grandes artistas entre nós que leram a cena contemporânea de maneiras que permitiram que as grandes ideias elementares brilhassem através dos tempos, retratando e inspirando a jornada individual.

    Dois dos grandes artistas que me guiaram dessa maneira são Thomas Mann e James Joyce. Veja *A montanha mágica* e *Ulisses*. Ali temos toda a cena contemporânea – pelo menos como ela era por volta da Primeira Guerra Mundial – interpretada em termos mitológicos. Ora, é mais provável que você encontre equivalências com as experiências de Stephen Dedalus e Hans Castorp do que com as de São Paulo. São Paulo fez isso, aquilo e aquilo outro, mas tudo aconteceu muito longe daqui, em outra terra, há milênios. Não andamos a cavalo hoje em dia, nem calçamos sandálias – pelo menos não a maioria de nós. Por outro lado, Stephen e Hans estão no campo cultural moderno. Eles têm experiências relevantes para os conflitos e problemas que você está vivenciando e são, consequentemente, modelos para que você reconheça a sua própria experiência.

CAPÍTULO II

Mito através do tempo[17]

SUPERFÍCIE E SUBSTÂNCIA DO MITO[18]

Seria razoável definir mitologia como a religião de outras pessoas. A definição de religião é igualmente descomplicada: ela é mitologia mal compreendida. O mal-entendido consiste, tipicamente, em interpretar símbolos mitológicos como se eles fossem referências a fatos históricos. E esse problema é particularmente crucial em nossa tradição ocidental, onde toda a ênfase tem estado na historicidade dos eventos sobre os quais nossas igrejas supostamente foram fundadas.

Os mesmos temas mitológicos básicos estão presentes em todas as religiões do mundo, da mais primitiva à mais sofisticada, das planícies norte-americanas às florestas europeias, chegando aos recifes de coral polinésios. A imagética do mito é uma linguagem, uma língua franca que expressa algo básico de nossa humanidade mais profunda. Ela é modulada de maneiras diversas em diferentes províncias.

Adolf Bastian foi um grande médico alemão, viajante e antropólogo do século XIX. Na década de 1860, a Universidade de Berlim criou a cátedra de antropologia em homenagem a ele. Bastian viajou bastante, dando considerável atenção aos costumes das pessoas que encontrava. Os aspectos locais e universais dos símbolos que ele observou o estimulavam. Para descrever o aspecto universal, ele cunhou o termo *Elementargedanke*, "ideia elementar". É claro que não existe isso de uma ideia elementar se apresentar a você em estado bruto; ela sempre vem em termos do modo como a cultura específica a vivencia. Então ele cunhou outro termo: *Völkergedanke*, ou "ideia étnica".

A ideia elementar aparece sempre em relação a um contexto cultural específico, e esse é o contexto étnico.

Por exemplo, quando você estuda os mitos e folclore da Europa do Norte e do Oriente, encontra as profundezas da floresta negra e, dentro delas, a ameaça constante dos terríveis lobos. Daí, quando você se volta para a Polinésia, são as profundezas dos mares escuros e os terríveis tubarões que representam a ameaça.

Ora, antropólogos ou sociólogos lhe dirão que não se pode comparar esses dois temas míticos. Europeus do norte são influenciados pela floresta e pelos lobos, e os polinésios são influenciados pelo oceano e pelos tubarões, e é isso. Mas qualquer um que tenha visto a mesma peça de teatro produzida em duas localidades diferentes, como eu vi, conhece a falácia desse modo de pensar. O jovem cavalheiro chinês que interpreta Hamlet em Hong Kong não é o mesmo que o jovem cavalheiro judeu que interpreta Hamlet na Broadway. Porém, não se pode chamar a produção de Hong Kong de uma peça chinesa, como também não se chama a produção de Nova York de uma peça judaica. A trama essencial e a relação dos personagens permanecem as mesmas.

Aquele mistério das profundezas escuras que transcende o horizonte da consciência é representado, portanto, pelas florestas negras na Europa e também pelas profundezas do oceano da Polinésia. O perigo devorador dentro daquele mistério aparece sob diferentes aspectos também: o lobo e o tubarão são expressões do mesmo medo primitivo.

Podemos, portanto, fazer uma leitura transversal dos mitos observando – para voltar à metáfora do teatro – não se a pessoa que está interpretando Hamlet é chinesa ou judia, mas qual papel o ator está representando no momento. Há uma continuidade de papéis, um espectro circunscrito de papéis a serem interpretados. E quando um papel fala a você – seja no figurino de um lobo ou de um tubarão – você sabe do que se trata, e não precisa que nenhum professor te diga se está na hora de ficar com medo.

Este fato nos leva a concluir que a referência primária desses símbolos – o Nascimento Virginal, por exemplo – de modo algum pode ter vindo de eventos históricos. O evento histórico, se é que aconteceu, teria tido significância espiritual meramente como a manifestação física de um símbolo que já tinha significado próprio antes do evento histórico em particular haver ocorrido.

CAPÍTULO II – *Mito através do tempo*

Na tradição cristã há o problema muito decisivo de distinguir entre o sentido dos termos "Jesus" e "Cristo". "Jesus" se refere a um personagem histórico; "Cristo" se refere a um princípio eterno, o Filho de Deus: a segunda pessoa da Trindade santa, que existe antes e depois de todas as eras e não é, portanto, um fato histórico. O sentido dado pela nossa tradição é que o personagem histórico Jesus é, ou era, a Encarnação terrena daquela segunda pessoa da Trindade santa.

Ora, com relação a esse tema, o principal ponto que distinguiria a nossa tradição de, digamos, o hinduísmo ou budismo, é que nós diríamos que esta Encarnação foi *única*. Isso tem uma força especial em nossa tradição. Porém, o ponto principal da religião cristã não é, certamente, que a Encarnação é única no caso de Jesus Cristo, mas sim que este milagre – o princípio eterno do nascimento, vida e morte de Jesus – deveria ter algum efeito sobre o espírito humano individual. Há uma frase maravilhosa do místico alemão Angelus Silesius: "Qual a utilidade, Gabriel, da sua mensagem para Maria /A menos que você possa agora trazer a mesma mensagem a mim?".[19] Do mesmo modo, o grande místico Meister Eckhart afirma que "Vale mais para Deus que Cristo nasça na alma virgem do que Jesus ter nascido em Belém".[20]

Isto é tremendamente importante. Muitas das imagens – que em nossa religião são afirmadas de modo dogmático como algo que teve realidade histórica – são muito difíceis de serem interpretadas em termos históricos. Por exemplo, tanto a Assunção da Virgem quanto a Ascensão de Jesus nos levam a um problema: onde é o céu? Em algum lugar lá em cima no firmamento? A nossa cosmologia contemporânea não nos permite entreter esse pensamento com muita seriedade. Surge um choque entre esses artigos de fé e as ciências históricas e físicas que, temos de admitir, estão governando nossas vidas, nos dando tudo que rege nossa existência no dia a dia. Esse choque destruiu a crença que as pessoas tinham nessas formas simbólicas; elas são rejeitadas como inverdades.[21]

No entanto, uma vez que a verdade primária desses símbolos não é uma referência histórica, mas sim espiritual, o fato de que a evidência histórica refute esses mitos ao nível da realidade objetiva não deveria nos privar dos símbolos. Estes símbolos brotam da psique; eles falam a partir do espírito e para o espírito. E eles são de fato veículos de comunicação entre o íntimo mais profundo de nossa vida espiritual e a camada relativamente fina de consciência por meio da qual governamos nossa existência diurna.

E quando os símbolos – os veículos de comunicação entre nossos eus maiores e menores – são tomados de nós, ficamos sem interfone. Essa ruptura nos deixa esquizoides; vivemos em um mundo lá na nossa cabeça, e o mundo aqui embaixo está à parte. Falamos de esquizofrenia quando as pessoas, partidas ao meio desse jeito, colapsam: mergulham de volta no mar noturno das realidades lá embaixo, sobre as quais ninguém lhes ensinou. E são aterrorizadas por demônios.

Eis uma fórmula teológica básica: uma divindade é a personificação de um poder espiritual. E divindades que não são reconhecidas se tornam demoníacas, se tornam perigosas. Quando não se mantém comunicação com elas, quando suas mensagens não são ouvidas ou são ignoradas, e quando elas, inevitavelmente, irrompem, a vida consciente sofre uma derrocada. Há, literalmente, um inferno pela frente.

Os mitos derivam das visões de pessoas que fizeram uma busca em seu próprio mundo mais recôndito. A partir dos mitos são fundadas formas culturais. Considere, por exemplo, a grande imagem mítica sobre a qual se fundou toda a civilização medieval: o assim chamado mito da Queda e Redenção do homem (e trata-se de um grande mito, cujo apelo é mitológico ao invés de histórico). A civilização medieval como um todo foi construída para carregar a mensagem e a graça daquela Redenção para o mundo. E quando se questiona a historicidade de fatos dos quais este mito depende (ou que dependem do mito), e quando se rejeitam os rituais através dos quais o mito foi efetivado, o resultado é a dissolução da civilização. A civilização medieval de fato desmoronou sob o peso das ideias gregas e romanas redescobertas – o espírito europeu do individualismo – que acarretou o Renascimento. Assim emergiu uma nova civilização que combinou as descobertas da consciência com as verdades internas da psique, uma civilização inspirada pelos novos sonhos, visões, crenças e expectativas de realização. Ou seja, desenvolveu-se uma estrutura social que correlacionou as necessidades psicológicas imutáveis dos indivíduos com a nova cosmologia recém-percebida.

Pois os mitos, assim como os sonhos, surgem da imaginação. Ora, existem duas ordens de sonho. Há o sonho simples, pessoal, no qual você se emaranha em suas próprias reviravoltas e resistências à

CAPÍTULO II – Mito através do tempo

vida, no conflito entre desejo e proibição, assunto próprio da análise freudiana, e assim por diante; tópicos que discutirei mais adiante. Mas existe um outro nível de sonho, que chamamos de visão, onde ultrapassamos nosso horizonte pessoal e confrontamos os grandes problemas universais, os problemas que são os mesmos abordados nos grandes mitos. Por exemplo, quando você enfrenta uma grande calamidade, o que é que te sustenta e te permite atravessar tal momento? Você tem algo que te sustenta e te faz atravessar essa crise, ou aquilo que você pensou que o sustentaria, falha? Esse é o teste do mito subjacente que rege o seu viver.

Ora, você se lembrará de que, em uma cultura mitológica de base tradicional, uma mitologia funcional tem basicamente quatro funções: a função mística, a função cosmológica, a função sociológica e a função psicológica.

Em nosso mundo atual, as funções cosmológica e sociológica nos foram tiradas. Nossa imagem do cosmos é totalmente diferente das imagens divulgadas pelas tradições religiosas nas quais fomos educados.

Do mesmo modo, a ordem social é hoje totalmente diferente do que era nos dias quando aquelas leis mosaicas e tudo o mais foram compostas. Hoje, pensamos em moralidade como algo que seres humanos podem julgar, não como uma lei imutável transmitida montanha abaixo: quando as circunstâncias mudam, a ordem moral muda. Durante a minha vida, mudou enormemente. As leis sociais de ontem não são as de hoje. Tendo lecionado no Sarah Lawrence College por 38 anos, é impossível descrever o que vi no tocante à transformação da moralidade erótica das jovens. As coisas estão simplesmente diferentes. Se você tentar julgar as ações de hoje pelo que as minhas alunas pensavam há 30 anos, não vai funcionar.

Esses processos práticos, científicos e sociológicos caminham, evoluem por conta própria, gostemos ou não. Entretanto, os problemas básicos da juventude, maturidade, velhice e morte – e o problema místico do universo –, estes permanecem essencialmente iguais. Em consequência, é em grande parte a partir do referencial psicológico que se pode reinterpretar, reexperimentar e reutilizar as grandes tradições míticas que a ciência e as condições da vida moderna inutilizaram, desconectadas como estão de seus pontos de referência cosmológicos e sociológicos.

O NASCIMENTO DO MITO: SOCIEDADES PRIMITIVAS E ANCESTRAIS

Quero, muito brevemente, me voltar para o aspecto histórico básico de nosso tema. Há três grandes períodos na história da raça humana.

O primeiro, o período primitivo, se estende desde a aurora da consciência até o desenvolvimento da escrita. Em algumas partes do mundo existem sociedades que até hoje não possuem sistema de escrita. Ali, as pessoas vivem muito próximas da natureza. Seu horizonte, no tempo e no espaço, é muito limitado. Elas não têm qualquer registro de tempos antigos, e, consequentemente, sua noção de tempo e do passado é curta. Eles vivem, por assim dizer, muito próximos do tempo atemporal dos primórdios. A época dos avós já é uma idade mitológica.

O grande período médio chega por volta de 3500 a.C., começando no Oriente Próximo, na Mesopotâmia. Subitamente encontramos cidades e, com elas, a invenção da escrita, da matemática, da roda, da monarquia, dos estados. Tudo isso se cristaliza por volta da metade do quarto milênio a.C., e toda essa formatação se espalhou da Mesopotâmia para o Egito, aonde chegou por volta de 2850 a.C., em seguida indo para Creta e Índia, por volta de 2500 a.C.; depois para a China, próximo de 1500 a.C., e para a América com o povo olmeca, por volta de 1200 a.C.[22] Essa tradição altamente estilizada, difundida globalmente, é de uma ordem totalmente diferente daquela do mundo primitivo, que não usava a escrita.

Finalmente, encontramos o terceiro período, moderno, começando na Europa renascentista. Temos o desenvolvimento da observação e da experimentação científicas e da interpretação empírica da natureza. E, é claro, surge o desenvolvimento da máquina com motor de combustão interna, trazendo a mecanização e a industrialização que construíram uma cultura mundial totalmente nova, sem precedentes.

Ora, no primeiro período, anterior aos sistemas de escrita, cruzamos com duas atitudes principais. Uma é a dos povos caçadores das grandes planícies do Norte – lá no Canadá, nos Estados Unidos, na Sibéria, na Europa do Norte e em outros lugares.

Ali, a vida é centrada na caça, e os homens trazem a comida para as pessoas. Observa-se, nesse amplo campo geográfico, que uma psicologia e uma sociologia basicamente voltadas ao masculino está em funcionamento. Faz uma grande diferença para a tribo se um homem específico é um bom caçador ou não. E uma vez que povos caçadores estão continuamente em choque com outros povos caçadores, faz diferença se ele é ou não um lutador robusto. Há, nessas sociedades, uma grande ênfase e valorização da força masculina. Em tais sociedades, portanto, dá-se grande atenção à valentia dos homens: o cultivo e a valorização da coragem, da habilidade, do sucesso.

Essa cultura vive da morte. Seus membros estão continuamente matando animais, e não apenas isso, mas vestindo-se com peles de animais, vivendo em cabanas feitas de peles de animais, e assim por diante. Eles estão vivendo em um mundo de sangue. Diferente de nós, os povos primitivos não veem os níveis humano e animal como significativamente separados. Não há muita diferença entre matar um animal ou matar um homem. Assim, a psique tem de se proteger desse contínuo e reiterado ato de matar. E a ideia que se torna dominante e salva a situação é a seguinte: *esta coisa chamada morte não existe*. Aquele animal que você matou voltará, se você realizar um certo rito. Se você devolver o sangue ao solo, a vida será passada adiante, e o animal retornará. Encontramos ainda hoje este princípio nas leis kosher da tradição hebraica, onde o sangue do animal abatido deve ser completamente derramado.*[23] Os hebreus eram, originalmente, um povo de caça e pastoreio. Também encontramos esta mitologia entre os inuítes caribu do Canadá Central. O animal é visto como uma vítima voluntária que se oferece às armas do caçador com o entendimento tácito de que será realizado um certo ritual que permitirá que sua vida lhe seja devolvida, e que ele possa entregar seu corpo novamente.

Estas sociedades tinham tal respeito pela natureza que não matavam mais animais do que podiam comer. Se cometessem um desperdício tal, poderiam ter certeza de que os animais não voltariam no ano seguinte. Então, matavam apenas a quantidade que realmente precisavam, e agradeciam aos animais, realizando um ritual para que houvesse alimento novamente. Não se vê pessoas fazendo mineração a céu aberto quando respeitam a terra dessa maneira.

E então chega a nossa tradição ocidental, onde se espera que o homem use os animais e a terra e todas as coisas com completa falta

---

* Em todas as citações bíblicas presentes no texto, utilizou-se a seguinte tradução: BÍBLIA. Língua portuguesa. *Bíblia de Jerusalém*. Tradução sob a coordenação de Gilberto da Silva Gorgulho, Ivo Storniolo e Ana Flora Anderson. São Paulo: Editora Paulus, 2012. [N.T.].

de consideração. "Deus disse: façamos o homem à nossa imagem, à nossa semelhança: e que eles dominem sobre os peixes do mar, as aves do céu, os animais domésticos, todas as feras e todos os répteis que rastejam sobre a terra".[24] A terra é simplesmente aquilo que ainda não foi conquistado; é algo a ser utilizado. Esta é uma atitude impiedosa.

Acho que está na hora de contar uma pequena lenda. Existe um mito encantador que ilustra a visão dos povos caçadores. Este mito vem das tribos blackfoot de Montana. Eles tinham um método (como talvez vocês saibam) de levar as manadas de búfalo até um precipício – criando um salto de búfalos – para depois abatê-los ao pé do penhasco. Ora, esta tribo em particular não conseguia fazer com que a manada de búfalos cruzasse a beira do penhasco, e assim parecia que o inverno chegaria e passariam fome.

Bem, certa manhã uma jovem saiu para buscar água para a sua família. Ela olhou montanha acima e viu a manada de búfalos, lá no alto do penhasco, e disse, "Ah, se vocês se jogassem daí eu me casaria com um de vocês". E, imaginem só! Para seu grande espanto, muitos deles de fato se atiraram da beira do penhasco, caindo e se chocando contra as pedras em baixo.

Ora, essa foi uma experiência maravilhosa e gratificante – até que o último búfalo chegou até ela e disse: "Certo, garota, vamos embora".

"Oh, não!", ela respondeu.

"Mas", argumentou o búfalo, "veja bem o que aconteceu aqui! Você disse que se casaria com um de nós se nos jogássemos da beira do penhasco, e nós nos jogamos. Então, vamos. É a sua vez".

Então ele a levou embora, junto com o que sobrou da manada, penhasco acima, indo para longe, para as planícies.

Não muito tempo depois, a família acordou e olhou em volta – onde estava a pequena Minnehaha?[25] Bem, vocês sabem como são os indígenas: eles conseguem descobrir qualquer coisa observando as pegadas; então é claro que o Papai viu que sua filha tinha fugido com os búfalos. "Bem", pensou ele, "pelo amor de Deus!".

Então, calçou os mocassins de caminhada, pegou sua aljava de flechas, e saiu em busca da filha, seguindo os rastros dos búfalos. Logo chegou a uma chafurda de búfalos, um buraco com lama onde os búfalos gostam de rolar, se livrar de parasitas e se refrescar. Ele se sentou para pensar um pouco.

E enquanto estava sentado ali, viu um pássaro pega sobrevoando para ciscar. Ora, a pega é muito inteligente, um tipo de pássaro xamã. Então o homem disse a ela: "Ó, belo pássaro, você viu a minha filha por aí? Ela fugiu com os búfalos".

"Na verdade," disse a pega, "tem uma garota ali com a manada de búfalos agora mesmo".

"Bem", disse o pai, "por favor diga a ela que o pai dela está aqui".

Então o pássaro voou até lá e começou a ciscar por ali: a menina estava sentada por perto enquanto todos os búfalos dormiam. O grandão, marido da moça, estava logo atrás dela. A pega disse: "Seu papai está lá na chafurda".

"Oh," respondeu a moça, "isso é muito perigoso. Esses búfalos irão matá-lo. Diga-lhe para ficar quieto e esperar, e eu irei até ele".

Logo os búfalos acordaram. O que estava atrás dela, o grandão, tirou um chifre e disse: "Vá buscar um pouco de água".

Então ela foi até lá com o chifre, e encontrou seu papai na chafurda. "Papai! Papai!"

"Não quero você andando com esses seus amigos búfalos", disse o pai.

Mas ela deu um passo para trás. "Não, Papai! Isso é muito perigoso. Não podemos fugir agora. Espere; logo eles voltarão a dormir, e aí eu volto."

A moça então voltou para seu garoto búfalo. Ele pegou o chifre e, cheirando-o, grunhiu: "Fe fi fo fum, sinto o cheiro do sangue de um índio*". Ele bufou e deu um rugido, e todos os búfalos se levantaram e patearam o solo e ergueram seus rabos para fazer uma dança de búfalos. Daí desceram até a chafurda, e ao encontrar o Papai, pisotearam-no até a morte – não apenas até a morte, mas até que estivesse esmagado, até que, no fim, não se podia encontrar nem um pedaço do Papai.

A garota está aos prantos. Ela diz: "Ó, meu pai, meu papai!".

---

* Referência à frase inicial de um poema tradicional em inglês que aparece, dentre outras obras, no conto "João e o pé de feijão" conforme escrito por Joseph Jacobs (1890). No original se lê *"Fee-fi-fo-fum / I smell the blood of an Englishman, / Be he alive, or be he dead, / I'll have his bones to grind my bread."* [Tradução: Fee-fi-fo-fum / sinto o cheiro de um inglês, / Esteja vivo ou esteja morto, / vou usar seus ossos para moer meu pão.] [N.T.]

O chefe dos búfalos responde: "Sim, sim, você está chorando porque seu papai foi morto – um papai. Mas pense em nós, nossas esposas e filhos e mães e pais atirados por sobre o penhasco, tudo por você e pelo seu povo".

"Sim", diz ela, "mas afinal de contas ele era meu papai".

Mas o garotão é um tipo de búfalo compassivo, e diz: "Bem, vou lhe dar uma chance. Se você conseguir trazer seu papai de volta à vida, permitirei que vocês dois vão embora".

Então ela se volta para a pega e pergunta: "Você procuraria para ver se consegue encontrar um pedaço do Papai?". E o pássaro começa a ciscar na lama e, dito e feito, encontra um pedaço da coluna vertebral do Papai. A garota pega esse pedaço de osso e o coloca no solo, estica seu cobertor por cima, e começa a cantar uma canção mágica. Logo, algo aparece embaixo do cobertor – mas não se mexe. Ela ergue o cobertor e olha: o Papai está lá, tudo certo, mas ainda não está vivo. Então ela canta mais um pouco. Logo, o homem se põe em pé.

Os búfalos ficam assombrados e dizem: "Por que vocês não fazem essas coisas por nós também, quando nos matam?".

Então foi acertada uma aliança, um pacto entre a comunidade dos búfalos – a comunidade animal – e a comunidade humana. Os búfalos ensinaram aos humanos a dança dos búfalos, que se tornou o ritual básico da cultura de matança dos búfalos nas planícies americanas.

Esta é a versão blackfoot de um mito que encontramos sob várias formas entre todas essas tribos de caçadores. Há um momento em que a mulher da tribo e a criatura xamã da espécie animal formam uma união, uma espécie de casamento entre dois mundos. Depois disso, os animais se oferecem como vítimas voluntárias para a tribo, tendo ficado combinado que seu sangue será devolvido à Mãe Terra para renascer. É um mito básico de povos caçadores ao redor do globo.

Quando nos transportamos, entretanto, para o mundo tropical, temos uma situação totalmente diferente, uma mitologia paideumática diversa para se encaixar naquela situação. *Paideumático* é uma palavra usada por Leo Frobenius, o grande estudioso das culturas africanas primitivas, para descrever a tendência de uma cultura de ser moldada por seu contexto físico – seu clima, solo e geografia.[26] Ali, o alimento básico é vegetal. Ora, qualquer um pode colher uma banana, então não se adquire prestígio especial por ser um bom coletor de bananas.

CAPÍTULO II – *Mito através do tempo*

Ao mesmo tempo, a fêmea é o sexo mais importante, mitologicamente. Sendo mãe, a mulher se torna o equivalente simbólico, a personificação dos poderes da terra. Ela dá à luz assim como a terra, ela dá nutrição assim como a terra. Então a magia da mulher predomina nessas culturas.

Além disso, surge um tema terrível, pelo menos para as nossas mentes. Ele explora um mistério estranho que se faz evidente na lei da selva da vida vegetal. Quando se caminha pela floresta tropical, vemos vegetação apodrecendo em todo lugar e, a partir daquela massa podre brota uma vida nova e verde. A lição óbvia emerge: da morte surge a vida. E o corolário evidente é que, se você quiser aumentar a vida, então deve aumentar a morte! É desse silogismo que se desenvolveu todo um sistema de assassinato ritual na zona das plantas tropicais, um sistema brutal baseado na noção de que a matança – o sacrifício – trará à tona vida nova.

Os ritos de uma cultura repetem o mito subjacente dessa mesma cultura. Poderíamos, como eu, definir o ritual como a oportunidade de participar diretamente de um mito. O rito é a encenação de uma situação mítica e, ao participar dele você participa do mito. Nas culturas tropicais primitivas existem muitos mitos relevantes e inúmeros ritos horríveis representando tais mitos em uma reencenação literal, sendo que a ideia é de que a repetição servirá para reforçar o poder do evento primordial.

O mito básico dos povos agrícolas primitivos é que, no princípio, existiu uma época em que não havia a passagem do tempo, e os seres não eram nem macho nem fêmea, nem animal nem humano. Subitamente, um deles foi morto; seu corpo esquartejado, e as partes foram plantadas. Dos pedaços, então, cresceram as plantas alimentícias das quais as pessoas subsistem, de modo que quando comemos, estamos comendo uma dádiva divina, a dádiva de um corpo divino – cuja carne é verdadeira comida, e cujo sangue é verdadeira bebida. Vocês reconhecem esse tema[*], espero.

Além disso, bem naquele momento, macho e fêmea se tornaram distintos um do outro, e temos o começo da geração de filhos e também do matar. Portanto, a vida, o nascimento e a morte entram no

---

[*] O tema ao qual Campbell se refere encontra-se no capítulo seis do Evangelho de João, em que Jesus se apresenta como pão que vem do céu e afirma: "Pois minha carne é verdadeira comida, e o meu sangue é verdadeira bebida" (João 6: 47-58). [N.T.]

mundo junto com esse novo alimento que deve sustentar aquela vida. Daí que os ritos – através dos quais a força vital (a graça, se assim preferir) daquele momento mitológico é renovada – são sempre vívidos e, na maioria das vezes, bastante sinistros.

Paul Wirz, um antropólogo suíço, observou um ritual bem horrendo entre os marind-anim da Nova Guiné Ocidental, que encarna esse mito arquetípico. Depois das temporadas de iniciação dos meninos à vida adulta, havia um período de três dias de permissividade sexual geral, e depois deles acontecia a cerimônia final. Ao redor do local do ritual, todas as pessoas da comunidade dançavam e entoavam cantos ao ritmo da batida de grandes tambores de fenda que, segundo acreditavam, produziam o som das vozes dos ancestrais. Uma jovem vinha, vestida como um daqueles seres anônimos da idade mítica. Faziam-na deitar-se sob um coberto feito de enormes toras, sustentado por duas vigas verticais. Então os meninos que acabavam de ter sido iniciados – jovens no começo da adolescência – tinham sua primeira experiência sexual com essa garota, um em seguida do outro, debaixo daquele teto inclinado feito com madeira pesada. Quando o último dos meninos estava com ela, em pleno abraço, as vigas verticais eram retiradas, as toras caíam em cima do casal, e eles morriam. Depois eram retirados, cortados em pedaços, cozidos e comidos.

Aí está representado o encontro do masculino e do feminino; o encontro da geração da vida com a morte. Aí está também a ideia de que todo ato de comer é uma comunhão eucarística. Este rito fornece uma representação tremendamente vívida da essência da vida. Agora você consegue enxergar o que quero dizer quando falo de ritos que nos levam a afirmar a vida como ela é. Essa cerimônia é uma reencenação do momento mitológico como afirmação consciente, não apenas da vida, mas também do horrível fato de que a vida se alimenta da morte.

Por fim, no casal sendo retirado dos escombros, esquartejado, cozido e comido em uma refeição comunal, vemos claramente a referência primária de todos os rituais de divindades que são mortas e consumidas. Aqueles jovens representam o poder divino.

É claro que quando temos essa mitologia feminina no mundo dos agricultores, os homens não têm nada para fazer. Em algumas dessas culturas, eles nem percebem que a relação sexual tem alguma coisa a ver com o nascimento. As mulheres constroem as casas. As mulheres criam os filhos. As mulheres lavram a área a ser plantada. Então o

CAPÍTULO II – *Mito através do tempo*

que os homens têm para fazer? Bem, eis uma boa condição para um complexo de inferioridade masculino.

Contudo, pelo menos os machos sabem como compensar. Eles fazem o que os meninos sempre fizeram: iniciam um clube de meninos – a sociedade secreta dos homens, onde nenhuma mulher pode entrar. E dentro daquela sociedade, pode-se ter realização espiritual e coisas para fazer.

Ora, o modelo para isso é o padrão na Melanésia. Imagine o problema: como se afastar da Mãe? Não há para onde ir. As mulheres comandam todo o espetáculo. Não só comandam todo o espetáculo, mas são criaturas atraentes. Essa é a parte sórdida. E o sujeito não quer se afastar, por assim dizer.

E vejam como eles o fazem: criando porcos. Existem dois estágios nesse método: um para o garotinho, e outro para o garotão. O pai dá um porco como animal de estimação para o jovem. E o jovem desmama um pouquinho da mãe através de seu apego ao porco; ele é o responsável por essa criaturinha. Assim ele está aprendendo a não ser dependente, mas a ser responsável. E assim que ele tiver se comprometido completamente com o porco, o pai o ajuda a sacrificá-lo, desse modo ele está aprendendo a sacrificar aquilo que ama. E daí, depois que isto tiver sido feito e ele tiver engolido seu sacrifício, ele ganha outro porquinho.

Depois de um tempo, vem outra fase na vida masculina, ou seja, a da competição. A competitividade também é transferida para o porco; isto é feito arrancando os dentes caninos superiores para que as presas inferiores possam crescer sem interferência. Elas crescem para fora em uma curva e voltam, curiosamente, atravessando as mandíbulas do animal. Agora o animal começa a sofrer. O animal não consegue mais ganhar peso. É um porco magro, espiritualizado. Vocês sabem, é claro, o quão magras as pessoas espiritualizadas podem ser.

Em todo caso, as presas crescem novamente descrevendo outro círculo, e pode-se, com muita sorte e muito cuidado, ter um porco com três círculos. Em cada estágio do crescimento das presas, há um sacrifício que o homem tem de realizar, de centenas de outros porcos que criou, de modo que, quando você tem o porco com três anéis, aquele vale o equivalente a muitos outros porcos. E a cada sacrifício, o nome do homem pode ser mudado; seu nível espiritual também muda, como se ele fosse um maçom.

Já conhecemos aquela mitologia simples, masculina, do tipo "escotismo"* característica do mundo dos caçadores. Vimos a mitologia feminina do mundo dos agricultores. Agora veremos a mitologia masculina da hierarquia espiritual. Em cada estágio, ele aprende algo mais sobre o mistério do mundo inferior†. Todo o tema do labirinto está associado a essa mitologia. Pense no que está acontecendo agora. A vida espiritual do homem está ligada ao comprimento das presas do seu porco, que se tornam emblemáticas do crescimento de sua estatura interior. Esse porco se torna um porco espiritual.

Antes de morrer, o homem tem de sacrificar aquele leitão grande, com todos os seus anéis nas presas; ao fazer isso, ele absorve o poder daquele porco. Mas se ele morrer antes de ter sacrificado o porco, ninguém mais pode ousar sacrificá-lo, a menos que ele mesmo tenha um leitão com, no mínimo, o mesmo número de anéis, porque seu poder espiritual não sobreviveria à energia descontrolada daquele porco.

Finalmente, o homem morreu e está a caminho do mundo inferior contando com o poder espiritual do porco. Ele encontra a guardiã fêmea desse reino que, quando ele se aproxima, desenha o labirinto do caminho do mundo inferior e daí apaga metade dele. O homem tem de saber como desenhá-lo novamente, algo que terá aprendido através da sociedade secreta. E ele apresenta o espírito do porco que sacrificou para que os espíritos o comam, e vai adiante para o reino da dança nas chamas do vulcão do mundo inferior.

Ora, isso tudo pode parecer bem primitivo e distante. Mas vocês sabem como o Buda morreu? Este tem sido um pequeno quebra-cabeça para muita gente. Ele morreu por ter comido carne de porco. Um ferreiro chamado Cunda convidou o Buda para uma refeição quando ele tinha 82 anos. E o Buda foi com um pequeno grupo de discípulos para a refeição, e o ferreiro serviu um saboroso, suculento porco com muitos vegetais. Bem, o Buda olhou uma vez para a carne e disse: "Apenas alguém que tenha alcançado o nirvana tem poder para comer este porco. Vou comê-lo. Não deve ser servido aos meus discípulos, e o que sobrar deve ser enterrado no solo". Esta é uma continuação do tema do porco.

---

* Referência à Boy Scouts of America, tradicional organização de escotismo nos EUA. [N.T.]
† Refere-se ao mundo ou reino dos mortos, domínio do deus Hades na mitologia grega. [N.T.]

CAPÍTULO II – *Mito através do tempo*

Muitos dos grandes deuses que morrem foram mortos por porcos ou por pessoas associadas a porcos. O irmão de Osíris, Set, estava caçando um porco quando encontrou Osíris e o matou. Adônis foi morto pelo javali. Na Irlanda, o herói celta Diarmid foi morto por um javali, a quem ele matou simultaneamente. Na Polinésia, uma das principais divindades é Kamapua'a, o senhor dos porcos cheio de juventude, que é o amante da deusa dos vulcões, Madame Pele. Essa é uma mitologia que se estende por todo o trajeto que vai desde a Irlanda, cruzando o mundo dos trópicos, e é a primeira mitologia que temos relacionada à hierarquia espiritual e à morte por substituição. Em cada uma dessas culturas está presente o canibalismo – real ou simbólico – e o poder mais elevado é matar um homem e absorver sua energia. *Hic est corpus meum.**

Esses rituais – a dança dos búfalos de um lado, e de outro o esmagamento do casal na hora do acasalamento e a sociedade dos porcos – representam duas visões de mundo bastante contrárias. A mais profunda, a mais trágica, é a visão do mundo dos trópicos, onde a imagem da vida se alimentando da morte domina. A visão dos caçadores é, em comparação, uma visão infantil, simples, despreocupada: nada de novo está acontecendo; vamos para a frente e para trás repetindo as mesmas coisas de costume.

Ora, uma vez que as primeiras grandes altas civilizações do mundo emergiram no quente e fértil Sudoeste Asiático, baseadas na agricultura, elas levaram em frente essa imagem da vida vinda da morte. Temos a mitologia, por exemplo, da tradição cristã: da morte de Jesus vem a nossa vida eterna. Esse é todo o pano de fundo da imagem da crucificação. Você a encontra ainda antes disso na imagética dos mitos de Osíris, Átis, Adônis e Dioniso.[27] Os ritos eleusinos recapitularam esse mito. Eis aqui uma continuidade que constitui um vislumbre de algo a respeito da vida. Não é uma verdade absoluta sobre a vida, mas é um vislumbre; é um jogo que podemos jogar. E a visão de mundo que a pessoa tem – se passar pela vida brincando deste jogo de vida-a-partir-da-morte – é totalmente diferente daquela de alguém que viva o jogo mitológico de um caçador.

Em todo caso, é na zona agrícola que emerge o Neolítico com os primeiros povoados permanentes. Esses são os primórdios de nossas

---

* Em latim, "isto é o meu corpo", referência ao episódio bíblico da última ceia (Marcos 14: 22). [N.T.]

altas civilizações, e tais ritos de sacrifício, que representam o mito em uma forma muito rudimentar, totalmente física, passam a ser sublimados. Ao longo dos séculos, eles se tornam espirituais e simbólicos, de modo que o alimento a ser experimentado não é simplesmente alimento físico: é alimento para o espírito. Temos esse mesmo simbolismo nos rituais budistas, hinduístas e cristãos, sublimados a partir de uma base que é comum a toda a humanidade.

Por volta do século IX a.C., essas sociedades criam raízes e se desenvolvem com base na agricultura e manejo de animais. De repente, a tribo está cultivando alimentos, ao invés de sair para procurá-los. Nas sociedades mais antigas, de coletores, todos os adultos eram equivalentes e tinham status igual: juntos, eles dominavam a totalidade da cultura.

Como mencionei anteriormente, as altas culturas começam a emergir no que é conhecido como Oriente Próximo "nuclear", por volta de 4000 a.C. Povoados se tornaram vilarejos, cidades e cidades-estado. O comércio e vários novos ofícios e artes da civilização floresceram; os indivíduos não controlavam mais toda a herança comunal. Eles se tornaram pessoas "com um papel parcial", especialistas. Existem pessoas especiais para governar, sacerdotes, comerciantes, camponeses e assim por diante. E essas pessoas tinham de levar uma vida em harmonia com outros totalmente diferentes. Essa estrutura hierática acarretou um problema inédito, psicologicamente, sociologicamente e em todos os outros aspectos.

Os mais importantes nessa era tremendamente significativa eram os sacerdotes. Eles é que buscavam nos céus presságios para saber quando se devia plantar e quando chegaria o tempo da colheita. Foram os sacerdotes – particularmente na Suméria – os primeiros a empregar as artes da escrita e da observação matemática. Foram eles que desenvolveram a matemática para descrever o mundo: a matemática sexagesimal de seis, doze e sessenta através da qual medimos o tempo e o espaço até hoje.

Este também foi o primeiro povo a descobrir os movimentos dos planetas através das constelações fixas; eles reconheceram que os planetas se movem em uma progressão matematicamente previsível. Tais padrões de movimento os levaram a conceber a ideia de uma ordem cósmica: um ciclo universal claro e óbvio, por assim dizer, no céu. A Lua se ergue, chega à fase cheia, e míngua. Diariamente, o Sol nasce e se põe. O inverno leva à primavera, ao verão e assim por diante. Essa ideia de um grande ciclo, sempre retornando, causou forte impressão nos observadores dos céus, tal qual uma revelação, de todo mais maravilhosa que as revelações dos reinos vegetal ou animal, superior a estes, e a cujas leis todas as coisas estavam sujeitas. Era a revelação de um processo universal, um poder impessoal, implacável. Não se pode rezar para que o Sol o detenha – não se pode rezar para que coisa alguma o detenha. É um processo, absolutamente impessoal e matematicamente mensurável, com o qual a ordenação da civilização deveria se coadunar. Esse é o conceito mítico básico das primeiras altas civilizações.

O NASCIMENTO DO ORIENTE E DO OCIDENTE: AS ALTAS CULTURAS

Com este fundamento em mente, revisemos de modo breve toda a gama do grande campo das altas culturas. Divido-as em dois grandes domínios; o Oriente e o Ocidente. A linha divisória entre os dois domínios passa bem no meio da Pérsia.

A leste da Pérsia, no Oriente, existem dois grandes centros criativos; um é a Índia e o outro é o Extremo Oriente – Japão, China e Sudeste Asiático. As duas zonas são isoladas. Ao norte da Índia se erguem os grandes Himalaias, e as fronteiras dão para o oceano. O leste da Ásia é cortado, a oeste, pelos grandes desertos e, ao sul e a leste, pela água.

Influências recém-chegadas podiam ser absorvidas gradualmente pelos poderes e tradições já existentes ali, de modo que, nas culturas orientais, é forçoso reconhecer a preservação – essencialmente até os dias atuais – da antiga visão de mundo, da Idade do Bronze, que foi trazida da Mesopotâmia entre 2500 e 1500 a.C.: a imagem do grande ciclo impessoal.

A oeste da Pérsia também existem dois grandes centros culturais. Um é o Oriente Próximo ou Levante, onde emergiram as primeiras altas culturas; ali, a grande ênfase está na sociedade, no grupo – não no indivíduo, mas na participação do indivíduo no coletivo. E a outra grande zona cultural é a Europa, a região arquetípica da caçada Paleolítica que, assim como nas culturas primitivas de caça, dá ênfase ao indivíduo.

Essas duas regiões – diferente das duas zonas orientais, que são isoladas – permanecem em interação contínua. Além disso, ambas estão expostas ao ataque de um dos dois povos guerreiros, violentos e implacáveis, que forçam as fronteiras dos agricultores e comerciantes estabelecidos na área central pelo norte e pelo sul, respectivamente. Esses grupos invasores são os arianos das planícies de pasto e pastoreio no norte da Europa, e os semitas da área desértica sírio-árabe, com suas sociedades de pastoreio de ovelhas e cabras. Onde quer que assumissem o controle, eles se tornavam a casta governante em um mundo de agricultores, artesãos e mercadores civilizados, cujo saber mitológico e estilo de vida eram controlados pelas descobertas dos observadores sacerdotais dos céus. Esses dois grupos guerreiros honravam uma divindade masculina, um senhor dos raios. Suas mitologias estão em oposição diametral àquelas dos grupos agrários, que reverenciam a deusa Terra, que envia riquezas para os seus filhos. Ali a divindade principal é a grande deusa Mãe Terra.

O conflito entre as sociedades que têm reverência pela deusa e os povos guerreiros que a desprezam é um dos principais temas nas mitologias do Ocidente. O Antigo Testamento é a história do conflito iniciado pelo deus guerreiro que declara: "Aqueles campos que não plantastes, colhereis; em casas que não construístes, habitareis".[28] Pode-se ler no livro de Josué: um simples pequeno vilarejo, uma nuvem de poeira no horizonte, e no dia seguinte não há ninguém vivo. Alguma tribo beduína veio e os aniquilou. Os gregos, os celtas e os germânicos tinham a mesma ideia. Eram grandes guerreiros, formidáveis, esses arianos e semitas, pessoas resistentes e ferozes – bárbaros. Eles vieram e se tornaram o povo dominante em culturas que haviam sido projetadas ao redor da ideia do ciclo cósmico que revolve continuamente.

Na mitologia da ordem cósmica toda a esfera do universo é o ventre da Deusa Mãe, de quem somos filhos. E as divindades que a tornam fértil são comumente representadas sob formas animais. Os consortes lhe são secundários. Ela é a divindade primária. O primeiro objeto que qualquer pessoa experimenta é a Mãe. O Pai vem em segundo lugar. Ele não pode fazer reivindicações. Quem quereria o seio de Abraão?

Entre os povos guerreiros, entretanto, temos um deus masculino no centro: não um deus que reza para que a deusa produza os frutos

CAPÍTULO II – *Mito através do tempo*

da terra, mas um que chega e os usurpa. Ele é o arremessador de trovões, seja o seu nome Zeus, Yahweh, Indra ou Tor.

Quando nos voltamos particularmente ao povo semita, que vem de um deserto, onde a Mãe Terra não parece estar fazendo muito por você e sua vida depende da ordem social, a divindade principal de todos os semitas, sejam os amoritas ou os babilônios, os hebreus, os árabes ou os fenícios, é a divindade da tribo. Isto é único na história.

Ora, se as minhas principais divindades são as divindades da natureza, é possível ir, digamos, da Grécia para a Índia, e dizer, "Ah, o seu Indra, ele é o nosso Zeus". Existe um nome para ele, assim como pão é pão, seja ele chamado *brot* ou *pain*. Uma divindade é intercambiável com a outra, não importa o nome que se dê a ela. Mas quando a sua principal divindade é uma divindade tribal, você não pode dizer que a sua divindade é a minha divindade. Ou seja, existe um exclusivismo na tradição semítica, uma ênfase excessiva na figura masculina, e daí vem uma sensação de separação: somos diferentes de todas as outras pessoas do mundo.

Os gregos e romanos tendiam ao sincretismo, se inclinavam a ver nas outras divindades a sua própria. Quando você tenta identificar o seu mito particular, uma pergunta que pode se fazer é esta: qual a sua relação com a sua divindade, em comparação com seu relacionamento com as divindades de outras pessoas? – isso se você souber quem é a sua divindade. O que me diz? É única? Não há nada parecido no mundo inteiro? Ou você diria que participa na experiência de vida de outros seres humanos, mas dá a ela certo nome em particular? E isso não significa que você não possa pensar que a sua maneira é a melhor para você. Mas não é certo sair falando, como algumas pessoas fazem: "Sim, você cultua Deus do seu jeito, eu cultuo Deus do jeito *dele*".

Em todo caso, agora temos um conflito muito interessante entre uma cultura patriarcal que é menos refinada, porém fisicamente mais poderosa, e uma civilização muito mais sofisticada que cultua a deusa. É claro que os bárbaros dominaram e depois assimilaram a mitologia local.

Vejam, por exemplo, o Gênesis. Quem já ouviu falar de um homem dando à luz uma mulher? Porém encontramos essa tolice no Jardim do Éden onde Adão dá à luz Eva; o macho tomando o lugar da fêmea. Em hebreu, *adam* significa "terra". Assim a humanidade nasceu da terra e, contudo, trata-se de um pai terreno, não uma mãe terra.

Ora, na Quarta-Feira de Cinzas vemos muitos católicos andando pelas ruas de Nova York com cinzas na testa. "Tu és pó, e ao pó voltarás."[29] Pó! Estamos falando da Mãe Terra; como rebaixá-la desse jeito? Portanto, temos uma divindade solteira – esta é a única mitologia do mundo sem uma deusa – a única no mundo. E nela a deusa das outras mitologias é chamada de Abominação.

Todo o Antigo Testamento tem a ver com o Yahweh masculino condenando o culto das colinas e dos campos e a Mãe Terra. Um rei após o outro comete o mal aos olhos de Yahweh por construir altares sob as árvores e nos topos das montanhas, um após o outro. E aí algum maníaco como Elias começa a falar, e acontecem banhos de sangue – com qualquer um que tenha cortejado a lua. É uma história e tanto. Portanto, essa é a horrível mitologia masculina que herdamos, que exige a repressão do sistema feminino.

Uma das coisas mais interessantes sobre a Bíblia, que pesquisadores revelaram ao longo do século XIX, é que todos os temas mitológicos do Antigo Testamento vêm diretamente do complexo sumério-babilônico. Ora, vejam o que aconteceu como resultado. Os mitos que originalmente apontavam para a deusa como fonte de tudo agora apontam para Yahweh, o deus masculino. Essa transformação é um aspecto curioso, até mesmo desconcertante, de nossa tradição. Os símbolos falam espontaneamente com a psique; sabemos o que eles estão dizendo, no fundo do inconsciente. Mas a pessoa que apresenta o mito fala uma língua diferente. Ele diz, "É o Pai", mas a sua psique diz: "Não, é a Mãe". Daí vamos para o psiquiatra. Todos os nossos símbolos estão falando uma linguagem dupla.

Tomás de Aquino diz na *Summa contra gentiles*: "O homem pode conhecer a Deus apenas quando sabe que Deus supera de longe qualquer coisa que possa ser dita sobre Deus".[30] Quando pensamos "no que ultrapassa todo pensamento" como um ser masculino – e, em nossa tradição, um macho sem esposa – temos algo com o qual a psique não consegue lidar muito bem. Penso que este ponto é muito importante.

A ênfase no caráter sexual da divindade – seja macho ou fêmea – é de importância secundária e, em certos contextos, desconcertante. Originalmente foi colocada no masculino para estabelecer a superioridade das sociedades patriarcais sobre as matriarcais. Tanto o ciclo de *Agamenon* de Ésquilo e o ciclo de *Édipo* de Sófocles tentam resolver esse problema dos sistemas masculinos contra os sistemas femininos.

As pessoas no Oriente não têm esse problema. A leste da Pérsia, na Índia e na China, a antiga mitologia carregou a ideia do ciclo cósmico – a ordem impessoal por trás do universo – até o mundo contemporâneo. Temos a ideia indiana do *dharma* e a do *kalpa*, o conceito chinês do *tao* e assim por diante. Esses conceitos, que são tão antigos quanto a palavra escrita, transcendem o gênero.

A noção é de que o mistério último do universo, o ser último – se é que podemos chamá-lo assim – está além do pensamento humano, além de todo conhecimento humano. Está além até mesmo das categorias de pensamento. É inútil questionar: "É um ou são muitos, é macho ou fêmea, é bom ou mau?". Ser e não ser também são categorias de pensamento. Aquilo existe (ou não) absolutamente além de todo raciocínio. É transcendente a todas as categorias. Seria considerado falta de sofisticação perguntar, como nós fazemos: "O poder divino é amoroso, misericordioso, justo; ama essas pessoas mais do que aquelas; me ama?".

A questão seguinte, entretanto, é que esse poder, que transcende todo pensamento, é a própria essência do nosso próprio ser. Ele é *imanente* – está bem aqui, agora mesmo, no papel deste livro, na cadeira em que você está sentado. A partir deste ponto de vista é possível pegar qualquer objeto, traçar um círculo ao redor dele, e começar a explorar o mistério do seu ser, sem saber o que ele é, porque não se pode saber o que ele é. Tudo bem, é uma cadeira, e você sabe o que fazer com ela; entretanto, sua substância essencial é fundamental e absolutamente misteriosa. O mistério da existência da sua cadeira é idêntico ao mistério da existência do próprio universo. Qualquer objeto, portanto, seja um graveto, uma pedra, um ser humano, um animal, pode ser colocado no centro de um círculo de mistério desse tipo para servir como fonte perfeitamente adequada de meditação.

Já no século VIII a.C., a *Chandogya Upanishad* declarava explicitamente a ideia chave: *tat tvam asi* – "Tu és Aquilo".[31] Todo o sentido dessas religiões (o hinduísmo, o jainismo, o taoismo e o budismo) é evocar no indivíduo a experiência de identidade com o mistério universal, o mistério do ser. O mistério é você. Não o "você", entretanto, que você estima. Não o "você" que você distingue do outro.[32]

A fórmula é uma maneira de identificar a si mesmo com a testemunha que contempla *e* com o que é contemplado. A visão de mundo do senso comum é dualista: eu contemplo o meu corpo, eu não sou o meu corpo; eu conheço os meus pensamentos, eu não sou os meus pensamentos; eu experimento meus sentimentos, eu não sou os meus sentimentos. Eu sou o experimentador, eu sou a testemunha. Daí vem o Buda e diz que também não existe testemunha alguma. Chega a ser exasperante.

E, portanto, chegamos a este ponto: qualquer coisa que você possa nomear não é aquilo. Aquilo que você pode nomear em você mesmo, isso não é você, e ainda assim é você; a afirmação autocontraditória nos dá a chave para o enigma daquilo que chamamos de Mistério do Oriente.

Contudo, também é o mistério de nossos próprios místicos. Muitos deles foram queimados por terem chamado atenção para tais ideias. A oeste da Pérsia, nas tradições que vieram do Oriente Próximo, ou seja, o cristianismo, o judaísmo e o islamismo, essa é a heresia primária contra a verdade inflexível: Deus criou o mundo; criador e criatura não são a mesma coisa.

Nossa teologia normalmente explica as coisas do ponto de vista da consciência despertada: a lógica aristotélica nos diz que *A* não é *não A*. Mas em outro nível – e no fim das contas é a este nível que todas as religiões, até a nossa própria, se referem, embora elas prefiram mantê-lo oculto – o mistério último é que estes dois são um só: *A é não A*. Contudo, nossas religiões oficiais condenam como blasfemo qualquer um que diga: "Eu e o Pai somos um". Jesus disse, e foi morto por isso. Esse foi o motivo de ele ser crucificado: blasfêmia.

Novecentos anos depois, o grande místico sufi al-Hallaj disse a mesma coisa; ele também foi crucificado por isso. E o que al-Hallaj disse a esse respeito? Ele disse que isso é o que os místicos anseiam: a comunidade ortodoxa está ali para unir o amante com o seu amado, para unir o místico com o seu deus. Ele recorreu à imagem da mariposa e da chama: a mariposa vê uma luz e se bate contra o vidro. Ela volta para seus amigos de manhã e diz: "Nossa, vi uma coisa maravilhosa a noite passada". E os amigos dizem: "Você não está com um aspecto muito bom". Porém esta é a condição do ascético. Daí ele volta na noite seguinte, e encontra uma maneira de entrar e se une ao seu amado; ele se torna a chama. Diz al-Hallaj que esse é o objetivo do místico: completa extinção do senso de ego no conhecimento da sua identidade última, extrema, com aquele que é o Um-de-Todos.

Em nossa tradição não enfatizamos a experiência interior de identidade com o divino. Ao invés disso, enfatizamos os meios de alcançar uma *relação com o* divino. As nossas são religiões de relacionamento: A se relaciona com X. É claro, no Oriente, A *é igual e desigual a X*, ambos ao mesmo tempo. Relacionamento e identidade são duas fórmulas diferentes.

Mas como se obtém um relacionamento com o divino? No judaísmo, é preciso ser judeu: ninguém no mundo conhece a Deus a não ser os judeus – essa era a antiga ideia bíblica. Como você se torna judeu? Nascendo de uma mãe judia. Trata-se de uma condição bastante excludente.

Na tradição cristã, Cristo é visto como a Encarnação única; ele é verdadeiro Deus e verdadeiro homem. Enxergamos a humanidade e a divindade simultâneas de Cristo como um milagre único. Bem, como se entra num relacionamento com Jesus? Através do batismo e da filiação à Igreja.

Portanto, estamos alienados de nossa divindade. E também estamos alienados da instituição que afirma estar em contato com a divindade porque não acreditamos mais nela. Cristo ressuscitou dos mortos, fundou a Igreja, e assim por diante? Mas e se ele não ressuscitou dos mortos? Ele era mesmo o que afirmava ser? Nascido de uma virgem, verdadeiro Deus e verdadeiro homem, e tudo o mais? Suponhamos que você duvide disso. Muito bem, a verdade lhe é arrancada. A instituição tirou a divindade do mundo, colocou você em uma relação com a divindade através da própria instituição, e agora a instituição se foi, e você não tem qualquer relação com o divino. Isso é uma alienação completa.

E daí chega o antigo Swami Satchidananda.

No Oriente, todos são instados a compreender sua própria natureza dual; a encarnação – o avatar – é meramente um modelo através do qual você encontra esse milagre em si mesmo.

Ora, estou enfatizando essa distinção porque ela evidencia as diferentes ênfases das religiões ocidentais. Elas dependem da historicidade – da realidade objetiva – de suas situações especiais, preferidas. A tradição judaica é baseada na noção de uma revelação especial a um povo especial em um tempo especial em um espaço especial; esse evento deve ser historicamente documentado. Bem, acontece que os documentos são questionáveis.

A tradição cristã depende da ideia de uma Encarnação Única, da prova de milagres, da fundação da Igreja e da continuidade daquela Igreja. Todos esses eventos devem ser apresentados como históricos; é por isso que seus símbolos têm enfatizado de forma tão consistente e persistente o aspecto histórico.

A crença muçulmana relaciona o fiel com Alá através da palavra de Muhammad, seu profeta.

Isso pode ser aceitável no que diz respeito à instituição da Igreja ou de Israel, ou do Islã, mas nos distrai da referência primária do símbolo: você, seu interior. É por isso que os gurus vieram da Índia para cá, e os mestres Zen vieram do Japão para cá: eles fugiram com todas as galinhas. Dizem que todos esses símbolos apontam para dentro.

Logo na abertura de seu maravilhoso livro, *Filosofias da Índia*, Heinrich Zimmer mostra que a nossa cultura chegou a uma crise que a Índia enfrentou há mais ou menos três mil anos: a desintegração total dos mitos herdados. Eles não podem mais ser lidos da maneira concreta que é de bom-tom e quase inevitável nas sociedades pouco desenvolvidas. Agora percebemos, como os indianos perceberam então, que toda a força mítica vem de dentro de *nós*. Mas ela precisa vir de dentro de *nós*, não se pode adotar o interior de outra pessoa, e nós temos de passar pela provação pela qual a Índia passou.

Vejam, não estou dizendo que o caso da Índia é muito melhor, porque desde aquela época (900-400 a.C.), a Índia envelheceu bastante. Quando se envelhece, as coisas começam a decair. O cabelo cai, e você se esquece de trocar de roupa, e derrama e pinga coisas na roupa. Essa é a aparência da Índia. É uma coisa gloriosa se desintegrando, e não se deve confundir as duas coisas. Não se pode, portanto, assumir a maneira como essa antiga cultura em escombros lida com o seu passado e trazê-la para a nossa própria cultura. Mas podemos ouvir, e permitir que ela nos inspire.

E o meu pequeno sermão para as igrejas do mundo é esse: vocês têm os símbolos bem ali no altar, e têm os ensinamentos também. Infelizmente, quando há um dogma que dita que tipo de efeito o símbolo supostamente deve exercer, estamos encrencados. Se ele não me afeta desse jeito, então eu sou um pecador?

A função real e importante da Igreja é apresentar o símbolo, realizar o rito, permitir que contemplemos a mensagem divina de tal modo que consigamos experimentá-la. A relação entre o Pai, o Filho e o

Espírito Santo, em termos técnicos, não é nem de perto tão importante quanto você, o celebrante, sentir o Nascimento Virginal dentro de si, o nascimento do ser místico, mítico, que é a sua própria vida espiritual.

Parte II

Mito Vivo

CAPÍTULO III

Sociedade e símbolo[33]

O MECANISMO DOS MITOS: COMO FUNCIONAM OS SÍMBOLOS

A maneira pela qual as mitologias realizam sua magia é através dos símbolos. O símbolo funciona como um botão automático que libera e canaliza energia. Sabendo-se que os sistemas míticos do mundo incluem muitos símbolos que são praticamente universais, surge a questão: Por quê? Como o símbolo universal vem a ser direcionado a esta, aquela, ou aquela outra intenção cultural? Ora, este assunto é bastante intrincado, mas acho que posso apresentá-lo em umas poucas e claras linhas.

Os símbolos são inerentes à psique ou são cunhados posteriormente? Psicólogos de animais observaram que se um gavião sobrevoa pintinhos que acabaram de ser chocados e nunca viram um gavião antes, eles correm para se abrigar. Se um pombo sobrevoa, eles não fazem isso. Foram feitos modelos de madeira imitando a forma de um gavião. Quando tais modelos são puxados com um arame, as galinhas correm para se abrigar; se o mesmo modelo for puxado na direção contrária, de ré, as galinhas não fogem. Ora, já que hoje em dia sempre tem de haver siglas, isso é chamado de IRM*, ou mecanismo liberador inato, também conhecido como reação estereotipada.

Por outro lado, quando um patinho sai do ovo, a primeira criatura que ele vê em movimento torna-se, por assim dizer, seu genitor. Ele se apega a essa figura, e o seu apego não pode ser apagado. Tal processo de estabelecimento de vínculo ao nascer é conhecimento como estampagem.

---

* Sigla em inglês, *innate releasing mechanism*. [N.T.]

Ora, a questão a respeito da psique humana é se a maioria das respostas são estereotipadas ou estampadas. A resposta estereotipada, como no caso do gavião e das galinhas, é uma relação do tipo chave-fechadura, como se houvesse uma imagem precisa do gavião gravada no cérebro dos pintinhos. Vocês poderiam se perguntar: quem está respondendo ao estímulo? São os pintinhos, que não têm experiência alguma com gaviões? Não. Podemos dizer que é a espécie das galinhas.

A reação dos pintinhos a um gavião real ou construído exemplifica o que Jung chama de arquétipo: um símbolo que libera energia em termos de uma imagem coletiva. Os pintinhos nunca tiveram experiência com um gavião antes e, ainda assim, reagem a ele. Por outro lado, o patinho esquisito que se apegou a uma galinha mãe é bastante peculiar a seu modo; ele é um indivíduo, não um mero tipo. O vínculo entre pato e galinha é resultado de uma estampagem.

O que distingue a estampagem de algo que você simplesmente viu e pelo qual se interessou é que ela chega em um momento único de prontidão psicológica, que dura apenas uma fração de minuto. Uma vez estabelecida, a estampagem é definitiva e não pode ser apagada.

Como resultado desses estudos, não foi possível descobrir quaisquer imagens estereotipadas na psique humana. Para a nossa discussão, portanto, teremos de partir do pressuposto de que não existem imagens liberadoras inatas na psique humana que sejam significativas. O fator de estampagem é dominante.

Daí a pergunta: Por que existem símbolos universais? Os mesmos símbolos podem ser observados nas mitologias, nas religiões, nas estruturas sociais de todos os grupos humanos. Se estes não são IRMs, inerentes à psique humana, como tais símbolos chegaram lá?

Se estes símbolos não surgem de mecanismos congênitos e não podem ser transmitidos culturalmente (culturas variam demais), deve haver algum conjunto constante de experiências que quase todos os indivíduos compartilham.

Ao que parece, essas experiências constantes acontecem, na realidade, no período da infância. São as experiências do relacionamento da criança com (a) a mãe; (b) o pai; (c) o relacionamento entre os pais e, finalmente, (d) o problema de suas próprias transformações psicológicas. Essas experiências culturais universais fazem nascer os *Elementargedanken**, os temas imutáveis das culturas do mundo.

---

* Ideias elementares, de acordo com Adolf Bastian. [N.T.]

CAPÍTULO III – Sociedade e símbolo

SOCIEDADE, MITO E DESENVOLVIMENTO PESSOAL

Permitam-me fazer um sumário dos pensamentos de Freud sobre este assunto, de modo que tenhamos a base para uma discussão sobre o indivíduo e a sociedade.

Primeiro, Freud baseou seu modelo de psicologia na ideia de que existe uma vontade, um desejo, um "eu quero" inerentes à psique. A psique é uma maquininha de "querer", e a sociedade ou o meio, ou a residência em si, ou a incapacidade do corpo da criança, apresenta impedimentos aos desejos da psique. Esta é a tese nuclear fundamental.

A criança não consegue sustentar a tensão de querer sem obter resolução. Diante da proibição absoluta – a coisa que a criança não pode, não pode, *não pode* ter – o desejo desce para o inconsciente. Como Freud diz, um bom pai ou mãe pode distrair a criança de um desejo proibido ou impossível ao lhe dar alguma outra coisa em que pensar; não obstante, o primeiro "eu quero" permanece ali, enterrado na psique como um anseio.

O fator crítico é que, quando o desejo desce para o inconsciente, a proibição vai junto. Assim, no inconsciente existe uma unidade dinâmica de energia que contém tanto um positivo quanto um negativo. Freud chama a isto de ambivalência. Ele chama de introjeção esse mecanismo de suprimir o anseio e junto com ele a proibição social. A pessoa introjeta um pequeno pedaço da ordem social através desse processo. Existe um "não" incorporado, um tabu, que é governado socialmente, e não naturalmente. Esse tabu difere de uma sociedade para a outra. Consequentemente, aquilo que pessoas religiosas chamam de consciência é uma estrutura social que funciona como parte do sistema moral da cultura na qual a criança nasce.

Vejamos, como Freud, a associação fundamental da primeira infância: o desejo da criança pela Mãe e a inabilidade da mãe para satisfazer a criança o tempo inteiro. Tal ambivalência – o anseio e a proibição enterrados juntos – reside na psique como uma unidade de energia. Ora, uma unidade de energia na psique deve ser expelida no fim das contas; têm de existir momentos de descarga. Essa descarga ocorre ao nível do inconsciente. Isto significa que, ao invés de ansiar (como faz a criança) pela Mãe, a psique encontra um anseio substituto. Aquilo que você pensa de modo consciente ser uma atividade perfeitamente moral (o casamento, por exemplo), no inconsciente serve a uma função completamente imoral: o incesto. Por baixo da mesa, por assim dizer, você está desfrutando de uma experiência proibida pela sociedade, e está proibindo até a si mesmo de saber que se deleita com ela.

Este processo forma a base da ideia freudiana de neurose. Quando um indivíduo está cheio de ansiedades e medos em uma situação que não é perigosa, essas não são ansiedades reais. São punições imaginadas de disciplinadores parentais invisíveis por causa de desejos proibidos dos quais o indivíduo tem desfrutado secretamente.

Mas se houver um número excessivo de frustrações, de desejos proibidos, cria-se na psique uma força irresistível que puxa para baixo; isto significa dizer que há coisas demais acontecendo ali embaixo, e o indivíduo pode se tornar incapaz de agir lá em cima, no mundo consciente. Se há um tremendo acúmulo de conteúdos inconscientes, temos o que se chama de psicose: o indivíduo perde totalmente o contato com o mundo exterior.

Por exemplo, quando os desejos suprimidos da infância se tornam desejos adultos e são canalizados como sexualidade genital, a noção da mãe como o objeto se torna uma ideia incestuosa, que é um tabu absoluto – o adulto nem sabe que esse é o anseio. Ora, o anseio incestuoso é bloqueado tanto pela proibição inconsciente quanto pela ameaça de punição; tal ameaça vem da imagem paterna. Freud diz que o pai é o primeiro inimigo; esse é o papel do Pai, e a Mãe consegue fazer isso funcionar ao dizer "Espere até o papai chegar em casa". A mãe transfere o que chamamos de conteúdo materno ruim para o Pai, e ele assume esse papel.

Portanto, o pai deve servir como educador, introduzindo a criança na relação com o mundo adulto. Infelizmente, a criança já tem uma curiosa ambivalência a respeito do pai. O pai, por outro lado, se ressente da criança porque a criança o afastou da Mãe – ao menos por um certo período. Portanto, temos uma antipatia mútua. Freud chama essa oposição de complexo de Édipo. Por engano, Édipo matou seu pai e se casou com sua mãe, coisa que, Freud nos diz, é o que todos os garotinhos gostariam de fazer.

Há, é claro, uma reação contra o complexo de Édipo; Freud a chama de postura de Hamlet. Assim como Hamlet, o jovem diz: "Ah não, não quero matar o Pai. Eu honro muito o meu pai. E a Mãe, ela é algo terrível, terrível. Ela me tenta o tempo inteiro, me provocando para matar meu pai". Pense só na confusão de Hamlet: ele vai e quase destrói sua mãe. Daí, é claro, tudo o que a Mãe representa – mulheres, o mundo, o universo, a vida, o próprio ser – se torna repulsivo. Existem umas almas puras, muito puras, que não tocam em uma mulher, mas ficam reverenciando, honrando, adorando a imagem paterna. Este é um grande exagero da reação contra a ideia de ser Édipo, e significa que, na verdade, lá no fundo, é exatamente o que a pessoa é. Para Freud, todos os homens são ou Hamlet ou Édipo, ou ambos.

O problema da mulher é exatamente o inverso: ela sofre o destino de Electra, que descobre que a Mãe é a sua rival pelo amor do Pai. Na verdade, segundo esta visão, a crise de uma menina vem por volta dos quatro anos, quando a diferença de gênero é percebida. Ela se torna consciente de algumas das implicações dessa divisão. A menina tem de transferir para o pai seu apego principal pela mãe, que tanto meninos quanto meninas compartilham até esse ponto. O pai então se torna o educador da filha, dando a ela um relacionamento com o masculino. Ele tem de interpretar um pouco este papel, dando à menina um sentido de masculino que difere daquele do horrendo oposto. Essa lição ocorre bem na época em que o pai está introduzindo o menino no reino da ordem social. Assim, o pai, na verdade, desempenha o papel de educador do espírito, ele transmite os objetivos da sociedade, informa à criança sobre o papel adulto que se espera que ele ou ela assumam. A mãe dá à luz o corpo físico; o pai, o ser espiritual. Estes são temas que ocorrem repetidamente nos mitos tanto nas culturas sofisticadas quanto nas mais primitivas.

Idealmente, a educação neste nível primário levará a psique para além desse primeiro limiar, de modo que desafios adultos produzirão a atitude de assumir a responsabilidade, ao invés de fugir para a dependência. Os desafios que estão por vir deixarão de trazer ecos do relacionamento da criança com os pais. Ao invés disso, trarão a relação de um adulto com a ação que deve ser empreendida. Essa é a transformação que precisa ocorrer no ponto de crise e constitui o problema constante em todas as sociedades.

Tal crise vem ao fim de um período de dependência que dura pelo menos doze anos. Durante esse período, somos incapazes de cuidar de nós mesmos. O que distingue a espécie humana de todos os outros animais é que nascemos cedo demais. Na realidade, nem o corpo nem a psique humana amadurecem até os vinte e poucos anos.

Daí vem a primeira crise. Espera-se que aquela criaturinha dependente se torne alguém que não se volta para pedir auxílio ao Papai ou à Mamãe, mas que é o Papai ou a Mamãe.

É como se derramássemos gesso em um molde de dependência, o gesso começa a endurecer, e então de repente queremos que ele tome a forma de responsabilidade pessoal. Supõe-se que a psique do jovem adulto saia do padrão de dependência para o padrão adulto de responsabilidade – responsabilidade conforme definida, é claro, em termos dos requisitos daquela sociedade em particular.

Nessa fase de experiência – do nascimento até a chegada da crise da adolescência – passa-se mais ou menos pelos mesmos desafios que todos os seres humanos enfrentam. O crescimento da pequena psique amadurece mais ou menos da mesma maneira em todo lugar; e então o indivíduo tem de dar um salto. E em todas as sociedades essa transformação é motivo de profunda preocupação. Os ritos de iniciação das sociedades primitivas se ocupam precisamente desse momento. Lida-se com o indivíduo de tal maneira que ele não possa mais fugir de volta para a Mãe. Esse ritual educativo traduz as imagens inevitáveis, universais, da infância em imagens que ligarão o indivíduo à sociedade. O ancestral totem, a Mãe Deusa, e todos os panteões envolvidos – os deuses védicos, olímpicos, navajos, nórdicos, xintoístas – representam as primeiras imagens de estampagem, intencionalmente moldadas de tal modo que as energias que fluem para elas sejam canalizadas para atitudes sociais que tenham significância no mundo da cultura.

A principal coisa que a sociedade – qualquer sociedade – requer de nós é que sejamos capazes de assumir responsabilidades a um estalar de dedos, sem correções. A pessoa que está dividida entre atitudes de dependência e responsabilidade é neurótica, é ambivalente, é puxada em duas direções. Até que consiga enfrentar um desafio sem correr de volta para seus pais, interiormente, nunca será um adulto de verdade.

Mais adiante o indivíduo deve encarar um retorno à dependência e o problema de perder essas responsabilidades, perder as capacidades que eram motivo de tanto orgulho, e se preparar para passar pelo portão escuro. Para prevenir um colapso patológico nesse ponto, as imagens mitológicas agora têm de levar a psique a passar voluntariamente por aquele portão. A Mãe e o Pai reaparecem de um novo modo. As imagens que serviram para trazer o jovem à assustadora atividade

CAPÍTULO III – *Sociedade e símbolo*

da responsabilidade plena agora devem ser usadas para trazer os anos de declínio à assustadora atividade da morte. E, como veremos, essa transição é o problema que mais interessava a Jung.

O EGO: ORIENTE E OCIDENTE

Quero trazer alguns termos que serão muito importantes para minha comparação entre o que parece (do meu ponto de vista quanto a essas questões) ser essencial para o pensamento europeu ocidental sobre o eu na sociedade, e o que parece ser essencial para o pensamento de todo o mundo oriental.

Hoje, nossa ideia é de uma psique de dois andares, por assim dizer. No andar de baixo reside o inconsciente, enquanto o indivíduo consciente está acima. Esse indivíduo tem uma espécie de lanterna na mão: a consciência. No entanto, se eu te perguntar o que você estava fazendo às dez e meia da noite em tal dia, você talvez não consiga se lembrar na hora. Entretanto, se olhar na sua agenda e ler: "Festa com fulano de tal", a lembrança surgirá muito nítida. É algo que não está na sua consciência nesse momento, mas que está disponível; Freud chama a isso de pré-consciente.

Se, contudo, eu perguntar com que brinquedo você brincou no terceiro dia de sua vida, você não conseguirá se lembrar. Essa lembrança está muito embaixo, no inconsciente, no que Freud chama de subconsciência, o reino dos pensamentos e memórias que estão totalmente indisponíveis para a mente consciente. O importante é que todas as estampagens primárias dos primeiros quatro anos de sua vida estão ali embaixo, e a essa altura a mente infantil já está toda pronta.

Ora, lá embaixo no subconsciente está a máquina do "eu quero", que Freud chama de id. O id é aquilo com que você nasce. Quando você acabou de nascer, o id dentro de você não sabe a data. Ele não sabe se está no período das cavernas de ordenação* do começo do Neolítico ou se no auge da Idade Moderna; não sabe se você nasceu em Timbuktu ou em Washington, D.C. Ele só sabe que você é um animal humano e que tem necessidades humanas. Em outras palavras, é um simples organismo, querendo alguma coisa.

O meio diz "Não, não, não". Essa interação é o conflito da proibição dos desejos do qual falamos anteriormente. Daí você começa a levar

---
* Refere-se às cavernas onde se encontram registros de arte rupestre e outros vestígios de populações pré-históricas e de seus rituais. [N.T.]

muitos "não devo" para baixo no inconsciente; o "não devo" da sociedade se opõe aos "eu quero" do id. O que Freud chama de superego fornece o fluxo dos "eu não devo". O superego é a internalização da voz parental, social, que equilibra o id ao dizer: "não faça isso, faça aquilo outro".

Segundo Freud, o ego é a função que relaciona o indivíduo com a realidade. Realidade, nesta terminologia, não é algo metafísico. É a realidade empírica: o que está aqui ao seu redor agora, o que você está fazendo, o seu tamanho, a sua idade, o que as pessoas dizem para você e sobre você. Ego é uma função que te relaciona com a realidade em termos do seu julgamento pessoal – não os julgamentos que você *aprendeu* a fazer, mas os julgamentos que *você de fato faz*.

Pode-se julgar uma situação em termos de como sabemos que *deveríamos* julgá-la, e daí percebemos: eu realmente não penso desse jeito. Você pode discordar constantemente do sistema de julgamento que o seu meio te deu. Somente quando você tiver feito a transição para a responsabilidade adulta será capaz de fazer seus próprios julgamentos e abandonar os julgamentos da sociedade. É claro, se você não estiver realmente desapegado, não os abandonará de fato; eles continuarão martelando na sua cabeça com um sentimento de culpa.

As culturais tradicionais do Ocidente diferem das do Oriente. A instrução religiosa oriental diz para o indivíduo cancelar o ego. Nesta tradição, ensina-se à pessoa a se comportar em termos do ideal social ditado pelo superego. Não existe um desenvolvimento sistemático do ego em relação com a realidade ou com a situação individual.

Frequentemente, ao conversar com um oriental, se você fizer uma pergunta que tenha a ver com o *agora*, a resposta é uma enxurrada de todas as respostas clichês que você possa imaginar. É muito, muito difícil conseguir um julgamento da realidade em termos da situação imediata. Uma vez que o ego não é desenvolvido nas tradições orientais, você não obtém do indivíduo o mesmo tipo de resposta que esperaríamos no Ocidente de alguém que assumiu a responsabilidade pelo seu próprio julgamento, seu próprio discernimento.

Quando nos voltamos para os sistemas orientais e lemos os códices legais – os *Manava-Dharmashastra* da Índia, por exemplo – é inacreditável o que acontece com as pessoas que não seguem as regras. No livro de Sun Tzu *A arte da guerra* ele declara que para pequenos delitos deve haver grandes penalidades; assim não haverá grandes delitos.

CAPÍTULO III – Sociedade e símbolo

O fato é que no vocabulário religioso oriental o ego é identificado com o id. Assim, o sistema individual se torna "eu quero" versus "deves". Todo o ego é, segundo esse modo de pensar, "eu quero". Então a mensagem oriental é: cancele o ego. Podemos encontrar uma mensagem semelhante nos ensinamentos bíblicos tradicionais, que estão cheios de "deves, deves, deves". Tanto as instruções orientais quando as instruções judaico-cristãs ortodoxas exigem obediência absoluta. O que acontece quando houver uma situação em que o seu julgamento disser que algo inteiramente diferente do "deves" é necessário? Como você se sente quando faz o que não era para fazer? Esse é um dos nossos grandes problemas.

Como vimos, a estrutura da sociedade oriental foi determinada nas cidades-estado hieráticas da Idade do Bronze, na Mesopotâmia e arredores. A ideia fundamental era que a ordem dos céus deveria ser o modelo para a ordem da vida aqui na terra. O macrocosmo, o grande cosmos, é um cosmos ordenado. A sociedade – o mesocosmos, por assim dizer – aspira a refletir esse desígnio celestial, e o mesmo acontece com a vida do indivíduo, o microcosmos. Essa é a Grande Harmonia.

Também vimos que a iconografia religiosa serve a certas funções nos sistemas míticos: para apresentar a sensação de assombro e mistério diante do fato do universo do ser; fornecer uma imagem do universo em si, que é a da ordem matemática do cosmos, do Sol e da Lua em seus ciclos, do ano e seus ciclos, da eternidade e seus ciclos; relacionar a sociedade com aqueles ciclos; e vincular o indivíduo à sociedade, àquele cosmos e àquele mistério. Essas são as funções da mitologia e, se ela tem êxito, obtém-se uma sensação de que tudo – você mesmo, a sociedade, o universo e o mistério além – é uma grande unidade.

Mas o indivíduo, neste sistema, deve preencher um papel dentro da ordem conforme determinado pelos conhecedores da ordem, o grupo sacerdotal. Eles entendem a ordem e decifram seu padrão, enquanto o indivíduo participa conforme os sacerdotes determinam. Esse padrão é chamado, em sânscrito, de *dharma*. É a ordem do universo; a palavra *dharma* vem da raiz *dhr*, que significa "sustentação". A sustentação do universo é esta ordem. Da mesma forma como o Sol não deveria desejar ser a Lua, um rato não deveria desejar ser um leão, também o indivíduo nascido em uma casta, uma categoria da sociedade, não deveria desejar ser qualquer outra coisa. O nascimento do indivíduo determina seu papel, seu caráter, seu dever e tudo o mais. Em tal sociedade, a educação consiste em treinar o jovem para desempenhar o papel adequado.

Em outras palavras, o que Freud chamaria de superego, o ideal do ego societal, deve ser o *único* ideal. E a instrução é tão severa nesse aspecto que nunca se pergunta aos indivíduos: "O que você gostaria?". Eles recebem ordens; são comandados do começo ao fim, mesmo nos momentos mais íntimos da vida, que para as pessoas ocidentais são momentos de escolha, decisão, descoberta pessoal. Essas transições são ditadas: a pessoa nem sabe com quem vai se casar, outros decidem por ela. Não existe aquele teste do crescimento do julgamento individual em que a pessoa decide qual cônjuge em potencial prefere; a sociedade decide. O ego é completamente apagado.

Poderíamos resumir a visão religiosa básica do Oriente mais ou menos da seguinte maneira: a verdade definitiva, o mistério último da vida e do ser, é absolutamente transcendente. Não se pode definir o absoluto. Não se pode formar uma imagem dele. Não se pode nomeá-lo. Mesmo assim, o ser absoluto e o mistério absoluto são também a realidade interior da pessoa: ela é aquilo. O absoluto é tanto transcendente quanto imanente; isto significa dizer que está além do universo dos sentidos e dentro de cada partícula daquele universo. Tudo o que pode ser dito sobre ele é... nada. Tudo o que pode ser dito *aponta* para ele. Portanto, os símbolos, os ritos, os rituais e os atos estão envolvidos no mundo da experiência humana, mas apontam para além de si mesmos, para uma força transcendente, imanente. Os ritos e símbolos levam o indivíduo à percepção de sua identidade com esse absoluto. A identidade com o transcendente é a essência da pessoa; consequentemente, na filosofia oriental, o mero acidente do ego, da personalidade, é bastante secundário.

Já no Ocidente há uma noção totalmente diferente. Ela surgiu por volta de 2500 a.C., com os impérios semíticos de Sargão e Hamurabi. A ideia, à qual nós ainda aderimos, é a de que Deus criou o homem. Deus não é um homem, e o homem não é da mesma substância que Deus: eles são ontológica e fundamentalmente diferentes.

Em consequência, todos os símbolos têm a ver com uma *relação*. Não se vê isto no sistema oriental. Ali, os deuses – assim como o ser humano – são simplesmente manifestações da ordem maior. Aquela ordem está lá, preexiste aos próprios deuses. Na Índia, essa ordem se chama *dharma*: na China, se chama *tao*. Na Grécia ancestral se chamava *moira*; na Mesopotâmia ancestral se chamava *me*. Essa ordem cósmica é matemática e inalterável; nem mesmo uma divindade pode desencadear mudanças. Deus e o homem são apenas funcionários dessa ordem. Para se tornar um cidadão responsável, você deve aprender a sua função perfeitamente.

Permitam-me agora fornecer uma ilustração da atitude muito formal da estrutura social indiana clássica. Gostaria de olhar para a noção clássica da vida individual e seu desenvolvimento.

Sabemos que existem quatro castas ou classes. Na Índia, as quatro castas são: os brâmanes, os xátrias, os vaixás e os sudras.

Brâmane significa "aparentado com ou em contato com *brahman*", o poder cósmico. *Brahman* é um substantivo sem gênero para o poder que é infundido e inunda o mundo inteiro. O brâmane é aquele que sabe disso e conta a verdade a respeito disso, e interpreta e escreve os livros sagrados. O brâmane é a cabeça da ordem social.

O xátria é aquele que administra a verdadeira lei. Ele administra o que o brâmane lhe diz para administrar; em todo caso, esse é o ideal. O xátria é o braço que empunha a espada da ordem social.

O vaixá é o cidadão ou mercador. A palavra vem da raiz *vis*, que significa "vizinho". Ele é o homem do dinheiro, o dono de propriedades, de terras, o empregador, e assim por diante. Ele paga seus impostos, paga o dízimo, e emprega os sudras. Ele é o corpo da sociedade, as entranhas.

O sudra é o servo, que é excluído da ordem religiosa. Ele tem seus próprios professores religiosos e sacerdotes do povoado e tudo o mais, porém a ordem védica e a ordem tradicional bramânica hindu diz respeito apenas às três castas superiores; essas três castas superiores são chamadas "os nascidos duas vezes". Os sudras são as pernas do equipamento, que carregam o resto da sociedade.

Ora, o objetivo da sociedade oriental, como mencionei, é sempre cancelar o ego, eliminá-lo. O sudra cancela o ego ao fazer o que lhe ordenam. O vaixá cancela o ego ao servir, ao fazer o que mandam fazer, ao pagar as suas dívidas e educar a sua família; sua função é fazer dinheiro. O xátria serve ao administrar a lei com justiça, sem preconceito, e sem favorecer a si mesmo. Ele deve representar a administração perfeita da lei. O brâmane deve conhecer a lei.

Este sistema excluiu a maioria das pessoas, que são chamadas párias. Em um censo feito recentemente em uma comunidade de um povoado bengali, descobriu-se que mais da metade das pessoas eram párias, excluídos; eles simplesmente estão de fora. A única maneira em que eles participam é cumprindo funções extremamente servis destinadas a intocáveis. Fora isso, eles têm povoados próprios, levando vidas, por assim dizer, fora do domínio da ordem sagrada.

Os sudras são os artesãos e os camponeses e assim por diante, e operam dentro da sociedade. Da metade restante do povoado, 50% eram sudras, de modo que o grupo servido pelos párias era na verdade essa classe de camponeses. E percebemos a ferocidade dessas divisões quando lemos um dos textos no *Manava-Dharmashastra*, as "Leis de Manu". Lá consta que se um sudra ouve a recitação de um verso dos Vedas – mesmo que por acidente – terá chumbo quente derramado em seus ouvidos. Acho impressionante que ele seja morto dessa maneira. O conhecimento védico era um conhecimento de poder, e tinha um poder social e espiritual de imposição.

Como resultado, ainda hoje, quando um ocidental está ensinando ou palestrando para alunos orientais, a experiência é absolutamente incrível: os alunos absorvem tudo. A ideia indiana do guru, por exemplo, é de alguém cuja autoridade é absoluta; o *sisa* (o aluno) simplesmente recebe tudo sem questionar. A principal virtude de um aluno é chamada em sânscrito de *shraddha,* ou seja, fé absoluta no professor.

O guru aceita a responsabilidade pela sua vida. Você tenta viver a vida como o guru diz que deve ser vivida e, ao fazer isso, está vivendo a vida dele, ao passo que o professor ocidental simplesmente entrega informação e você pode brincar com ela como quiser segundo sua própria experiência. Eu não digo a você – e nenhum professor ocidental lhe dirá – o que você deve fazer no caminho da sua jornada. Não há caminho algum. Particularmente nos dias de hoje, estamos em um tipo de queda livre para o futuro.

Temos a expectativa de que o aluno desenvolva seu senso crítico. Alguns de seus professores podem ter ficado aborrecidos com suas críticas oriundas dos seus julgamentos independentes – malditos alunos. Porém, se eles tivessem de lidar com uma dessas situações em que tudo é absorvido, acreditem, seria difícil não pensarem: "Santo Deus, eu, eu, *eu* sou a lei e os profetas e tudo o mais". Isso também não serve muito bem à educação.

CAPÍTULO III – *Sociedade e símbolo*

Permitam-me contar uma pequena anedota indiana sobre um guru. Certo dia um aluno chega atrasado para encontrar seu mestre, e o guru diz: "Bem, você está atrasado; onde esteve?".

O aluno responde: "Moro do outro lado do rio. O rio transbordou. Não conseguia atravessar no lugar de costume. Não há ponte e não há barco – eu não conseguia chegar aqui".

"Bem," diz o guru, "você está aqui agora. Como chegou? Apareceu um barco?".

"Não".

"O nível do rio baixou?".

"Não", responde o aluno. "Eu só pensei 'meu guru é a minha revelação divina; ele é o meu deus. Simplesmente meditarei sobre o meu guru, e caminharei para o outro lado da água'. Então eu disse: 'guru, guru, guru', e apareci aqui."

"Bem", pensou o guru, "eu não sabia disso a meu respeito". Ele ficou encafifado, e não conseguia parar de pensar naquilo.

Quando o aluno finalmente foi embora, ele pensou: "Tenho de tentar isso". Então desceu até a beira do rio, olhou para se certificar que ninguém estava observando seu experimento, e disse: "Eu, eu, eu".

E entrou na correnteza – e afundou como uma pedra.

Ele era um guru justamente porque ele (por assim dizer) não estava ali. Ele era transparente à transcendência até ter o pensamento do *eu*. Supõe-se que o guru seja uma chapa de vidro absolutamente perfeita através da qual brilha a luz daquilo que lhe foi ensinado. Então a sabedoria que vem através do guru vem das eras; ela não tem nada a ver com este momento, aqui e agora, nem com a pessoa que o está transmitindo.

O *dharma* define não apenas quem você é, mas como deveria conduzir cada fase de sua vida. A primeira parte da vida é vivida no povoado. Na metade da vida, a pessoa deixa o mundo e, assim, começa a segunda parte da vida, na floresta. Por meio desse maravilhoso expediente, os indianos conseguiram combinar atitudes que nós não conseguimos coadunar em nossa sociedade. Eles conseguiram combinar a ideia do dever social – o *dharma* – com a ideia de fuga, abandono de tudo: aquilo que chamam de *moksha,* ou libertação.

Este sistema é novamente dividido em dois: a primeira metade da primeira metade da sua vida é devotada a ser um estudante, para aprender os caminhos do *dharma*.

Mas o ideal para o estudante na Índia é *shraddha*, fé absoluta com submissão perfeita ao mestre. Através dessa submissão perfeita, o aluno deve concentrar toda a sua libido, todo o seu interesse erótico, no mestre. Deve se identificar com ele até as pontas de seus dedos. Deve imitar o mestre, ser como ele, tornar-se ele. Pode-se dizer que se trata de um processo de levar adiante a imagem sem qualquer desenvolvimento da faculdade crítica.

Em seguida, na transição para a vida adulta, o indivíduo passa para a segunda parte da primeira metade da vida. De repente o aluno se torna chefe de família. Ele se veste de modo diferente, e tem todo um novo conjunto de deveres. De repente está casado com uma garotinha que nunca viu antes; ela nunca o viu, não se espera que eles tenham se conhecido. Talvez seja possível imaginar a grande crise que isso representa. Ela vem, e quando o tapume ou a tela é removida, um vê o outro. Quanto à garota, esse momento é particularmente chocante porque aquele homem deverá ser literalmente o seu deus; ela deverá cultuá-lo.

Eles cumprem o seu dever. Assim, antes que tenham envelhecido muito, já têm uma pequena família à sua volta.

Quando o homem estiver com seus 40 e tantos anos, já tem um filho com idade suficiente para assumir a casa. O pai cumpriu com as suas responsabilidades; agora ele se retira para a floresta.

O povoado inteiro se empenha em fazer o que deve fazer, mas um vestígio do ego permanece mesmo assim. O indivíduo agora se compromete com a disciplina de se livrar do ego por inteiro. Na floresta ele encontra um professor; e se torna um *vanaprastha* (aquele que está na floresta). Yoga – e este agora é o yoga real, severo – tem por objetivo eliminar o que quer que tenha sobrado do ego.

Quando o ego se dissipa completamente, a pessoa entra na segunda metade da segunda metade da vida. Ela se torna um *bhiksu*, um monge andarilho, um oráculo do conhecimento do não ser, da não relevância, do ser sem um ego.

Os indianos nos falam das quatro coisas pelas quais os humanos vivem; esse é um tema básico da filosofia indiana. Três das coisas pelas quais os homens vivem estão no povoado: uma é a virtude, ou *dharma*; outra é o sucesso, ou *artha*; a terceira é o prazer, ou *kama*. Essas são as coisas pelas quais os homens vivem no mundo.

Quando alguém vai para a floresta, está buscando *moksha*, ou libertação. Ora, essa palavra é frequentemente traduzida como "liberdade".

CAPÍTULO III – *Sociedade e símbolo*

Não é isso que significa. Significa libertar-se do próprio ego.

O *dharma* é imposto pela sociedade; a sociedade te diz qual é o seu *dharma*. A ideia é que se você nasceu, digamos, como um vaixá, sua alma alcançou o nível vaixá. Portanto, o ritual e as leis da vida vaixá são apropriadas para você. Isto significa dizer que as leis da sociedade correspondem precisamente às suas próprias necessidades pessoais, à sua prontidão.

O estilo de yoga chamado *kundalini* desenvolve maravilhosamente a ideia da interação entre o *kama*, o princípio do prazer, e *artha*, o princípio do poder. Acho isso tremendamente interessante. Esses dois impulsos – *kama* e *artha* – correspondem exatamente a dois componentes de nosso velho amigo, o id: *eros*, a vontade de experimentar o prazer, e *thanatos*, a vontade de trabalhar duro e experimentar o poder e o sucesso.

Mas a ideia indiana é que *artha* e *kama* são finalidades da natureza, ao passo que *dharma* é a finalidade da sociedade. A função do indivíduo é alcançar sucesso e prazer sob o abrigo do *dharma*. Daí que a experiência espiritual última vem na floresta, onde o indivíduo cancela o ego de acordo com as disciplinas anunciadas pelo guru. Ora, esse é o sistema que eu gostaria de comparar com aquilo que me parece ser normal no Ocidente: nossa tradição de desenvolvimento do ego.

Acho fascinante que, de maneira bastante independente do sistema indiano, a psicologia ocidental apresente essa mesma noção dos princípios do poder e do prazer. Porém, enquanto o pensamento indiano tradicional contrapõe frontalmente esses dois com a virtude social, ou *dharma*, Freud interpõe um mediador, o ego, que reconcilia os desejos interiores do id e as demandas externas do superego.

Só mais uma questão. Freud divide os períodos da vida inicial em três estágios. Um deles é o estágio da infância, durante o qual a criança sofre todos os choques primários. Esse estágio dura por volta do quarto ao sétimo ano do desenvolvimento infantil.

Em seguida vem o que Freud chama de período de latência. Esse é o período da descoberta do ego, que dura mais ou menos do sétimo ou oitavo ano até mais ou menos o décimo primeiro.

Finalmente, temos o movimento em direção à puberdade e o desenvolvimento da sexualidade genital. Ao longo desse período, a criança se distancia do que poderíamos chamar de mitologia infantil (os compromissos com os pais, as noções de que a Lua o segue quando ele anda, a ideia de que animais têm comunicação com ele e toda sorte de imagética espontânea das crianças). Durante este período (chamado de adolescência) o indivíduo é incentivado a voltar-se para a realidade empírica e, em nossa cultura, para a ciência. É durante este período que a criança gradualmente toma consciência de uma atitude científica, em oposição à mitológica.

Sociedades primitivas insistem na atitude mitológica, assim como as sociedades orientais. Tais culturas encorajam a criança a interpretar o mundo em termos dos padrões mitológicos. Esses anos da adolescência são os anos críticos, são os anos em que, nas sociedades orientais tradicionais, *não* se produzem pequenas mentes científicas, mentes prontas para julgamentos críticos da realidade e decisões de ação, e assim por diante, em todos os níveis.

No Ocidente, celebramos a mente científica. Mas os símbolos das nossas tradições herdadas jazem aos pedaços a nossos pés. Ora, há uma questão bem importante a respeito das tradições religiosas. Os ritos funcionam se você não tem qualquer conexão com o mito? Ou não? Isso vem à tona na questão do batismo, por exemplo. Lembro-me de que em minha juventude um certo bandido, um assassino, recebeu o batismo pouco antes de morrer. Supostamente isto limpa a pessoa para a entrada imediata no céu.

Não pretendo julgar a alma daquele homem, mas minha intenção é julgar a tradição que diz que, não importa o que esse homem tenha feito, uma vez que a água tenha sido derramada sobre ele e a fórmula adequada proferida, acontece algo que nós não entendemos e que o tornou elegível para entrar no paraíso. Este é, penso eu, um problema crucial na consciência religiosa do homem atual; quantas pessoas conseguem aceitar isso? Normalmente os símbolos de uma tradição religiosa devocional têm de ser ensinados; a pessoa tem de saber o que eles querem dizer.

Mas existem certos aspectos desses símbolos que de fato funcionam, se não tiverem sido desenvolvidos de modo elaborado demais na teologia. Penso que o símbolo da figura do herói crucificado funciona. Este é um tema que ocorre em muitas, muitas tradições religiosas. Ele pode ser encontrado entre os índios pawnee, entre os astecas, o entre os maias e na figura de Prometeu acorrentado à rocha: a figura do herói que, por amor, trouxe a dádiva – a dádiva da expiação ou a

CAPÍTULO III – *Sociedade e símbolo*

dádiva do fogo ou o que quer que seja – e por esse propósito deu sua própria vida, sem pensar em si mesmo.

Essa história atinge a gente. É preciso apenas ter um pouco de preparação, alguma pista; não é necessário se preocupar com a relação do Filho com o Pai e com o Espírito Santo; todas essas coisas são bastante secundárias ao poder do mito. A questão é que o mito faz com que sintamos gratidão pelo ser que, voluntária ou involuntariamente, deu sua própria vida para ser a sua vida, a sua comida e bebida espiritual ou física – eis um tema que tem grande significância. O chamado de um herói no campo de batalha, dando a vida pelo seu país – este é um ato heroico equivalente à crucificação. E penso que imagens como essa ainda podem ativar dentro de nós aquele aspecto da nossa própria consciência e potencialidades que é nobre, heroico e grandioso.

CAPÍTULO IV

O mito e o self[34]

JUNG E AS POLARIDADES DA PERSONALIDADE

Mencionei C. G. Jung de passagem, mas está na hora de olhar para as ideias dele mais de perto. Frequentemente ouvimos em círculos freudianos que Jung era discípulo de Freud. Essa afirmação não é verdadeira. Eles eram colegas, cada um com um foco particular quanto ao processo da mente subconsciente.

Em termos gerais, Freud via o sexo como o determinante principal na psicologia. A relação das crianças com seus pais, como algo que se desenrola tipicamente na relação erótica com a mãe, o medo do pai, e depois a transferência do engajamento sexual da criança para um indivíduo de sua própria idade, e assim por diante. Freud via a realização desses dramas sexuais como algo central ao comportamento humano.

Entre os psicólogos, o primeiro desafio à teoria de Freud veio não de Jung, mas de Alfred Adler. Adler disse que o principal impulso não é o sexo, mas a vontade de poder. Imagine: a criancinha está em grande desvantagem em relação a seus pais. Ela está ali com dois gigantes, porém deve perseguir seus propósitos; ela precisa aprender a seduzir ou assustar, ou conseguir de um jeito ou de outro que os pais façam a sua vontade.

Todas as crianças, inicialmente, estão em posição inferior, mas imagine que uma criança cresce e se descobre realmente inferior, incomumente inepta. Ou suponha que ela tenha o que Adler chama de "alguma inferioridade orgânica". Talvez pertença a um tipo físico ou comportamental que seja incomum na vizinhança e esteja, portanto, para melhor ou pior, em evidência e no centro das atenções. Ou suponha que os pais tenham sido brutais e a criança não tenha conseguido realizar nenhum de seus objetivos. Ela agora tem uma vontade de compensar, de compensar em excesso, levando ao que Adler chama de "complexo de inferioridade". Adler sente que o impulso de superar uma sensação de inadequação é fundamental para a vida humana, que todos os indivíduos agem a partir desse impulso, não a partir do impulso sexual. De fato, Adler acredita que o sexo é um campo para o aprimoramento do senso de valor da pessoa – um campo para a conquista. Em outras palavras, ele interpreta a atividade sexual como uma função do impulso de poder.

Neste ponto, Jung aparece. Jung diz que a psique na verdade tem uma energia fundamental que se manifesta nessas duas direções: sexo e poder. Ele chama a tendência em direção a uma ou outra de "atitudes básicas".

Em algumas pessoas – possivelmente devido a relacionamentos da infância – a ênfase se manifesta em uma luta por poder individual, caso em que a vida sexual assume uma posição secundária. Este tipo de pessoa voltada primariamente para o poder está sempre perguntando, "Como estou me saindo? Estou conseguindo?". Jung chama essa pessoa de introvertida. O que ele quer dizer é um pouco diferente da acepção comum da palavra. Jung define o introvertido como uma pessoa voltada para o poder que quer levar a cabo a sua própria imagem interna de como as coisas deveriam ser.

Por outro lado, a pessoa direcionada para o sexo se volta para fora. Apaixonar-se significa perder-se em outro objeto. A essa pessoa Jung chama de extrovertida. No entanto, diz ele, cada indivíduo é ambas as coisas, com ênfase em uma ou na outra. Se a sua ênfase estiver 60% na arena do poder, terá apenas 40% na área do *eros*.

Todavia, quando você encontra uma situação em que sua orientação normal não funciona, onde ela não está resolvendo, você é jogado para o impulso secundário. Daí essa personalidade inferior emerge. A característica da personalidade inferior é a compulsão – você não consegue se controlar, a sua voz treme, você fica vermelho, sente raiva e assim por diante. Você perde o controle; o caráter inferior assumiu o controle. Ele é mais primitivo do que o lado desenvolvido da personalidade.

CAPÍTULO IV – *O mito e o self*

Jung usa uma palavra refinada para essa inversão: ele a chama de "enantiodromia". Como você sabe (é claro) a partir do seu conhecimento do grego, *dromia* significa "correr": *hipódromo* é onde os *hippos* (ou cavalos) correm; um *dromedário* é um camelo de corrida. *Enantio* significa "na direção oposta". Então, tomados em conjunto, *enantiodromia* significa "correr na direção oposta", virar de ponta-cabeça.

Ora, o interessante sobre a meia-idade é que, com frequência, ocorre uma enantiodromia crônica. Digamos que você tenha sido um homem de poder: você teve tudo, conquistou o que se propôs a conseguir, ou pelo menos teve a cabeça no lugar e percebeu que não valia a pena conquistar aquilo.

Quando esse momento chega, ocorre a mudança. Você tem libido descartável, libido disponível. E para onde ela vai? Ela vai ali para o lado cintilante, e o Pai começa a ver as mocinhas. Daí todo mundo pergunta: "O que aconteceu com o papai?". Esse é o fenômeno normal da crise do fim da meia-idade. Um cavalheiro conseguiu todo o poder do mundo, e ele tinha essa imagem da aposentadoria: "Quando me aposentar, vou pescar". É claro que é isso que ele quer, porque pescar era a paixão dele quando tinha onze anos. Esse é o papai e sua busca por sereias da qual falei acima.

Para um exemplo da inversão oposta – indo do impulso do sexo para o impulso do poder – tomemos a mulher que foi mãe de família. Talvez ela tenha tido vários amantes, mas agora tem netos e reminiscências de adoráveis jantares dançantes e todo esse tipo de coisa. Neste ponto, ela se torna um monstro de poder: a formidável sogra que também mencionei acima. Os seus filhos, que criou, estão começando a ir embora. A sensação de perda – de inferioridade de poder – a inunda. Ela tem de tomar as rédeas e lhes dizer para fechar a janela, abrir a janela, colocar o bebê para tomar banho, tirar o bebê do banho, fazer isso, fazer aquilo. É claro, ela é completamente compulsiva ao fazê-lo. É uma coisa fantástica e assustadora ver o seu segundo lado, o seu lado escondido, surgir.

Ora, estou exagerando; essa é uma abordagem esquemática, admito. Porém, mesmo assim, quase todo mundo enfrenta esse tipo de crise. O problema é que, quando a enantiodromia chegar, será que conseguiremos absorver e integrar o outro fator, o outro lado da personalidade?

Jung chama o problema dessa assim chamada crise da meia-idade de "integração": a integração dos dois lados da personalidade em termos de uma experiência cultural individual. Toda a abordagem psicológica de Jung é baseada na ideia dessas interações.

Lembrem-se, Freud explorou a ideia do desejo e da proibição, essencialmente uma colisão entre o psicológico e o sociológico. Jung acreditava que a colisão é intrínseca à psique do indivíduo; isto quer dizer que, cada vez que você enfatizar um lado, o outro lado perde. Em *O Anel dos Nibelungos*, de Wagner, Albrecht consegue o anel de poder ao desprezar o fascínio das donzelas do Reno – ele é um homem do poder, é evidente. O outro homem, lá do lado oposto, diria: "Eu não quero fazer história, só quero fazer amor". Mas algum dia ele perceberá: "Puxa, eu não fiz história". A coisa terrível a respeito da enantiodromia é que ela ressoa com o eco de "tarde demais". Dessa maneira, decisões passadas assumem proporções aparentemente desastrosas.

Contudo, há mais coisas a respeito de uma pessoa do que simplesmente sexo e poder. Jung enxerga a psique como algo dominado pelo que ele chama de quatro funções, divididas em dois pares opostos.

Jung chamou a primeira dupla de sensibilidade (ou sentimento) e pensamento. Existem duas maneiras de analisar o que você percebe ao seu redor. Você pode basear a sua vida na avaliação de coisas a partir dos sentimentos que elas suscitam; daí você terá uma sensibilidade maravilhosamente diferenciada e desenvolvida. A sua apreciação das artes e das nuances e da riqueza da vida será ótima. Por outro lado, você pode julgar as coisas em termos de decisões intelectuais: certo e errado, oportuno e inoportuno, prudente e imprudente. Se você tomar decisões com base em apenas um fundamento, o outro não se desenvolverá.

Segundo a experiência de Jung tratando ocidentais (isto pode ou não ser verdadeiro para todas as culturas), a sociedade exige que os homens desenvolvam a função pensante, intelectual, e exige que as mulheres desenvolvam a função de sentir, a sensibilidade.

É claro, qualquer função que não seja enfatizada assume uma qualidade inferior. O pensamento inferior pode ser chamado de mera opinião. Ouvimos dizer que "não se pode discutir com uma mulher". Bem, não se pode discutir com uma mulher cuja percepção tenha sido desenvolvida primariamente em termos da função sentimento; suas decisões não vêm de conexões lógicas, e ela pode ter todo um sistema de opiniões que são baseadas em sentir ao invés de realmente pensar qualquer coisa com profundidade. Se um rapaz tivesse a mais vaga ideia da maturidade e sofisticação do "sentimento" que está sentado à sua frente, do outro lado da mesa, enquanto ele se comporta como um pateta, ficaria completamente surpreso.[36]

Sentimento inferior é sentimentalismo. Todos nós sabemos o que isso significa. Os sentimentos de um homem cruel, ou de um homem que leva sua vida puramente como um cientista sem quaisquer pensamentos sobre sentimentos, são grotescamente subdesenvolvidos. Quando ele chega a manifestar sentimentos, o tipo de livros ou peças de teatro ou música que ele gosta tenderão a ser ralos e triviais; definitivamente não servem para nada.

É o diálogo entre essas duas funções que nos educa. A função inferior – seja o pensamento ou o sentimento – permanece no inconsciente. Quando emerge, ela vem à tona compulsivamente; não se pode argumentar com ela. Portanto, são dois lados que têm de ser desenvolvidos; um será inferior e o outro será superior. Isso funciona como o equilíbrio entre sexo e poder, mas é uma questão totalmente diferente; sexo e poder, para os nossos propósitos, não estão relacionados.

A outra dupla oferece duas maneiras de ter uma experiência: Jung chama a primeira de sensação (diferente de sentimento); e a outra de intuição (também diferente de sentimento). Aqui estamos nós, sentados em uma sala, bombardeados por imagens, sons, cheiros e assim por diante. O que está aqui na sala vem até nós através de nossa sensação; os nossos sentidos estabelecem uma relação entre nós e o espaço ao nosso redor.

Um aluno entra na sala. Você tenta descobrir as capacidades daquele estudante, por que aquele estudante entrou na sala, e o que é provável que ele faça. Isto é intuição. Intuição é o talento político primário. É o tato para o tempo, o senso do possível. A pessoa intuitiva vê o futuro e o passado se estendendo como tiras de probabilidade.

Novamente, uma função será superior e a outra inferior. Se você sempre vive em termos das potencialidades das coisas – as realidades intuitivas – então você não está vivendo em termos dos fatos, das realidades sensoriais. E, é claro, vice-versa. Mais uma vez, em algum ponto da sua vida, a função inferior virá para o primeiro plano, e será uma ameaça.

Contudo, ao invés de simplesmente ir para a floresta quando a meia-idade chegar, e cancelar toda a porcaria do espetáculo, como na tradição indiana, Jung diz que a abordagem ocidental para a transição da responsabilidade para a velhice é a de alcançar a plenitude, a *individuação*. Esta é exatamente a ideia grega. Ele sentiu que você tem de equilibrar aquelas funções que competem entre si: sexo versus poder, pensamento versus sentimento, intuição versus sensação – para escapar da enantiodromia da crise de meia-idade. Ou seja, enquanto criança, você começa como uma coisa inteira, daí certas funções se desenvolvem mais do que outras, e você é uma coisa parcial ao longo de sua vida social, madura, profissional. Finalmente, no último estágio, você se torna uma coisa inteira novamente. É como se você fosse para um programa de educação para adultos ou algo assim, que lhe ajuda a preservar a sensibilidade enquanto está trabalhando no pensamento.

OS ARQUÉTIPOS DO INCONSCIENTE COLETIVO

Essas polaridades – as duas atitudes e quatro funções – são dinâmicas psicológicas, interiores. Elas fluem pela nossa psique como as marés do oceano. Dentro da mente, Jung também identificou certas estruturas fixas. Essas estruturas não são introjeções freudianas, aprendidas. Na visão de Jung, elas estão ali desde o nosso nascimento. Evoluíram como uma parte da mente humana, assim como a mão ou o olho evoluíram. Como a mão e o olho, quase todos nós partilhamos dessas estruturas em comum. Portanto, ele as chamou de "arquétipos do inconsciente coletivo". Por *coletivo*, ele não quis dizer algo metafísico; estava meramente se referindo ao que via como a semelhança destes arquétipos entre todos os seres humanos.

À primeira dessas estruturas, Jung chamou de self. Para Jung, o self abrange todas as possibilidades da sua vida, as energias, as potencialidades – tudo o que você é capaz de se tornar. Esse eu total é o que a sua vida seria se fosse inteiramente realizada.

Jung contempla o potencial total da psique do indivíduo como uma entidade. Ele descreve o self como um círculo, cujo centro você desconhece. Esse centro, que está no fundo da mente inconsciente, empurra você, as suas capacidades e os seus instintos. Ele desperta gradualmente durante a primeira parte da sua vida e aos poucos adormece

CAPÍTULO IV – *O mito e o self*

de novo em estágios posteriores. Isso acontece dentro de você, e você não tem controle algum sobre o processo.

Ora, o self se abre para a natureza e o universo simplesmente porque ele é parte da natureza. Contudo, o seu corpo específico tem capacidades e órgãos particulares, e incapacidades, e esses fatores o limitam a um certo modo de experimentar a grande consciência da qual você é um instrumento. Então, seu self é peculiar a você, e ainda assim é simplesmente uma inflexão local do modelo; você tem uma compreensão e sensibilidade particulares do grande mistério. Ao agir enquanto criança, você é impelido por esse eu. É o sistema instintivo, puramente biológico, que está em funcionamento.

A moça adolescente – e eu dei aula para moças por 38 anos no Sarah Lawrence – fica simplesmente assustada com a maravilha que ela é. Não foi ela que *fez* isso, mas, sempre que olha no espelho, vê o milagre de algo que lhe aconteceu, que atende pelo seu nome. De repente essa coisa passa a existir. É a flor do self. Mas a nossa pequena consciência navega essa realidade como um navio no oceano.

Conforme você toma consciência do seu self, nasce o ego. No esquema de Jung, o ego é a sua identificação consciente com seu corpo em particular, com as experiências e as memórias dele. Memória e experiência, limitadas a um corpo e identificadas em termos da continuidade temporal daquele corpo, que você está conscientemente ciente de que existe: isso é o ego.

Quando você aprendeu a andar e falar, escrever e dirigir, já tem um monte de anseios dos quais não tem consciência, mas porque nunca os realizou ou não colocou o foco de sua atenção neles, esses desejos caíram nas profundezas do self, no inconsciente. O self é todo o contexto de potenciais. O ego é a sua consciência do self, do que você pensa que é, do que você acha que é capaz de fazer, e ele está bloqueado por todas as memórias retidas inconscientemente, de incapacidade, proibições e assim por diante.

Temos, então, uma consciência incipiente; você pode observar esse despertar em um bebezinho conforme ele começa a se perceber como ego. O self e o ego não são a mesma coisa. O ego é apenas o centro da mente consciente; ele abrange a sua percepção do seu self e do seu mundo.

Ora, quando seu ego tem um plano, e você comete alguma trapalhada absurda que acaba com o plano, é como se alguém tivesse se intrometido e destruído seu plano. Você está interrompendo a si mesmo; esqueceu-se de alguma coisa. Freud lidou com isso muito bem; esse esquecimento semi-intencional é agora conhecido como deslize freudiano ou ato falho. Você está simplesmente se privando de fazer o que achou que queria fazer. O seu outro lado está falando. Isso está vindo daquele aspecto inconsciente do self. O self é a totalidade, e se você pensar nele como um círculo, o centro do círculo seria o centro do self. Mas o seu plano de consciência fica acima do centro, e o seu ego está acima daquele plano de consciência, portanto existe um aspecto subliminar do self que você não conhece. E ele está interagindo com o ego de modo constante.

A definição de ego de Jung é ligeiramente diferente da de Freud, embora estejam relacionadas. Para Jung o ego é a sua noção do seu self. Ele define o centro de sua consciência e estabelece uma relação entre você e o mundo; ele é o "eu" que você experimenta como algo que aje sobre o mundo ao redor.

Contudo, ele não tem nada a ver com a porção inconsciente do self. O ego normalmente fica acima da linha da consciência. Ora, suponhamos que você esteja dirigindo um carro: você está no lado esquerdo da via, ao volante. Mas, você não sabe que há um outro lado ali. Na verdade, você nem sequer reconhece que está de um lado; você acha que está no meio. A maioria das pessoas dirige a vida dessa maneira, de acordo com Jung. Pensam que seu ego é quem elas são. Vão dirigindo desse jeito e, é claro, o carro vai atropelando pessoas do outro lado da via. Como habilitar-se para ver o outro lado? Você instala outro volante e faz com que um amigo dirija? Você coloca o volante no meio? Não! Você tem de saber o que está ali; tem de aprender a enxergar tridimensionalmente para usar o princípio de paralaxe.

Portanto, temos o self, que é, digamos assim, a potencialidade total. Temos o ego, que emerge de modo gradual durante a infância chegando a uma noção de si mesmo relativamente firme. Até que o ego esteja mais ou menos confirmado, é muito perigoso ter experiências com as quais o ego não consegue lidar. Ele pode ser destruído, e perde-se totalmente o controle do ego sobre a realidade consciente. Esta é a condição esquizofrênica. É preciso ter um ego funcional.

Hoje fala-se muito sobre a ausência de ego, sobretudo no Oriente. Você tenta esmagar aquilo que é a única coisa que lhe mantém operante. Tem de haver alguém lá em cima; caso contrário, você não tem

CAPÍTULO IV – *O mito e o self*

orientação alguma. O self é o grande círculo, a embarcação, e o ego é o pequeno capitão na ponte de comando.

Mas conforme você cresce, sua família diz que "você pertence a este círculo social, e você deve se comportar como nós nos comportamos aqui". Daí você vai para a escola, e começa a descobrir que há uma certa carreira surgindo, se desenhando, um certo tipo de vida que você vai levar. Começa a pressão. Em outras palavras, as circunstâncias da sociedade na qual você vive estão começando a te forçar a entrar em um certo papel, um certo figurino.

Há algumas coisas que o ego deve aprender a fazer para funcionar na sociedade na qual vive. Não há sentido algum em aprender a viver numa sociedade que não existe ou que vive do outro lado da cortina de ferro. Isto que você tem ao seu redor é o que temos, meu amigo.

E o primeiro problema do estágio inicial da vida é aprender a viver nessa sociedade, de uma maneira que estabelecerá uma relação entre você e o mundo objetivo em termos que façam sentido agora. A função crítica pode vir um pouco depois, mas primeiro você tem de aprender a funcionar aqui e agora. E essa é a grande tarefa da infância e da juventude: o terror, as exigências, as restrições à sua vontade e assim por diante, têm de ser enfrentados e assimilados. Se você evitar esses desafios logo no começo, terá de enfrentá-los mais tarde ou ir se arrastando, parcialmente realizado como uma entidade humana, sem nunca ter tido a experiência de se divertir em uma situação séria.

A sociedade tem um número de papéis que ela precisa que desempenhemos. Nós assumimos esses papéis assim como um ator veste as diferentes partes de um figurino. A sociedade cunha em nós os seus ideais, um guarda-roupa de comportamentos aceitáveis. Jung chama a isso de "personas". *Persona* é a palavra latina para a máscara usada por um ator no palco.

Digamos que você seja professor: quando está trabalhando, coloca uma máscara de professor – você é um Professor. Suponhamos que você vá para casa e pense que ainda é um Professor, e não um sujeito que também dá aulas. Quem iria querer ficar perto de você?

Às vezes, no teatro do ensino médio, algum pobre jovem interpreta o papel de Hamlet, e sua tia lhe diz que ele o fez maravilhosamente. Bem, ele será Hamlet dali em diante. Identificou a si mesmo com o papel.

Há outros que descobrem que se tornaram, talvez para sua própria surpresa, executivos. São executivos no escritório. São executivos quando estão em casa. São executivos quando vão para a cama – o que é decepcionante para seus cônjuges.

A máscara tem de ser deixada no guarda-roupa, no camarim, por assim dizer. Você tem de saber em que peça está a todo momento. Tem de ser capaz de separar o seu senso de si mesmo – o seu ego – do eu que você mostra para o resto do mundo – sua persona.

Encontramos a primeira grande tensão dentro da psique no embate entre o potencial interior obscuro das porções inconscientes do self de um lado, e o sistema de persona do outro. O ego toma consciência do lado de fora e do lado de dentro e tenta reconciliá-los.

Ora, um dos grandes perigos, do ponto de vista de Jung, é identificar a si mesmo com a persona. Em drástico contraste com o objetivo da educação no Oriente, Jung declara que o ego deve se distinguir de seu papel.

Este é um conceito que não existe no Oriente. De acordo com a explicação de Freud, o ego é a função que nos coloca em contato com as atualidades empíricas do mundo onde vivemos; é a função de realidade. E é a partir do desenvolvimento do ego que construímos nosso próprio sistema de valores. Nossos julgamentos, faculdades críticas, e assim por diante, são funções do ego. No Oriente, pede-se ao indivíduo que não desenvolva suas faculdades críticas, não observe o mundo de um jeito novo, mas que aceite sem questionar o ensinamento do seu guru e assuma a máscara que a sociedade coloca nele. Essa é a lei fundamental do nascimento cármico[*]. Você nasce exatamente no papel adequado. A sociedade lhe dará uma máscara para usar. A pessoa tem de se identificar completamente com ela, cancelando todo pensamento criativo.

Na Índia, China ou Japão tradicionais, o indivíduo *é* o seu papel. O segredo é incorporar esse papel perfeitamente, seja como um monge mendicante ou uma viúva de luto se atirando na pira. Você deve se tornar *sati*.

O que Jung diz é que você deve interpretar o seu papel, sabendo que ele *não é* você. É um ponto de vista bastante diferente. Isto

---

[*] Na perspectiva indiana da reencarnação, o carma – lei de causa e efeito – é o acúmulo das ações realizadas em vidas anteriores que emerge na vida atual e configura um repertório de tendências, hábitos e valores. [N.R.]

requer individuação, separar o seu ego, a sua imagem de si mesmo, do seu papel social; significa simplesmente que, não importa o que você escolha fazer na vida, seja escapar da obrigação ou assumir, você está interpretando um papel, e não o leve tão a sério assim. A persona é meramente a máscara que você está usando nesse jogo.

As pessoas que melhor sabem como trocar de papéis são as mulheres ocidentais. Elas se vestem com um figurino diferente e entram em uma personalidade transformada. Minha esposa, que é dançarina, é mestra nisso. Ela tende a sentir muito frio quando está nevando. Mas quando se veste com quase nada e sai no meio do inverno para uma festa, não tem calafrios. Está completamente ali; toda a sua personalidade se colocou no papel – e *voilà*!

A situação vai ainda mais longe, porque todo o complexo da persona inclui nossos princípios morais. A ética e as convenções sociais são internalizadas como parte da ordem da persona, e Jung nos diz que você deve encarar isso com leveza também. Lembre-se, Adão e Eva caíram quando aprenderam a diferença entre o bem e o mal. Então o caminho para voltar é *não* saber a diferença. Essa é uma lição óbvia, mas não é algo que seja pregado com muita clareza nos púlpitos. Ainda assim, Cristo disse a seus discípulos: "Não julgueis, para não serdes julgados".[37] Você julga de acordo com o seu contexto de persona, e será julgado em termos dele. A menos que consiga aprender a enxergar além dos ditames locais do que é certo e errado, você não é um ser humano completo. É apenas uma parte daquela ordem social em particular.

Assim, aqui temos o self com todas as potencialidades. Você tem uma crescente consciência do ego com o qual se identifica, e ela está se desenvolvendo em relação aos figurinos que você tem de vestir – as personas. É bom ter vários figurinos, desde que cada um deles se coadune com a sua consciência. A ordem moral faz parte da sua persona.

Mas há muita coisa em você que não está sendo transportada para dentro desse sistema de persona, nem para dentro do seu ego, e que não faz parte do que você percebe como sendo "você". Bem no lado oposto do ego, enterrada no inconsciente, está o que Jung chama de "sombra".

A sociedade lhe dará um papel para interpretar, e isto significa que você tem de cortar da sua vida muitas das coisas que você, enquanto pessoa, poderia pensar ou fazer. Esses potenciais são empurrados para baixo no inconsciente. A sua sociedade lhe diz: "Você deve fazer isso, deve fazer aquilo"; mas também diz: "Você não deve fazer isso, não deve fazer aquilo outro". Essas coisas que você gostaria de fazer, que não são coisas muito legais de se querer fazer, elas também são colocadas lá embaixo no inconsciente. Esse é o centro do inconsciente pessoal.

A sombra é, por assim dizer, o ponto cego da sua natureza. É aquilo em você para o qual você não olha. Esse é exatamente o equivalente do inconsciente de Freud, as lembranças reprimidas bem como as potencialidades reprimidas em você.

A sombra é aquilo que você poderia ter tido se tivesse nascido do outro lado dos trilhos: a outra pessoa, o outro você. Ele é feito dos desejos e ideias dentro de você que você reprimiu – todo o id introjetado. A sombra é o aterro sanitário do self. Porém também é um tipo de cofre: contém potencialidades grandiosas, não percebidas.

A natureza da sua sombra é uma função da natureza do seu ego. É a parte traseira do seu lado de luz. Nos mitos, a sombra é representada como o monstro que tem de ser vencido, o dragão. É algo das trevas que surge do abismo e o confronta no minuto em que você começa a descer para o inconsciente. É aquilo que te assusta para que você não queira descer lá. Ele golpeia de baixo para cima. Quem está ali em baixo? Quem está lá em cima? Isso tudo é muito, muito misterioso e assustador.

Se o seu papel pessoal for ralo demais, estreito demais – e se você tiver enterrado uma porção grande demais de si mesmo na sombra – você secará. A maior parte das suas energias não estará disponível para você. Pode haver muito acumulado ali nas profundezas. Mais cedo ou mais tarde, a enantiodromia levará a melhor, e aquele demônio desconhecido, ignorado, virá à tona rugindo.

A sombra é a sua parte que você não sabe que está ali. Entretanto, os seus amigos veem, e é por isso também que algumas pessoas não gostam de você. A sombra é o você como poderia ter sido; é aquele aspecto de você que poderia ter sido se você tivesse se permitido realizar o seu potencial inaceitável.

A sociedade, é claro, não reconhece esses aspectos do seu eu em potencial. Você também não reconhece esses aspectos de si mesmo; você não sabe que eles estão ali ou que você os reprimiu.

CAPÍTULO IV – *O mito e o self*

Se pensarmos no self como um grande círculo dotado de um centro, e na consciência como algo bem acima daquele centro, então o ego está lá em cima no centro da consciência, e a sombra estaria lá embaixo na posição oposta, no inconsciente profundo. A sombra está sepultada ali embaixo por um motivo: ela é aquele aspecto do seu self que o seu ego não conhece, que você enterra porque não se encaixa na maneira como você percebe a si mesmo. A sombra é aquela parte de você que você não permite que apareça, que inclui aspectos bons – isto é, potentes – bem como aspectos perigosos e desastrosos do seu potencial.

Ora, tipicamente, todos esses arquétipos aparecem personificados em mitos e sonhos. Nós personificamos o mistério do universo como Deus. O ego se torna a figura do herói ou heroína. O self inconsciente se torna o sábio ou sábia. A sombra se torna personificada também, como um tipo de figura mefistofélica. Evidentemente, a sombra contém não só o que é bom para você, mas também o que é ruim. Ela engole as coisas que seria perigoso expressar, tais como o ímpeto assassino que você tem por causa daquele desgraçado ali que ficou o tempo todo te interrompendo, o impulso de roubar, trair, destruir e assim por diante. Mas ela também contém potencialidades que seu ego e o sistema de personas não querem aceitar.

Nos seus sonhos, e nos mitos de nossa sociedade, esses impulsos estão representados na sombra, e a sombra é sempre do seu próprio sexo; sempre vista como uma ameaça.

Você consegue reconhecer quem ela é simplesmente pensando nas pessoas que você não gosta. Elas correspondem àquela pessoa que você poderia ter sido – caso contrário não significariam muita coisa para você. Pessoas que te provocam, seja positiva ou negativamente, fisgam algo projetado de você mesmo:

Não vos amo, Dr. Fell.
O motivo não sei dizer,
Mas isto aqui sei muito bem,
Não vos amo, Dr. Fell.[38]

Por quê? Porque ele é a minha sombra. Não sei se você teve experiências semelhantes em sua vida, mas existem pessoas que eu desdenho no minuto em que as vejo. Essas pessoas representam os aspectos do meu eu cuja existência me recuso a admitir para mim mesmo. O ego tende a se identificar com a sociedade, esquecendo essa sombra. O ego pensa que ele é você. Essa é a posição em que a sociedade nos coloca. A sociedade não está nem aí se você sofre um colapso depois que ela termina de te usar – isso é problema seu.

Lembro de um clérigo me dizer: "Se eu não acreditasse em Deus e em Cristo e na Igreja, seria uma pessoa terrível". Bem, perguntei: "O que você acha que faria?". Ele não conseguia pensar em nada. Eu disse: "Aposto que consigo lhe dizer o que você acha que faria, mas não vou dizer. Tudo o que posso lhe dizer é que você logo ficaria cansado, e descobriria que você é só mais um velho chato no mundo, e jamais explodiria o mundo, de modo algum. E mesmo que detonasse uma pequena parte dele, ela logo seria reconstruída e você não seria uma grande ameaça para o mundo. Então solte-se um pouco. Faça algumas dessas coisas. Você descobrirá que elas também não são de todo mal, e vai deixar de falar esse tipo de coisa".

Deve-se encontrar uma maneira de perceber a sombra em nossa vida de algum modo.

Em seguida vem o problema do gênero. Todo homem tem de ser um homem másculo, e todas as coisas que a sociedade não lhe permite desenvolver, ele as atribui ao lado feminino. Ele reprime essas partes de si mesmo em seu inconsciente. Essas partes são o que se contrapõe à persona. Elas se tornam o que Jung chama de anima: o ideal feminino no inconsciente masculino.

Do mesmo modo, a mulher carrega o animus em seu inconsciente: o aspecto masculino dela. Ela é uma mulher, e a sociedade lhe dá certas coisas para fazer. Tudo o que existe nela, que ela associou com o modo de vida masculino, é reprimido dentro do animus.

O interessante é que – biológica e psicologicamente – temos ambos os gêneros em nós; porém, em todas as sociedades humanas, permite-se que as pessoas acentuem apenas um lado. O outro é internalizado. Além disso, a nossa imagética e as noções de outro são funções de nossa biografia. Essa biografia inclui dois aspectos. Um é geral na espécie humana: quase todo mundo tem uma mãe e um pai. O outro aspecto é particular seu: que a sua mãe tenha sido como ela era e o seu pai do jeito que ele era. Existe uma especificação dos papéis masculino e feminino conforme são experimentados, e isso compromete e determina a qualidade da nossa experiência dessas grandes bases que

CAPÍTULO IV – *O mito e o self*

todo mundo experimenta. Todo mundo vivencia a Mãe; todo mundo vivencia o Pai.

Em ambos os casos, o ideal enterrado tende a ser projetado externamente. Em geral chamamos essa reação de apaixonar-se: projetar o seu próprio ideal para o sexo oposto em alguma pessoa que, por algum tipo de magnetismo, faz com que a sua anima/animus venha à tona. Ora, você pode ir a uma festa e lá está uma garota perfeitamente aceitável, bonita, sentada sozinha. Daí tem alguma outra abelha com todos ao seu redor. O que ela tem? Bem, tem algo no formato dos olhos dela que suscita projeções de anima de todos os machos da vizinhança. Existem maneiras de se parecer com ela; porém, nem sempre sabemos quais são ou como alcançá-las. Já vi pessoas que são objetos de anima perfeitamente aceitáveis, mas se arrumam tanto que repelem a projeção de anima.

Duas pessoas se conhecem e se apaixonam. Daí elas se casam e o Sam ou a Suzy reais começam a aparecer pelas frestas da fantasia, e é um choque e tanto. Daí que muitos garotos e garotas recolhem sua anima ou animus. Eles se divorciam e esperam por outra pessoa receptiva, fazem a corte novamente e, minha nossa, outro choque. E assim vai.

Agora o único fato inegável: essa desilusão é inevitável. Você tinha um ideal. Casou-se com aquele ideal, daí surgiu um fato que não corresponde àquele ideal. De repente você nota coisas que não se encaixam muito bem com a sua projeção. Então o que você faz quando isso acontece? Há apenas uma atitude para resolver a situação: compaixão. Esse coitado com quem me casei não corresponde ao meu ideal; é apenas um ser humano. Bem, eu também sou um ser humano. Para variar, irei ao encontro de outro ser humano, viverei com ele e serei legal com ele, mostrando compaixão pela falibilidade que eu mesmo certamente trouxe ao mundo enquanto ser humano.

A perfeição é desumana. Seres humanos não são perfeitos. O que suscita o nosso amor – e falo aqui de amor, não de luxúria – é a imperfeição do ser humano. Portanto, quando a imperfeição da pessoa real (comparada ao ideal do seu animus ou anima) aparecer, diga: "Isto é um desafio à minha compaixão". Faça uma tentativa, e algo pode começar a funcionar. Talvez você comece a desistir da fixação em sua anima. Ficar fixado na sua anima e errar é tão ruim quanto ficar fixado na sua persona: você tem de se libertar disso. A lição da vida é se libertar dessas fixações. Isto é o que Jung chama de individuação, ver as pessoas e a si mesmo em termos do que de fato são, não em termos dos arquétipos que você está projetando ao seu redor e que foram projetados em você.

É claro, São Paulo diz: "O amor suporta tudo", mas você talvez não seja igual a Deus.[39] Esperar compaixão demais de si mesmo pode ser um pouco destrutivo para a sua própria existência. Mesmo assim, pelo menos faça uma tentativa, e isso serve não só para os indivíduos, mas para a vida em si. É tão fácil. É uma idiotice da juventude (e está na moda) dizer que o mundo não correspondeu às suas expectativas. "O quê? Estavam me esperando, e é só isso que prepararam para mim?". Deixa disso! Tenha compaixão pelo mundo e pelas pessoas que estão nele. Não apenas a vida política, mas a vida como um todo é horrível, e você deve abraçar esse fato com compaixão.

Em um de seus romances iniciais, *Tonio Kröger*, Thomas Mann nos deu a resposta do que fazer quando a realidade resplandece através da máscara projetada.[40] Ele conta a história de um jovem que descobre esse fato, essa necessidade de compaixão. No romance, Tonio Kröger nasce no norte da Alemanha, em uma cidade onde todos tinham olhos azuis, eram loiros, saudáveis e fortes e estavam confortáveis em seu mundo particular. Eles eram encarnações, pode-se dizer, da persona. A mãe de Tonio era de origem latina ou mediterrânea. O próprio nome dele nos fala da mistura bagunçada que nele se manifestava. Ele tem olhos e cabelos escuros e herdou uma certa sensibilidade nervosa que faz dele potencialmente um artista e escritor. Apesar de ser devotado às pessoas loiras do aqui e agora, não consegue interagir com elas; está na posição de observador o tempo inteiro. Ele enxerga, contudo, como são maravilhosas. Quando vai a bailes, são encantadoras de se observar: as garotas dançam tão bem. Os garotos dançam tão bem. E quando ele dança, pensa: "Eu só quero sonhar e ela só quer dançar". E as moças que ele consegue tirar para dançar são as que caem quando dançam. E, portanto, ele é um excluído.

Quando cresce um pouco, decide ser artista, vai embora; segue para outro mundo. Ele toma a direção sul, provavelmente para Munique, e se envolve com uma comunidade boêmia, que hoje chamaríamos de uma comunidade hippie. Ali encontra pessoas que têm grandes ideais a respeito do que a vida deveria ser; além disso, eles têm um

CAPÍTULO IV – O mito e o self

maravilhoso vocabulário de incriminação através do qual diminuem tudo o que na verdade está indo bem no mundo. São pessoas que têm um monte de ideias, descobrem que o mundo não está à altura dessas ideias e então recolhem suas projeções, seu amor pelo mundo, se desiludem com ele. São frias, desdenhosas e cínicas. Tonio descobre que isso também não funciona para ele. Ele é um intelectual, ele respeita ideias, mas também ama aqueles loiros de olhos azuis.

Tonio é um jovem que está preso entre dois mundos: o mundo dos sem imaginação que agem, no qual ele nasceu, e o mundo dos críticos intelectuais boêmios com os quais esteve vagando. No fim das contas ele descobre que todas as pessoas que estão no mundo são imperfeitas, e que a imperfeição é o que mantém a pessoa ali. Ele percebe que nada que esteja vivo se encaixa num ideal. Se você pretende descrever uma pessoa como um artista o faria, deve descrevê-la com objetividade implacável. São as imperfeições que as identificam. São as imperfeições que pedem o nosso amor.

O que transforma aquilo que Mann chama de *litterateur* (alguém que escreve para uma revista de Nova York, digamos assim) em um poeta ou um artista, alguém que pode dar à humanidade imagens que a ajudem a viver, é o fato de que o artista reconhece as imperfeições ao seu redor com compaixão. O princípio da compaixão é o que converte a desilusão em companheirismo participativo. Assim, quando o fato se mostra, arrombando a projeção do animus ou anima, devemos oferecer compaixão. Este é o amor básico, a caridade, que transforma um crítico em um ser humano vivo que tem algo a dar ao mundo – bem como a exigir dele.

É assim que se deve lidar com a desilusão do animus ou anima. Essa decepção será evocativa. A realidade suscitará uma nova profundeza de realidade em você, porque você também é imperfeito. Talvez você não saiba. O mundo é uma constelação de imperfeições, e você pode ser o mais imperfeito de todos. Por meio do seu amor pelo mundo você o nomeará com precisão e sem pena e amará aquilo que nomeou. Mann chama esta dicotomia de "ironia erótica". Essa descoberta pode te ajudar a salvar seu casamento.

Então, o que temos? Temos o self, que é uma grande página não escrita. Temos o ego, que é uma consciência se tornando gradualmente mais e mais expandida em seu campo de experiência e luz. Temos a persona, que é o campo do *Völkergendanken*, o jeito regional, étnico de viver a vida. Se a imagética da sociedade não traz o seu inconsciente para agir neste mundo consciente, você tem um tipo de situação morta; fica perdido em uma terra arrasada.

Entre os arquétipos, o primeiro a se tornar ameaçador é a sombra. Ela é o que você está reprimindo, e a repressão te permite viver a vida que a sociedade quer que você viva.

O desafio seguinte é o sexo oposto. E aqui está a grande fascinação. Com certeza, Freud acertou nesse ponto. Particularmente na puberdade, o fascínio e o mistério da vida estão resumidos na qualidade do sexo oposto.

Agora vem o grande lance psicológico. A pessoa se apaixona à primeira vista. Ora, o que, em nome de Deus, significa isso? Você nem conhece a pessoa. Todo mundo, espero eu, teve essa experiência. Alguém entra na sala e seu coração para.

Thomas Mann escreveu belos exemplos disso. Em sua primeira história publicada, "Der Kleine Herr Friedmann", o pequeno cavalheiro do título tem uma experiência catártica. Ele é um sujeitinho esquisito e nunca conseguiu, nem de um jeito nem de outro, se relacionar de modo algum com a vida. Um dia, aparece uma loira deslumbrante, escultural. E o que ele diz? "Meu Deus, meu Deus". O coração para, e ele percebe que não viveu a vida. O mundo se abre. Essa é a aparência da anima que conduz.[41]

Ora, quer goste ou não, isso te afetará. Bem, uma das coisas mais ousadas que se poderia fazer seria se casar com aquele ideal pelo qual se apaixonou. Daí você enfrentará um trabalho de verdade, porque tudo foi projetado nele ou nela. Trata-se de algo além da luxúria; é algo muito mais profundo. Puxa tudo para fora. Essa anima/animus é a linha de pesca que fisgou todo o seu inconsciente, e tudo vem à tona – a Serpente de Midgard, tudo que está lá no fundo. É com isso que você se casa.

Certo cavalheiro, que agora se tornou um analista junguiano, contou ao Dr. Jung um sonho. Nele havia um grande penhasco, e acima do penhasco surgiu a cabeça de uma serpente. A serpente desceu – e ela era enorme – desceu, desceu, e parecia ser interminável. E Jung disse: "Essa é a Srta. Fulana. Case-se com ela". E o camarada se casou. Foi um casamento muito feliz.

Mas o que acontece quando você se casa com essa situação de amor à primeira vista? Bem, você se casou com uma projeção. Casou-se com

CAPÍTULO IV – *O mito e o self*

algo que foi projetado a partir de você mesmo: a máscara que você colocou por cima de outra pessoa.

Qual é a coisa sensata a fazer em uma circunstância como essa? O que é a coisa pedagogicamente aconselhável a se fazer em uma situação assim? Aquilo que se mostra através da máscara da projeção é um fato. A máscara é o seu ideal. Esse fato não coincide com o ideal; ele é imperfeito. O que você faz com o que é imperfeito?

Jung acreditava que era melhor rejeitar todas as projeções. Não identificar as mulheres que você conhece com a sua projeção da anima. Não identificar a si mesmo com a sua projeção da persona. Liberar todas as projeções e ideais. Isto é o que Jung quer dizer com individuação. Jung chama o indivíduo que identifica a si mesmo com a sua persona de uma personalidade *mana*; nós o chamaríamos de pomposo. É uma pessoa que não é nada além dos papéis que ele ou ela interpreta. Uma pessoa assim nunca deixa que seu caráter verdadeiro se desenvolva. Permanece simplesmente uma máscara, e conforme suas capacidades declinam – conforme vai cometendo erros e assim por diante – tem cada vez mais medo de si mesmo, coloca mais e mais esforço em manter a máscara. Daí ocorre a separação entre a pessoa e o self, forçando a sombra a se retirar para mais e mais fundo no abismo.

É preciso assimilar a sombra, abraçá-la. Não é necessário fazer nada em relação a ela, necessariamente, mas devemos conhecê-la e aceitá-la.

Não é preciso assimilar a anima/animus – esse é um desafio diferente. Você deve estabelecer uma relação com anima/animus através do outro.

A única maneira de uma pessoa se tornar um ser humano é através de relações com outros seres humanos. E estes serão masculinos ou femininos, e você será um "outro" também. Os machos sempre terão, em relação às fêmeas, associações de animus, de uma maneira ou de outra, e as fêmeas terão associações de animus em relação aos machos.

E a primeira via é a da compaixão. Não é desejo. Não é medo. Buda, Cristo, e todos os outros luminares deixaram bem claro que temos de ultrapassar esses dois.

Ora, quando você desce para o inconsciente, está puxando para cima não apenas a sombra e a anima, mas também as faculdades de experimentar e julgar que não foram utilizadas na sua vida. Você consegue integrar as funções e atitudes inferiores, de modo que qualquer enantiodromia é meramente uma questão de perceber o seu potencial pleno, não se trata de um naufrágio nas rochas das Sereias.

Existem quatro tipos de crise que podem desencadear uma enantiodromia muito grave. Uma é quando se passa de um estágio da vida para o outro sem perceber – o cavalheiro no fim da meia-idade que é obcecado com a sua pontuação de golfe e não passou para a fase da metade posterior da vida.

Jung diz que a vida é como o dia de uma jornada solar. A primeira parte dela é para cima, indo do nascimento para a sociedade. E a segunda parte é para baixo, indo da participação no mundo e na sociedade para a morte. Enquanto a ameaça da primeira metade da vida era a vida, a ameaça da segunda metade é a morte, e todos os símbolos mudam de significado.

Durante a parte remanescente da vida, diz Jung, o grande problema é integrar as funções inferiores com as superiores. Essa é a grande tarefa dos seus anos tardios. Portanto, vamos pensar na imagética da união dos opostos. O mesmo símbolo que, para um extrovertido, terá conteúdo sexual, para um introvertido ressoará como batalha. Uma vez que a pessoa comece a alcançar a individuação e a integração, encontra a conjunção daqueles dois aspectos de sua própria psique.

A crise de passar de um estágio da vida para o outro sem estar pronto para prosseguir entrava esse processo. Esta é a dificuldade da criança de 40 anos que pensa que ainda tem 35. A vida o trouxe até o ápice solar, e daí começou a declinar – e você acha que ainda está no pico? Ah, não. Você está aqui embaixo. E será um tombo e tanto. É muito melhor saber que começou a descer e aproveitar a viagem; aqui também tem coisas boas.

O segundo tipo de crise é um relaxamento das exigências da vida. Você se matou de trabalhar para se tornar o czar dos cadarços de sapato de todo o universo. Você é dono de todas as fábricas de cadarço de sapato do mundo. E agora, aos 40 e poucos anos, não precisa mais gastar toda sua energia nisso. O negócio já está caminhando sozinho, e você tem secretárias que não apenas estão dando conta do recado, mas também têm uma aparência boa demais para o que as moças deveriam ter na sua opinião; e de repente tem um monte de distração. Você tem muita libido descartável. E para onde ela vai?

CAPÍTULO IV – *O mito e o self*

O extrovertido voltado para eros tem uma reviravolta e subitamente se torna um monstro de poder. O bom e velho Tio Harry, o rei dos cadarços de sapato, o homem de poder introvertido, se torna um velho lascivo (esse tipo de coisa). Mas a tragédia dessa crise é o sentimento profundo de que é tarde demais para tudo. Nada está como deveria ser, e é porque você está fazendo a coisa errada.

Um outro tipo de crise é a perda de confiança em seus ideais morais; essa forma de enantiodromia é algo que observamos com frequência entre os estudantes na faculdade. O jovem está morando com um colega de quarto que vem de uma ordem social totalmente diferente, seja a pessoa pobre que está vivendo com os ricos ou o rico que está vivendo com os pobres, ou o cristão com o ateu, ou o judeu com o budista. Ele descobre que ali está também uma pessoa perfeitamente decente. Não é que a outra pessoa o seduz para o pecado; é que conhecê-la o leva a questionar seus próprios princípios morais. E uma vez que esses princípios morais – o complexo da persona – mantêm o seu ego no lugar, quando eles relaxam, todo o resto vem para fora. Há a ameaça ou o encanto de se tornar uma pessoa terrível: o que eu chamo de o "toc-toc da sombra" vindo de baixo. É a sua própria pessoa das trevas falando. Pode acontecer também aquilo que chamo de centelha da anima/animus: venha, garotinho, é interessante ali do outro lado. Você nunca viu garotas assim.

Bem, diz Jung, deixe que venha e que se vá. Mas não faça isso com tamanho abandono que seu ego seja totalmente estilhaçado. Imaginem uma das minhas alunas da faculdade. Ela teve as primeiras aulas em um curso de Sociologia, e descobriu que a fortuna de seu pai foi construída à custa de sangue e ossos. Visitando os pais para a celebração do jantar de Ação de Graças, a família tem a impressão de que ela está estranha. A aluna começa a vir para as atividades e aulas com uma aparência terrível. Ela não cuida do cabelo. Passou para o outro lado. Ela teve uma virada. É a enantiodromia. Ela se tornou partidária do lado oposto – passou a agitar o estandarte do proletariado oprimido. E isso é tão extremista quanto estar do lado onde estava antes em um estado de abençoada ignorância.

Se isso acontecer não é algo tão ruim, porque se consegue experimentar tudo que está do outro lado. É como quando o lado de baixo do tapete vira para cima. De fato, minhas alunas às vezes tinham um pouco o aspecto do lado de baixo de um tapete. E é bom que tal coisa aconteça em uma instituição como a faculdade, onde você pode de alguma maneira proteger a pessoa, porque a meta é integrar as duas metades, mais cedo ou mais tarde.

Mas existe ainda uma outra crise, e essa é um desafio muito sério: quando é preciso tomar uma decisão intolerável, quando realmente se tem de fazer algo que se considera imoral, abaixo de sua dignidade, algo de que você realmente se envergonha. O grande exemplo, é claro, é o sacrífico de Isaac por Abraão. A Voz de Deus pede que ele mate seu próprio filho, e ele se depara com uma decisão impossível. Será forçado a desobedecer àquele que entendia como Deus ou a matar seu filho. Se não sacrificasse Isaac, desobedeceria a Deus e, se matasse Isaac, teria violado o primeiro princípio da decência humana. Os pais não deveriam matar seus filhos.

Bem, esta é uma decisão intolerável. E talvez você se depare com decisões intoleráveis. Tive amigos durante a Grande Depressão que tinham família e não havia emprego algum; precisaram fazer algumas coisas pela manutenção de suas famílias que não teriam desejado fazer enquanto pessoas responsáveis por suas próprias vidas. Esse tipo de coisa arrebenta com o ego e traz à tona todo o conteúdo do inconsciente.

Contudo, para Jung o problema da individuação, o desafio da crise de meia-idade, reside em cortar as amarras dessas projeções. Quando percebemos que ideais morais – a vida moral com a qual supostamente você deve se comprometer – estão incorporados na persona, tomamos consciência da profundeza e da ameaça dessa psicologia. Você deve vestir e despir os seus princípios morais de acordo com o que é apropriado ao momento; *não* deve identificar esses princípios morais com verdades cósmicas. As leis da sociedade, portanto, são convenções sociais, não leis eternas, e devem ser tratadas e julgadas em termos da adequação à sua função. O indivíduo faz seu próprio julgamento a respeito de como deve agir. Depois ele deve observar para se certificar de que os guardiões da ordem social não compreenderam mal sua atitude, nem dificultarão as coisas por não estar seguindo a regra deles ao pé da letra. Mas o principal problema da integração é encontrar relações com o mundo exterior e viver uma vida rica em interação plena.

Com efeito, o indivíduo deve aprender a viver segundo o seu próprio mito.

CAPÍTULO V

Mito pessoal

JUNG: SEGUNDO QUAL MITO EU VIVO?

Por muitos e muitos anos venho falando sobre mitologia de modo bem abstrato – como era aqui, como era ali – e parece estar na hora de aceitar o desafio de dizer algo sobre como pode ser para você e para mim. Ora, essa questão de viver o seu mito próprio, pessoal – encontrá-lo, aprender o que ele é e embarcar nele – me ocorreu quando li a obra autobiográfica de Jung, *Memórias, sonhos e reflexões*. Em uma das passagens, ele descreve uma crise de sua própria vida. Em 1911-1912, Jung trabalhava em seu livro seminal, *Símbolos da transformação*.

Ele estava tremendamente chateado nessa época porque tinha começado a sentir que todo o seu trabalho anterior fora feito com base em um entendimento superficial da psicologia de seus pacientes profundamente psicóticos. Ele começara sua carreira atendendo no Burghölzli Sanitarium, em Zurique, sob a direção de Eugen Bleuler. Bleuler foi o homem que cunhou o termo *esquizofrenia*, e muitos dos pacientes em seu sanatório eram de fato esquizofrênicos.

Depois de ter atuado ali por algum tempo e já ter completado o doutorado sob a orientação de Bleuler, Jung conheceu Freud. Ora, a principal preocupação de Freud era a neurose. Um neurótico é uma pessoa que continua operante no mundo e tem uma orientação consciente e funcional para a vida, mas que está perturbado por uma relação inadequada com o sistema inconsciente. Um psicótico, por outro lado, é alguém totalmente partido. E Jung, tendo trabalhado com psicóticos, conhecia bem o que poderia ser chamado de arquetipologia da imaginação inconsciente.

Ele começou a ler livros sobre mitologia comparada: Frobenius, Bastian, Frazer. Compreendeu que as imagens que inundavam a psique de seus pacientes eram precisamente aquelas com as quais o mundo da mitologia comparada e dos estudos da história das religiões já tinha familiaridade. A imagética da fantasia de seus pacientes mostrava paralelos precisos com os temas mitológicos. Daí Jung notou que os paralelos continuavam sendo verdadeiros não apenas para os psicóticos, mas também para os neuróticos e as pessoas mais ou menos bem equilibradas.

Esta descoberta o impressionou tremendamente e o motivou a fazer uma imersão no estudo da mitologia. *Símbolos da transformação*, que lida com a inter-relação entre a consciência do sonho e a consciência mitológica das visões, foi exatamente o livro que impossibilitou que Freud continuasse trabalhando com Jung. A obra deixou muito claro que Jung não acreditava mais que o sexo era o começo, meio e fim do sistema simbólico subconsciente, ou que a psicanálise regressiva era a única terapia. Para Freud e seus seguidores, isso era anátema.

Quando Jung terminou seu livro, isto não pôs fim a seus insights sobre o tema. "Eu mal acabara o manuscrito", diz ele em *Memórias, sonhos e reflexões*, "quando entendi de súbito o que significa viver um mito, e o que significa viver sem ele".[42] Ocorreu a ele se perguntar qual mito ele mesmo estava vivendo, e percebeu que não sabia. "Assim, da maneira mais natural possível, me propus a conhecer o meu mito, e isto considero a minha tarefa das tarefas."[43]

Minha crença é que não existe mais uma única mitologia operando para todos em determinado país, muito menos em toda a civilização ocidental. Penso que a ordem social hoje é de caráter essencialmente secular. Ela não afirma que as leis foram dadas por intermédio divino. Nós não explicamos as leis em termos mitológicos. Antigamente, as leis foram entregues por Deus para Moisés e dispostas nos livros dos Números, Deuteronômio e Levítico. Nós não temos isso. Até mesmo as leis do universo físico, como eu disse, não chegam a ser fixas. Nós não sabemos. Continuamos descobrindo coisas novas a respeito dele, mas não temos uma imagem definida do universo, uma que vá permanecer por muito tempo.

Com respeito ao desenvolvimento da psicologia de cada indivíduo, viemos de origens tão variadas, e temos oportunidades tão diversas em nossas vidas, que não existe uma mitologia única que possa defini-la para nós. Acredito que, dentro do campo de uma sociedade secular, que é uma espécie de moldura neutra que permite aos indivíduos desenvolverem suas próprias vidas, desde que não incomodem muito seus vizinhos, cada um de nós tem um mito individual que nos conduz, a respeito do qual podemos ou não saber. Esse era o sentido da pergunta de Jung: qual é o mito segundo o qual estou vivendo?

Não acho que algum dia existirá uma mitologia unificada para toda a humanidade por um longo período, se é que existirá. Penso que a vida social – aquela coberta pela terceira função do mito – hoje está sendo tratada de uma outra maneira, uma maneira melhor. Penso, entretanto, que o indivíduo fica desprovido de um senso de comunicação entre seu consciente e seu inconsciente.

Imagens mitológicas são as imagens por meio das quais a consciência entra em contato com o inconsciente. Isto é o que elas são. Quando não temos imagens mitológicas, ou quando nossa consciência as rejeita por uma razão ou outra, ficamos desconectados da nossa parte mais profunda. Penso que esse é o propósito de uma mitologia segundo a qual podemos viver. Temos de descobrir aquela segundo a qual estamos de fato vivendo e saber o que ela é, de modo que possamos direcionar os nossos esforços com competência.

Ora, muitos de nós vivemos segundo mitos que nos guiam, mitos que podem se mostrar adequados para a vida inteira. Para aqueles que vivem segundo tais mitos, não há problema algum. Tais pessoas sabem qual é o seu mito: uma ou outra das grandes tradições religiosas herdadas. Muito provavelmente, esse mito será suficiente para guiá-las ao longo do caminho da vida.

Contudo, existem outros neste mundo para quem tais indicações não levam a lugar algum. Você encontra essas pessoas especialmente entre alunos universitários, professores, cidadãos urbanos – as pessoas que os russos chamam de *intelligentsia*. Para estes, os velhos padrões e antigas instituições simplesmente não têm valor, de modo que, quando chega uma crise na vida, não ajudam em nada.

Existem outros que podem sentir que estão vivendo de acordo com um certo sistema, mas na verdade não estão. Eles vão à igreja todo domingo e leem a Bíblia, porém estes símbolos não lhes dizem nada. O poder condutor vem de outro lugar.

Podemos nos fazer esta pergunta: se eu fosse confrontado com uma situação de desastre total, se tudo o que eu amasse e tudo o que eu pensasse que era meu motivo para viver fosse arrasado, pelo que eu viveria? Se eu chegasse em casa, encontrasse minha família assassinada, minha casa queimada, ou toda a minha carreira destruída por algum desastre, o que me sustentaria? Nós lemos sobre essas coisas todos os dias e pensamos: "Bem, isso só acontece com outras pessoas". Mas, e se isso acontecesse comigo? O que me faria sentir que eu conseguiria seguir vivendo ao invés de simplesmente ter um colapso e desistir?

Conheci pessoas religiosas que tiveram experiências assim. Elas disseram: "É a vontade de Deus". Para elas, a fé funcionou.

Diga-me: o que, na sua vida, desempenharia esse papel? Qual é a coisa grandiosa pela qual você sacrificaria sua vida? O que te leva a fazer o que faz? Para você, qual é o chamado da sua vida? Você sabe? As antigas tradições forneciam um suporte mítico para as pessoas; elas mantinham culturas inteiras em pé. Toda grande civilização cresce a partir de uma base mítica.

Nos nossos dias, entretanto, há uma grande confusão. Tudo nos remete a nós mesmos, e temos de descobrir aquela coisa que, de verdade, funciona para nós como indivíduos. Mas, como se faz isso?

Penso que uma das grandes calamidades da vida contemporânea é que as religiões que herdamos insistiram na historicidade de seus símbolos. O Nascimento Virginal, por exemplo, ou a Ascensão aos Céus – esses são símbolos que encontramos nas mitologias do mundo. Sua referência primária deveria ser em relação à psique da qual vieram. Eles nos falam a respeito de algo que existe dentro de nós mesmos. Não podem, primariamente, fazer referência a eventos históricos. E um dos grandes problemas que enfrentamos agora é que a autoridade das instituições que têm nos apresentado tais símbolos – as religiões nas quais fomos criados – se tornou alvo de dúvida justamente por insistirem em falar sobre seus mitos subjacentes como eventos históricos que aconteceram em determinado lugar. A imagem do Nascimento Virginal: a que se refere? Um problema histórico, biológico? Ou é uma metáfora espiritual, psicológica?[44]

Admiro muito o psicólogo Abraham Maslow. Contudo, ao ler um de seus livros, encontrei uma espécie de esquema de valores, valores que guiam a vida das pessoas, conforme seus experimentos psicológicos haviam demostrado. Ele deu uma lista de cinco valores: sobrevivência, segurança, relações pessoais, prestígio e autodesenvolvimento. Olhei aquela lista e me perguntei por que parecia tão estranho aos meus olhos. Finalmente percebi que me parecia bizarro porque esses são exatamente os valores que a mitologia transcende.

Sobrevivência, segurança, relações pessoais, prestígio, autodesenvolvimento – em minha experiência, esses são exatamente os valores pelos quais uma pessoa miticamente inspirada *não* vive. Eles têm a ver com o modo biológico básico tal como compreendido pela consciência humana. A mitologia começa quando a loucura tem início. Uma pessoa que é realmente açambarcada por um chamado, por uma vocação, por uma crença, por um entusiasmo, sacrificará a sua segurança, sacrificará até mesmo a sua vida, sacrificará relações pessoais, sacrificará prestígio, jamais pensará em desenvolvimento pessoal; ela se doará inteiramente ao seu mito. Cristo nos dá a dica quando diz: "Quem perde a sua vida por causa de mim, a encontrará".[45]

Os cinco valores de Maslow são os valores pelos quais as pessoas vivem quando não têm nada pelo que viver. Nada os arrebatou, nada os pegou, nada os levou espiritualmente à loucura e os tornou pessoas com quem vale a pena conversar. Esses são os chatos. (Em uma maravilhosa nota de rodapé de um ensaio sobre Dom Quixote, Ortega y Gasset escreveu: "Um chato é alguém que nos priva da nossa solidão sem fornecer companhia".)[46]

O despertar do assombro é a chave; aquilo que Leo Frobenius, o maravilhoso estudioso das culturas africanas, chamou de *Ergriffenheit*: ser tomado por algo de tal modo que você é puxado para fora.

Ora, nem sempre é fácil ou possível saber pelo que se está tomado. Você se pega fazendo coisas tolas, e foi arrebatado, mas não sabe qual é a dinâmica. Você foi atingido por aquele despertar do assombro, da fascinação, da experiência do mistério – a consciência da sua plena felicidade. Com isso vem o despertar de sua mente a serviço da mesma. O cérebro pode nos habilitar a encontrar um negócio para manter a família e obter prestígio na comunidade; se for dotado de equilíbrio mental, ele pode fazer essas coisas muito bem. Mas o cérebro também pode nos impelir a renunciar a tudo isso porque ficamos fascinados com algum tipo de mistério.

Um dos exemplos mais vívidos que conheço deste fenômeno é a vida do pintor francês Paul Gauguin. Ele era um homem de negócios muito próspero, tinha uma família e uma casa; daí simplesmente ficou fascinado pelo que começou a se abrir para ele na pintura. Você começa a experimentar com coisas como a pintura e elas o podem levar para fora da sua vida – foi isso que aconteceu com Gauguin. Ele simplesmente embarcou numa aventura, esqueceu sua família e tudo o mais. Seu despertar o levou ao Taiti e a todas aquelas belas pinturas. Ele esqueceu tudo a respeito dos valores de Maslow e começou a simplesmente viver seu enlevo.

Quando Jung disse que queria descobrir segundo qual mito estava vivendo, ele queria descobrir qual era o fator inconsciente ou subliminar que o estava levando a fazer coisas peculiares, irracionais e causando problemas que sua consciência tinha de resolver em seguida. Digamos então que nosso assunto começa com o despertar da consciência e a transcendência dos valores que Abraham Maslow anunciou.

Falei sobre o *kundalini yoga*, o sistema indiano que iguala o desenvolvimento espiritual da alma à jornada ascendente da serpente pelo corpo através das sete estações, ou *chakras*. Os três centros de baixo representam o instinto de sobrevivência, o ímpeto sexual e o impulso pelo poder.

Ora, a hierarquia dos valores listada por Maslow corresponde a esses três *chakras* inferiores. São os valores que partilhamos com os animais. Temos um corpo animal, não o corpo de um cachorro ou de uma gazela, mas o corpo de um animal humano. Vivemos uma vida animal na modalidade humana. Não nos lisonjeemos pensando que este é o mais elevado aspecto de nossa humanidade. Queremos nos agarrar à vida, assim como os animais. Temos impulsos sexuais, assim como os animais. E temos o desejo de vencer e de derrotar a oposição e derrubar o que está bloqueando a nossa passagem, assim como os animais. E isto resume a hierarquia de valores do Dr. Maslow.

Quando a serpente *kundalini* alcança o quarto *chakra*, a alma experimenta o despertar do assombro e, no sistema indiano, isto é simbolizado pelo ouvir da sílaba sagrada *aum*. Isto é algo que os animais não ouvem. A apreensão deste som abre a dimensão de mistério do universo, e a sensação de querer entender esse mistério é o começo da vida espiritual. No sistema *kundalini*, o quarto *chakra* fica ao nível do coração. É no coração, dizem, que as mãos do devoto tocam os pés do deus. Neste nível só se alcança os pés do deus; é preciso continuar subindo. Portanto, quando o senso de mistério se abre é que começamos a jornada.

CAPÍTULO V – *Mito pessoal*

Para dar aos animais o devido crédito, neles existe um pouquinho disso. Animais, quando veem uma luz à noite, se aproximam para saber o que é. Esse é o começo. Em uma próxima encarnação, eles estarão no nível humano, poderíamos dizer. Este é o despertar do assombro. Mas a luz que tentaremos seguir agora irá finalmente conduzir à luz pura, indiferenciada da transcendência. Esse é o significado da sílaba *aum*.

Então deixemos para trás os *chakras* um, dois e três, que têm a ver simplesmente com a vida mundana, racional. Não há nada de errado com eles, até porque ninguém pode experimentar o *aum* ou o assombro a menos que as necessidades de sobrevivência tenham sido satisfeitas. Mas eles são meramente a base de uma estrutura maior, e nós queremos subir.

No sistema *kundalini*, a grande experiência humana começa quando se ouve a sílaba *aum*. Nesse ponto, o espírito é levado a fazer o esforço de conhecê-la melhor, de chegar mais perto dela, e esse impulso é o que associamos ao quinto *chakra*, que fica ao nível da laringe, onde a palavra começa, e é aqui que os animais não seguem. Eles não sabem falar. Podem emitir sons, mas – até onde sabemos – não possuem comunicação verbal, nenhuma comunicação de conceitos.

Com a comunicação, começa a experiência mística.[47]

O início do mundo mítico ou da tradição mítica é uma crise – algo que nos puxa para fora de nós mesmos, para além de nós mesmos, para além de todos os padrões racionais. É a partir de crises assim que as civilizações são construídas. Basta olhar para os monumentos e ver que são as coisas mais malucas que a humanidade jamais imaginou. Vejam as pirâmides. Tente interpretá-las em termos de meios e objetivos racionais ou necessidades econômicas; pense no que significava em uma sociedade com a tecnologia do Egito Antigo – praticamente não havia tecnologia nos termos em que a compreendemos hoje – construir algo tão imenso. As catedrais, os grandes templos do mundo, ou a obra de qualquer artista que tenha dedicado a vida à produção dessas coisas – tudo isso vem da crise mítica, não dos valores de Maslow. Esse despertar do assombro, do ardor, é o começo e, por mais curioso que pareça, isso é o que une as pessoas.

As pessoas que vivem por esses cinco valores já mencionados se afastam umas das outras. Duas coisas unem as pessoas: aspiração e terror. Isso é o que unifica a sociedade. Considerem a fundação mitológica da sociedade europeia medieval: o grande mito da Queda no Jardim, a Redenção na Cruz e a Igreja, que deveria servir como o único veículo para a graça da redenção e salvação da humanidade. Temos uma sociedade inteira baseada na ideia de que todos nós nascemos manchados pelo pecado original, e que a única maneira de purificar essa mancha de nossa alma é através dos sacramentos da instituição Igreja, fundada, assim afirmam, por Cristo, que é a Encarnação do Deus que trouxe o mundo à existência no início dos tempos. Daí nasce essa cultura maravilhosa cujo único propósito é purificar cada alma individual do terrível erro da desobediência no Jardim do Éden.

São Paulo parece ter sido o primeiro a conectar essas ideias. Toda a estrutura da comunidade medieval era baseada em mitos de aspiração e terror, e eles são a única maneira de explicar a Idade Média. Havia valores econômicos e coisas assim, mas eles não tinham nada a ver com a construção da Catedral de Chartres. Henry Adams fala sobre isso em *Mont-Saint-Michel and Chartres*.[48] Todas as grandes catedrais da Europa foram construídas durante aquele século lunático entre 1150 e 1250. Naquela época as pessoas não tinham dinheiro suficiente para comprar duas vacas, quanto mais dois carros – qual era seu propósito de vida?

Não pense em feitores de escravos; não foi isso que construiu as catedrais. Foi uma crise coletiva, um ardor mítico. Depois disso, o que aconteceu? Aquele ardor desapareceu. Quando começamos a ter dúvidas sobre a base do mito, a verdade histórica do Gênesis, toda a sociedade desmoronou. A aspiração e o terror feneceram, e com eles o sonho mítico.

Sinto muito dizer que as coisas estão tão infinitamente suaves para nós hoje em dia que estamos nos afastando uns dos outros. Não há diante de nós aspiração alguma capaz de juntar as pessoas, e nenhum medo esmagador para nos unir. Nem se preocupe com a sociedade. Aqui estamos focando em você recuperar o controle de si mesmo.

Como encontrar essa coisa na nossa vida, aquilo que nos move de verdade? Bem, como mencionei, as mitologias são basicamente as mesmas em todo lugar. Consequentemente, imagens míticas não se referem primariamente a eventos históricos. Elas vêm da psique e falam à psique; sua referência primária é a psique – o espírito, como dizemos – e não um evento histórico.

Ora, não há dúvida alguma de que existem certas sensações que espontaneamente ativam determinadas respostas no corpo humano. Não é preciso que alguém te diga o que são sinais sexuais; na verdade, em geral ninguém diz nada, contudo, o imperativo biológico toma a frente e tudo funciona muito bem. Os filhos crescem e os pais começam a se perguntar o que está acontecendo. Assim, não é necessário receber instruções de alguém – apesar de não fazer mal algum recebê-las.

Do mesmo modo, certos odores imediatamente ativam as glândulas salivares. O sono vem quando você encontra um lugar onde se deitar. Existem determinados sinais aos quais o corpo humano responde. São sinais que compartilhamos com os animais: torpor, atividade, ardor sexual, amor materno pela criatura recém-nascida, agressão direcionada aos que nos ameaçam, e por aí vai.

Mas há um outro nível de consciência na nossa psique, que eu associaria com os níveis da maravilha que é a consciência humana, do coração até o topo da cabeça. Quando despertam o assombro e o ardor e o desejo da mente pelo saber, nasce uma nova percepção do que é ser humano. Assim como temos um corpo físico que compartilhamos uns com os outros de modo que podemos reagir de maneira semelhante aos mesmos cheiros, também temos uma consciência espiritual que reage a sinais comparáveis, e todo o conceito dos arquétipos da psique humana se baseia na noção de que, no cérebro humano, no sistema nervoso simpático humano, existem certas estruturas que criam uma prontidão para responder a certos sinais. Elas são compartilhadas por toda a humanidade, com variações individuais, mas essencialmente bem próximas no geral. E quando essas estruturas são ativadas, há uma resposta automática, assim como haveria para um odor, seja ele um odor de bananas vindo de uma panela africana sobre o fogo ou de uma cesta de frutas em meu belo quarto de hotel. Ao longo de milênios, desenvolvemos alguma experiência sobre como as pessoas reagem a símbolos espirituais e como a contemplação de um símbolo em particular inclina a mente, coloca a mente em um certo plano de consciência que ativa poderes espirituais mais profundos no indivíduo. Todo mundo tem seus próprios símbolos favoritos; todos estão prontos para uma experiência diferente daquela que os outros têm. O símbolo para o qual você está pronto suscita uma resposta em você.

Em nossa tradição, entretanto, essas imagens, esses símbolos, foram aplicados a eventos históricos. Em nossa tradição religiosa, interpretamos os temas do Nascimento Virginal, Morte, Ressurreição e Ascensão como episódios específicos, temporais. Nesse contexto, se você começar a duvidar da possibilidade de que tenham ocorrido, sua fé pode ficar perturbada. Você se privará do símbolo porque o rejeita. Ele lhe foi apresentado como uma espécie de relato jornalístico de algo que se supõe que tenha acontecido em algum lugar – mas você estudou biologia e não quer nem mesmo imaginar se e como um nascimento virginal pode ter sido realizado. É a isto que o símbolo se referia? É este o mistério? Não. O mistério não se refere a algo que pode ou não ter acontecido em uma certa data em um certo lugar. É um tema que se encontra em mitos do mundo inteiro e, portanto, deve falar à psique humana de uma maneira inteiramente diferente.

Quando esses símbolos desaparecem, perdemos o veículo de comunicação entre nossa consciência desperta e nossa mais profunda vida espiritual. Temos de reativar o símbolo, trazê-lo de volta à vida, e descobrir o que ele significa, para relacioná-lo a nós mesmos de um modo ou de outro.

Ora, o que fez Jung quando decidiu sair em busca de seu mito? Seu processo de descoberta é interessante por ser tão infantil. Lá estava ele, mais ou menos aos 37 anos de idade, quando se perguntou: "O que eu mais gostava de fazer quando era menino, estava sozinho e tinha permissão para brincar?". No fim das contas, o que ele gostava de fazer era juntar pedras e fazer cidadezinhas com elas.

Então ele pensou: "Ora bolas, sou um homem crescido, então vou brincar com pedras grandes". Comprou um terreno em um local lindo às margens do lago perto da cidade de Zurique. Começou a planejar e construir uma casa nesse lugar adorável, Ascona, e conforme trabalhava com as mãos, ativou sua imaginação.

Vejam, este é o grande lance: ativar a imaginação de algum modo. Não se consegue fazer isso pegando sugestões de outra pessoa. Você deve encontrar aquilo em que o seu próprio inconsciente quer meditar. Com a imaginação ativada, Jung percebeu a chegada de todo tipo de fantasias e de sonhos. Ele começou a fazer registros do que sonhava e depois os ampliava por meio de toda espécie de associações.

Ao fazer isso, deu início ao trabalho de descobrir seu mito. Percebeu que seus sonhos estavam se tornando muito importantes e

CAPÍTULO V – *Mito pessoal*

muito ricos para ele; começou a escrever sobre seus sonhos em um pequeno diário. Anotava cada pequeno impulso trivial, cada tema que aparecia em seus sonhos. Registrou os sonhos de modo a trazê-los à sua consciência e, conforme cultivava o diário, as imagens subjacentes começaram a transparecer. Daí ele desenhava imagens de algumas dessas coisas que apareciam nos sonhos – sempre de maneira muito solene. Ora, esse livro é o tipo de coisa que a gente não gostaria que fosse publicada; é simplesmente íntimo demais. Era uma exploração cerimonial, ritualística, do lugar do qual provinha o mistério de sua vida.

Se você mantiver um diário de sonhos, descobrirá que os sonhos começam a se amontoar em você. Você vai querer dormir de novo para ter mais. E descobrirá que uma história está se construindo. É claro, você precisa ter um pouco de tempo livre para fazer isso.

Ora, a minha esposa Jean e eu visitamos Jung e a senhora Jung em sua casa em Ascona em 1954. Era um edifício e tanto. Não era só uma construção; era um lar orgânico. Tinha crescido de dentro do chão. Ali vimos um homem que era um suíço do princípio ao fim. Ele nasceu naquele belo país montanhoso. Ali ele estava próximo do chão. Seus ancestrais, particularmente do lado da mãe, eram do interior da Suíça. Seu avô viera da Alemanha como médico, mas a Alemanha, naquela época, também era uma cultura baseada na terra. E ele tinha muito daquele mundo camponês dentro de si. É claro que, para muitos de nós, aquele não é o mundo do qual viemos. Precisamos encontrar nosso próprio mundo.

Logo após ter começado a cultivar seu diário de sonhos, Jung percebeu que seus sonhos correspondiam aos grandes temas míticos que ele estudou ao trabalhar em *Símbolos da transformação*. As mandalas começaram a aparecer – Jung foi o primeiro a se interessar por mandalas como um veículo psicológico de autodescoberta.

Jung tinha dois bons amigos que contribuíram para o desenvolvimento de seus insights: Heinrich Zimmer, um grande indologista, que se tornou meu amigo pessoal e mentor, e Richard Wilhelm, um eminente sinologista. Esses dois homens tinham um profundo conhecimento do saber mítico da Índia e da China, respectivamente, e ajudaram Jung a reconhecer as relações entre os rabiscos simbólicos de seus sonhos, que ele estava anotando, e as mandalas orientais, a meditação chinesa da flor dourada. Com a imaginação recém-ativada,

Jung chegou à compreensão de que os sonhos são de duas ordens: sonhos pequenos e sonhos grandes.

Sonhos pequenos vêm de um nível de consciência onírica que tem a ver com complicações bastante pessoais. Eles emergem do nível que veio a ser conhecido como freudiano ou inconsciente. Sonhos pequenos são essencialmente de natureza autobiográfica e não há nada nesses sonhos específicos que você compartilharia com os outros – você está desembaralhando a expansão da consciência conforme ela esbarra nos tabus e nos "não deves" de sua meninice e infância.

Daí chega um outro tipo de sonho, onde você se vê diante de um problema que não é especificamente próprio de sua vida ou situação etária ou social. Agora você se vê cara a cara com um dos grandes problemas humanos. Esses são o que Jung chamou de sonhos grandes.

Por exemplo, retomemos a questão que propus acima: o que é que te sustenta diante de um desastre total? Em tempos assim, a psique e a consciência do ego são forçados a lutar com os dois grandes mistérios: a natureza do cosmos e a morte. Nenhum outro animal reconhece a si mesmo como alguém que é puxado para esses dois grandes mistérios. Além disso, lá no fundo do seu íntimo jaz o mistério do seu próprio ser, que pede para ser solucionado. A sua consciência de ego será confrontada com esses mistérios esmagadores: o cosmos, a morte e a sua própria profundeza. Quando você se depara com esse tipo de questão – ao invés de "devo ou não ir para a cama com tal pessoa" – você está no campo dos problemas profundos. A propósito, as grandes mitologias do mundo também lidam com esses problemas.

Ora, como mencionei, esses temas são universais. É claro, eles ocorrem com diferentes inflexões históricas aqui, ali e acolá; do mesmo modo, ocorrerão na sua vida com inflexões diferentes daquelas que surgirão na vida de outras pessoas. Em cada símbolo mitológico existem dois aspectos a distinguir: o universal e o local. Adolf Bastian cunhou os termos *Elementargedanken* e *Völkergedanken* para descrever esses dois aspectos.

Percebo que na Índia os mesmos dois aspectos são reconhecidos. Eles são chamados, respectivamente, de *marga* e *desi*. *Marga* vem de um radical que tem a ver com o rastro de um animal; significa "o caminho". Com esse termo os indianos querem dizer o caminho por meio do qual o aspecto particular de um símbolo conduz o indivíduo à iluminação pessoal; é o caminho da Iluminação. *Desi* significa "da província". Todos os símbolos mitológicos, portanto, funcionam em duas direções: na direção de *marga* e na direção de *desi*. O aspecto *desi*, ou local, liga o indivíduo à cultura.

Uma cultura com fundamento mitológico nos apresenta símbolos que imediatamente suscitam nossa participação; todos eles são conexões vitais, vivas, portanto elas ligam o indivíduo tanto ao mistério subjacente quanto à cultura em si. Porém, quando uma cultura usa símbolos que não estão mais vivos, não são mais eficazes, o indivíduo se desconecta. O *marga* ou os *Elementargedanken* fornecem um caminho de volta para o coração da questão. Ao olhar para o símbolo em termos de seu significado universal (ao invés de seu significado local, específico) ele nos leva pelo caminho da autodescoberta e da iluminação.

A via para encontrar o seu próprio mito é determinar que símbolos tradicionais falam com você e usá-los, por assim dizer, como bases para a meditação. Permita que eles ajam em você.

O ritual não passa de uma manifestação ou representação dramática, visual, ativa de um mito. Ao participar do rito, você se envolve com o mito, e o mito atua em você – desde que, é claro, você seja fisgado pela imagem.

Mas quando você só repete a rotina sem comprometimento real, esperando que ela funcione como mágica e o faça entrar no céu – porque você sabe que, afinal de contas, quando é batizado entra no céu – você deu as costas para o uso adequado desses ritos e imagens.

Primeiro, pense em sua própria infância, como fez Jung – os símbolos que foram colocados dentro de você permanecem ali. Não pense de que maneira eles se relacionam com uma instituição, que provavelmente é defunta e possivelmente difícil de respeitar. Ao invés disso, pense em como os símbolos operam em você. Permita que tirem proveito da imaginação, ativando-a. Ao colocar a sua própria imaginação em jogo para reagir a esses símbolos, você experimentará o *marga*, o poder do símbolo de abrir um caminho para o coração dos mistérios.

Acredito, graças à minha experiência, que não há nada melhor do que estudos de mitologia comparada para viabilizar a compreensão ampla, geral, de uma imagem e oferecer muitas maneiras diferentes de abordar essa mesma imagem. Imagens são eloquentes em si mesmas; elas falam com você. Quando o intelecto tenta expor uma ideia, é impossível esgotar o seu significado, nunca se consegue esgotar todas as possibilidades. Em essência, as imagens não significam nada; elas *são*, assim como você é. Elas conversam com um cerne em você que é.

Pergunte a um artista: "O que a sua pintura significa?". Bem, se ele te desprezar o suficiente, dará uma explicação.

A questão é que, se você precisa que o artista explique o que significa, isso quer dizer que você sequer enxergou a imagem. Qual o significado de um pôr do sol? Qual o significado de uma flor? Qual o significado de uma vaca?

O Buda é chamado o *tathagata*: "o que veio assim". Ele é como é. O universo também "veio assim". Cada pedaço dele surge do mesmo chão. Isto se chama Doutrina da Originação Interdependente.

Vivenciei essa sensação no Japão quando fui a Nagasaki, onde jogamos a segunda bomba atômica. Se a primeira foi uma tragédia, a segunda foi uma obscenidade. Existe ali uma praça imensa, imediatamente abaixo de onde a bomba explodiu, e havia uma estátua enorme apontando o dedo exatamente para o lugar de onde a bomba caiu. E também um museu mostrando tudo que aconteceu com as pessoas por causa da bomba. Havia murais e imagens, e dali do museu via-se toda a cidade que fora dizimada. Ela foi construída de novo, uma cidade nova, moderna, exceto por esse parque, que foi preservado como uma zona separada para rememorar e refletir.

Ali estava eu, um americano, aquele que havia jogado a bomba e, em minha relação com os japoneses, não houve qualquer senso de culpa ou acusação nos lugares que visitei, porque inimigos surgem mutuamente. Aquilo que você pensa que aconteceu com você, foi você quem causou. Aquilo que você fez com os outros, aconteceu com você. Os japoneses sabem disso e acreditam nisso. Essa foi uma experiência e tanto, acreditem.

Todo o discurso dogmático sobre significados e valores morais e tudo o mais não tem nada a ver com o mistério central. Trata-se de um *é*, e a maneira de experimentarmos nosso próprio *ser* em relação ao mistério de todos os mistérios é lidando com as imagens míticas elementares.

Portanto, basicamente há um nível de sua consciência onírica que brota da sua natureza, não da sua biografia pessoal. A sua própria natureza é de duas ordens. Em primeiro lugar vem a natureza animal: o sistema instintivo que é o mesmo em todos os seres humanos. Em seguida vem a ordem da sua vida espiritual: o que acontece do pescoço para cima.

CAPÍTULO V – *Mito pessoal*

Nenhum outro animal tem algo tão grandioso quanto o que temos aqui em cima: a mente humana. Quando o Dr. Freud começou a interpretar as inspirações e as paixões próprias dos centros do topo da coluna vertebral em termos da outra ponta, entendeu mal a coisa toda. Sabendo-se que todo o sentido das imagens mitológicas é nos impulsionar em direção ao reino espiritual, interpretar as coisas de uma maneira puramente física, biológica, nos puxa para baixo de novo; fura e esvazia o símbolo. Compartilhamos com os animais o desejo de viver, o impulso em direção à sobrevivência e à segurança. Compartilhamos com os animais o ardor pelo sexo, pela vitória e pelo prestígio: eu sou um vencedor. Contudo, carregamos em nós o potencial para um nível de experiência inteiramente diferente, que pode nos chegar de repente.

Dante descreveu esse momento iluminado em seu *Vita nuova* – o momento em que contemplou Beatrice, o momento que o transformou de mero humano em poeta. Alguém poderia enxergá-la como um objeto erótico, porém o que ele viu foi uma manifestação de beleza; experimentou a presença dela em um nível totalmente diferente.

Ele foi atingido pelo que James Joyce chamou de "captura estética".[49] Esse é o começo da vida espiritual. Como Dante nos diz, logo nas primeiras páginas daquele livro encantador: "O espírito dos meus olhos disse: 'Contemplas o teu deleite'. O espírito do meu coração disse: 'Contemplas o teu mestre'. E o espírito do meu corpo disse: 'Agora sofrerás'".[50] Prestígio, as relações sociais, a segurança – todas essas necessidades desapareceram. Ela era a ponta de um feixe de mistério que vem das profundezas do universo. Quando seguiu aquele feixe, este o levou ao próprio trono do mistério do mundo (à maneira como se expressava na cultura de Dante), a saber: a Trindade.

Portanto, primeiro você deve encontrar em si mesmo aquilo que te move. É claro, isto irá movê-lo de uma maneira apropriada ao seu estágio de vida. Você deve aprender qual é o arquétipo que rege o seu estágio de vida e vivê-lo. Tentar viver o arquétipo do estágio que você deixou para trás é uma das causas básicas das neuroses. Já falei sobre crianças de 40 anos chorando no sofá freudiano. A elas falta a confiança em seus julgamentos e tudo o mais, e estão sempre se voltando para as autoridades.

Você também encontra esse problema quando o indivíduo tenta se manter no apogeu. Sua vida começou a entrar em declínio, mas ele pensa que ainda está lá em cima. E então, como vimos, ele vai pescar. Bem, um homem no fim dos seus 60 anos deveria estar fisgando algo melhor do que trutas. Pelo menos uma sereia ou duas. E ele sabe disso.

Quando a máscara que se está usando racha, quando se perde a fé nela, pode-se regredir para a psique em qualquer estágio da vida. Quando a sociedade inteira perde sua imagética, ela pode ficar no que chamamos de situação de terra arrasada. Essa é a situação na qual temos chafurdado nos últimos dois séculos, mais ou menos. Nada mais significa coisa alguma porque todas as imagens de nossa religião se referem a milênios passados, e não estamos ativando o mundo no qual vivemos. Esse é o trabalho do poeta e do artista contemporâneos.

Nos indígenas norte-americanos podemos encontrar um dos grandes exemplos do que acontece quando um sistema de símbolos sociais é apagado. Sua cultura foi essencialmente destruída durante a segunda metade do século XIX. Os cultos religiosos e a vida espiritual das comunidades de caçadores das grandes planícies centrais se baseavam na relevância de seus ritos para os búfalos; os búfalos eram o símbolo central. O animal a ser morto se oferecia como um sacrifício reinante para a comunidade humana com o entendimento de que um certo ritual seria realizado para devolver seu sangue e sua vida ao solo, a fim de que ele revivesse – vimos isto na história sioux da garota que se casou com o chefe dos búfalos. Era um compacto entendimento entre as comunidades animal e humana, e esta era a questão ritual central no culto aos búfalos das tribos das planícies. Toda a imagética da psique comunal estava envolvida no ciclo ritual.

No último terço do século XIX os búfalos foram dizimados em massa por dois motivos: primeiro, para que não ficassem na frente dos trilhos de trem que iriam atravessar o continente; em segundo lugar, e talvez de forma mais imperativa, para que os indígenas não tivessem o que caçar e fossem ficar nas reservas. Foi tiro e queda. Toda a mitologia social perdeu sua imagem central. Os ritos, as canções e as danças não tinham mais realidade alguma. Tudo remontava a uma época que já não existia.

E o que aconteceu? Foi nessa época que o culto ao peiote invadiu a região, vindo do Sudoeste, e varreu as planícies. Havia também os rituais de danças-fantasma. Os indígenas perderam a imagem exterior de sua sociedade e, assim, voltaram-se para dentro para encontrar as formas, os suportes que lhes haviam sido tirados.

CAPÍTULO V – *Mito pessoal*

A mesma coisa está acontecendo agora em nossa civilização. Quando o mundo exterior não consegue evocar nossa participação psicológica, nos voltamos para dentro. Pode-se fazer isso por meio do peiote, da mescalina, do LSD, e todo esse tipo de coisa; ou podemos nos voltar para dentro com um tipo diferente de meditação.

A melhor meditação é, evidentemente, tomar o símbolo religioso sem se preocupar se ele é ou não historicamente verdadeiro, cientes de que ele se refere a um plano de experiência interior. Escolha as imagens sobre as quais você quer meditar. Hoje o nosso mundo é o que poderia ser chamado de repositório terminal de tradições mitológicas quebradas. Todas as imagens míticas da humanidade podem ser conhecidas nos museus e em todo lugar. E vejo entre as pessoas que estão ali buscando que elas tomam uma imagem egípcia ou asteca ou de qualquer outra cultura, e a usam como base para construir uma espécie de suporte para a sua própria psique. O que poderia ser melhor do que isso?

Ora, há um livro maravilhoso do poeta W. B. Yeats chamado *A Vision*. Yeats era um homem relativamente mais velho quando se casou com uma jovem chamada Georgie Hyde-Lees. Logo depois do casamento, ela começou a escrever de maneira automática, escrevendo o que quer que saísse pela ponta de seus dedos sem refletir sobre aquilo. E ela escreveu toda a filosofia de Yeats – que ele ainda não conhecia. Esse é o tipo de garota boa para a gente se casar.

O que ela escreveu – o que saiu de dentro dela – foi algo bem misterioso. Yeats recebeu essa informação como uma revelação de informantes espirituais – ele era um pouco ocultista. *A Vision* é muito complicado, mas existe um sistema de imagens ali que me parece muito importante para a nossa problemática atual. Diz respeito ao que ele chama de máscaras, as máscaras que você tem de usar para poder viver. Obviamente, essa filosofia está ligada à ideia de Jung sobre a persona. É forçoso colocar uma máscara; temos de usar um figurino; é preciso ser alguma coisa, ou pelo menos parecer ser alguma coisa. No entanto, é mais do que isso.

No livro, Yeats fala do que ele chama de máscara primária, que é o papel que a sociedade espera que você desempenhe. Quando você nasce, seus pais começam a comunicar padrões de vida que definem a sociedade que cada pai ou mãe gosta. A esperança é que os ensinamentos da infância o conduzirão pela vida. A primeira metade da vida diz respeito ao envolvimento com o mundo. Nessa fase você encontra o *desi*: a imagética da cultura local, que te atrai para o mundo de modo que você possa escolher adentrá-lo. A sociedade e seus pais o incentivam a fazer um esforço para viver de acordo com as possibilidades que a sociedade reconhece em você.

Quando eu era um garotinho, nós costumávamos fazer uma brincadeira com botões: "Homem rico, homem pobre, mendigo, ladrão".

"Bem, qual deles você será?"

"Serei lixeiro." Essa é uma grande perspectiva – a máscara primária que você recebe da sociedade.

Há um segundo tipo de máscara que Yeats e sua esposa chamam de máscara antitética. Agora começa a ficar empolgante. Lá pelo meio da adolescência, quando você chega à maturidade, o panorama da sua própria vida começa a se tornar palpável, e não é o mesmo daquele que a sociedade lhe impôs. "Eles nunca me viram antes! Sou uma coisa única. Existem coisas grandiosas em mim e, minha nossa, vou descobrir quais são!" E assim você se depara com o problema de encontrar seu próprio mito.

O Sr. e a Sra. Yeats resolveram este conflito entre as máscaras antitética e primária através da imagem dos 28 dias do mês. No primeiro dia do ciclo, está escuro – você nasce. Depois começa a crescer, a maior parte do tempo no escuro. A natureza e a sociedade te incitam a seguir em frente, portando a máscara primária.

Ao fim da primeira semana – no oitavo dia da lunação – vem a fase da lua crescente, o tempo da adolescência e, mais importante, o despertar do potencial da lua cheia, ou seja, a máscara antitética. De repente, você arde de vontade de encontrar sua própria paixão, encontrar seu próprio destino e vivê-lo. Surge uma sensação de grande tensão em relação à primeira máscara e à sociedade que a colocou em você. Você experimenta um desejo de escapar, de ultrapassar: "Me deixem!". A pessoa nessa situação luta para avançar, com boa ou má sorte.

No 15° dia do ciclo temos a lua cheia. Neste dia, a máscara antitética alcança realização: no meio da carreira, na meia-idade. Se você chegar a ser alguma coisa, esse é o momento.

Daí a escuridão começa a descer novamente; a natureza retorna. Os restos da sua vida individual se tornam cada vez menores, e você passa a maior parte do seu tempo se ocupando de médicos e de dormir, e esse tipo de coisa.

CAPÍTULO V – *Mito pessoal*

Finalmente, é claro, no 28° dia – a extinção.
Este é o mistério da vida e suas máscaras. O que você fará quando a coisa se romper e começar a desacelerar? Vai tornar-se um cão velho, envelhecendo cada vez mais, se afundando em seu corpo? Ou no momento da lua cheia você saltará para a luz solar?
Nas grandes planícies centrais da América* pode-se ter essa experiência uma vez por mês. No 15° dia de cada ciclo lunar, o Sol se põe no Ocidente assim que a Lua cheia nasce no Oriente. Eles aparecem exatamente do mesmo tamanho, até da mesma cor, e ficam visíveis exatamente no mesmo momento. Esse é o momento da plenitude dos seus poderes na metade da vida, quando a paixão pela sua própria vida alcançou o apogeu. Desse momento em diante, ela deve permanecer em seu espírito, em sua mente. A luz simboliza a vida do corpo, que carrega a morte dentro de si. O sol simboliza o espírito puro que não tem escuridão alguma, nem qualquer morte dentro de si. Ele é o espírito puro que pode assistir com compaixão enquanto seu corpo segue o caminho de todos os corpos. Esse espírito pode partilhar a amplitude de sua experiência espiritual da vida de todas as criaturas.
Frequentemente peço para o público em um auditório que olhe para a fonte de iluminação da sala. Podemos falar da iluminação como uma luz ou várias luzes. Cada uma dessas maneiras de olhar remete a um princípio geral, isto é: a luz.
Mas quando uma lâmpada quebra, ninguém diz: "Minha nossa, nós amávamos aquela lâmpada, e isso é uma tristeza muito grande". Se você a ama particularmente – se ela tem um formato especial ou algo assim – poderá retirá-la e colocá-la no armário, mas não é uma grande dor; basta trocar a lâmpada.
Você pode pensar no mundo de duas maneiras: uma, à maneira de lâmpadas separadas, e a outra, à maneira de uma luz geral que se mostra através de lâmpadas variadas. Ora, se eu olhar para as pessoas no auditório, não vejo lâmpadas, vejo cabeças. O que está nas cabeças? Consciência. Cada cabeça é um veículo de consciência. Ora, com que você se identifica? É com a lâmpada ou com a luz? É com o corpo ou com a consciência? Estou falando agora de temas mitológicos básicos. A preocupação da juventude é trazer nosso veículo – o corpo – à

---

* Aqui o autor se refere aos Estados Unidos da América, e não ao continente. [N.T.]

realização na maturidade, de tal modo que ele seja o melhor portador possível da consciência. E naquele momento, a pessoa muda o centro de gravidade indo da preocupação com o veículo de consciência para a identificação com a consciência em si. Ao identificar sua vida com a consciência, descobrirá que o corpo pode ir embora. Essa é a grande crise da lua cheia.

É exatamente a crise que Dante disse ter experimentado no seu 35° ano de vida; essa é a visão da *Divina Comédia*, na qual o universo inteiro se torna uma manifestação não tanto da consciência, em seu vocabulário, quanto do amor. Ele se identificou com aquele amor, com aquela graça que provém do trono transcendental e se mostra em belos veículos, sendo Beatrice um exemplar.

Nenhuma cultura, exceto a cultura europeia moderna e da Idade Média tardia, permitiu que os indivíduos desenvolvessem a máscara antitética. No mundo ocidental as nossas mitologias em geral pretendem despertar a máscara antitética de Yeats. É uma palavra maravilhosa para isso, porque ela é antitética em um certo sentido: antitética à máscara primária. A máscara antitética, como o self inconsciente no modelo de inconsciente junguiano, representa o potencial de sua realização.

Todas as culturas orientais requerem que você viva de acordo com os padrões impostos pela cultura. Em outras palavras, esperam que você se identifique com a máscara primária, com o que Freud chamava de superego. Na Índia, chamam a isso *dharma* ou dever; na China, se chama *tao*, o caminho ou via. Em ambos os casos, o conceito significa identificar-se com a imagem da cultura.

Assim, para levar o argumento até o fim, em uma cultura assim não temos o que os ocidentais chamam de ser humano; temos repetições do que havia antes. Há uma sociedade de seres que são exatamente o que a cultura diz que deveriam ser. Eles morrem, e vem outra geração fazendo exatamente as mesmas coisas: é a sociedade estática plenamente realizada. O caráter da cultura ocidental, ao invés disso, nos empurra à identificação com a máscara antitética.

O tempo todo ouvimos falar de revolução ao nosso redor: a revolução, a revolução, a revolução. A revolução não tem a ver com esmagar algo; tem a ver com gerar algo. Se você gasta todo o seu tempo pensando naquilo que quer atacar, está preso àquilo de maneira negativa. Você tem de encontrar o entusiasmo em si mesmo e trazê-lo à tona.

É isso que lhe foi dado – uma vida para viver. Marx nos ensina a culpar a sociedade por nossas fragilidades; Freud nos ensina a culpar nossos pais; a astrologia nos ensina a culpar o universo. Mas a culpa reside em nosso interior: você não teve a coragem de criar a sua lua cheia e viver a vida que era a promessa de seu potencial.

AS FUNÇÕES DA MITOLOGIA NA TRADIÇÃO E HOJE

Permitam-me mencionar de novo, brevemente, as funções de uma mitologia tradicional. Gostaria de examinar o quanto da mitologia tradicional (e suas funções) continua atuante em nossas vidas hoje em dia.

A primeira função é despertar no indivíduo um sentido de assombro, curiosidade e gratidão pelo mistério cabal do ser. Nas antigas tradições – as bem antigas – a ênfase era dizer sim ao mundo como ele é. Isso não é fácil; você olha para o mundo e vê criaturas se devorando, se matando, e percebe que a vida é algo que devora a si mesma.

Talvez tenha a sensação (que alguns tiveram) de que este canibalismo é simplesmente horrível demais para suportar: "Não vou cooperar, não quero participar disso". Essa mudança de pensamento eu chamo de "Grande Reversão". Historicamente, ela chega por volta do século VI a.C. com a afirmação do Buda: "Toda vida é cheia de sofrimento". Bem, há um modo de fugir do sofrimento.

"Não vou participar desse jogo."

"Tudo bem. Saia. Pegue o seu taco e a sua bola e vá para casa."

Temos, portanto, duas atitudes principais diante do formidável mistério central, essa coisa além do bem e do mal: afirmação e negação.

O zoroastrismo introduziu uma terceira maneira de reagir ao terrível mistério por meio da ideia de duas divindades, uma boa e uma má. Um deus representava a verdade e a luz, e o outro representava as trevas e a mentira. A divindade boa criou um mundo bom, e a divindade má corrompeu aquele mundo. Então o mundo em que estamos seria um mundo corrompido. Há uma competição acontecendo entre os poderes da luz e das trevas, e somos convidados a nos juntar às forças da luz contra as forças das trevas, e combater para reconstituir o mundo bom. Sem afirmar nem negar a vida como ela é, esse caminho – poderíamos chamá-lo de meio termo – apresenta uma espécie de visão progressista.

Até onde pude descobrir, estas são as três visões da vida enquanto vida. Pode-se viver em total afirmação. Como um dos aforismos budistas maravilhosamente declara: "Este mundo – assim como ele é, com todo o seu horror, toda a sua escuridão, toda a sua brutalidade – é o mundo do lótus dourado da perfeição". Se não o vemos assim, a culpa não é do mundo. Não se pode melhorar o que é perfeito. Pode-se apenas enxergar a perfeição e assim vir a perceber a própria perfeição. Isto é, você pode chegar àquela profundeza em si mesmo que é mais profunda que as dores e as mágoas. Existem divindades chamadas *bhairavananda*: "a epifania e o êxtase do terror".[51] Isso é a vida: uma terrível, formidável, provação.

O caminho que nega a vida busca a pureza: "Sou tão espiritualizado, passarei pela porta do sol e não participarei de maneira alguma dessa escuridão do ciclo lunar, e esqueçam porque não volto nunca mais".

O caminho progressista, ou de aprimoramento, diz: "Vamos entrar ali e melhorar esse lugar". É como se casar com alguém para melhorar aquela pessoa. Não chamaria a isso de afirmação. Geralmente significa que nos colocamos numa posição um pouquinho superior: "Se Deus tivesse me consultado, eu teria lhe dado algumas orientações".

Ora, a segunda função serve para apresentar um universo dentro do qual o mistério (da maneira como é compreendido) está presente, de modo que, todo lugar para onde olhar você verá, por assim dizer, uma imagem sagrada, cuja porta dos fundos se abre para o grande mistério.

O trabalho do artista é apresentar os objetos de tal modo que eles cintilem. Através do ritmo da criação do artista, o objeto para o qual você olhou com indiferença se mostrará radiante, e você ficará fixado, em suspensão estética.

Em nossa cosmologia atual, visualizamos um universo prodigioso que não encontra qualquer equivalência com a estorinha de jardim de infância apresentada pela nossa tradição religiosa. Pense na caminhada na Lua. Para mim, a primeira caminhada na Lua é o evento mitológico mais importante do século XX. Diante dos olhos de todo o mundo aquele evento singular transformou a base fundamental para a nossa visão do universo e de nós mesmos dentro dele. Em todos os períodos anteriores, havia a noção de que tais luzes – a Lua, Mercúrio, Marte, Vênus e todo o resto – representavam a radiância de um modo de ser mais elevado, muito mais elevado do que a pobre e miserável Terra. Quando Galileu reconheceu que as leis da balística na Terra são as mesmas leis que operam nos planetas, ele deu início a algo que alcançou sua plenitude naqueles passeios dos astronautas pela superfície lunar.

Lembro-me de ouvir uma declaração grandiosa, cosmologicamente profunda dos tripulantes da Apolo 10, a missão anterior à primeira caminhada na Lua. Quando eles tinham circundado a Lua e estavam voltando – logo depois de terem lido os primeiros versículos do Gênesis – os jornalistas perguntaram aos astronautas quem estava navegando. Eles responderam: "Newton".

Em sua introdução à *Metafísica*, Kant se pergunta: "Como é que eu posso fazer cálculos matemáticos neste espaço aqui, sabendo, com certeza apodíctica, que serão válidos naquele espaço ali?".[52] Como posso estar tão certo da continuidade do espaço a ponto de saber que as leis que a minha cabeça pôde desenvolver serão válidas em outro lugar? Quando chegou o momento de descer na Lua, ninguém sabia quão profunda seria a camada de poeira. Nunca me esquecerei daquele primeiro pé descendo; foi um momento incrível – o homem na Lua. Ninguém sabia como seria, porém, eles sabiam muito bem quanto de combustível precisavam emitir dos jatos do foguete para trazer a nave de volta a uma milha de distância do barco que estava esperando por ela no Oceano Pacífico.

Em outras palavras, o homem conhecia com precisão as leis do espaço, massa e energia; essas leis estão dentro de nossa mente. As leis do tempo e do espaço e da causalidade estão em nós, e tudo que virmos ou conhecermos em qualquer lugar envolverá essas leis. O que é o universo? É o espaço. Do espaço veio uma coagulação que se tornou uma nebulosa, da nebulosa, milhões de galáxias, e dentro de uma constelação de galáxias, um Sol, com o nosso pequeno planeta viajando ao redor dele. Nós viemos da Terra, somos os olhos, a consciência, os ouvidos e a respiração da própria Terra. Nós somos filhos da Terra e, uma vez que a própria Terra veio do espaço, seria de se admirar que as leis do espaço vivam em nós? Existe uma maravilhosa harmonia entre os mundos exterior e interior, e não é que Deus tenha soprado alguma coisa para dentro de nós; os deuses que conhecemos são projeções de nossas próprias fantasias, de nossa própria consciência, de nosso ser profundo. Eles são o que combina conosco, de certa forma.

Bem, quando falo desse jeito, você pode ver que a nossa mitologia é simplesmente uma mitologia entre outras, expressa a partir de uma cosmologia entre muitas outras. Toda vez que você olhar para a Lua agora, pense nela desse jeito, e terá uma experiência muito diferente.

A terceira, a função sociológica da mitologia, nos dá leis para viver dentro de nossa própria sociedade. É claro que nenhuma sociedade hoje tem condições de dizer que sabe quais serão as leis para os próximos dez anos. Tudo o que pensávamos que era bom acabou sendo inconveniente. Vejam toda essa crise ecológica, além de outras crises. Todos os dias trazem evidências do fato de que as leis da vida têm de mudar junto com os modos de vida. Portanto, não existe segurança. Precisamos dar um jeito.

A função final, pedagógica, da mitologia dá ao indivíduo uma maneira de conectar o mundo psicológico interior com o mundo exterior dos fenômenos. Como tentei sugerir, a pedagogia de nossas tradições herdadas não funciona para todos nós, então cada um precisa desenvolver a sua própria pedagogia. Agora permita que eu apresente um esboço das maneiras, segundo descritas por Jung, como as imagens míticas nascem em você.

Tive uma experiência muito divertida certa vez, enquanto palestrava no Noroeste do Pacífico. Eu estava falando da visão das idades do homem, de Dante, pois ele também criou um esquema astrológico para o grande ciclo da vida.

Diferentemente do casal Yeats com sua metáfora lunar, Dante compara a vida ao trânsito diário do Sol. Ele nomeia as quatro idades, cada uma das quais corresponde a um horário do dia, e cada uma tem seu próprio conjunto de virtudes. A primeira é a infância, que vai até os 25 anos, vejam só. As qualidades da infância são a obediência, um sentimento de vergonha, uma aparência graciosa e uma conduta afável. Esta é a manhã.

Daí, aos 25 anos, chega-se ao que ele chama de maturidade, e este estágio dura até os 45 anos. Você alcançou o ponto alto da vida, e para este estágio ele nomeia os valores do cavaleiro medieval: temperança, coragem, amor, cortesia e lealdade. Se você viveu a vida nos termos do que a sociedade pede, chegará um momento no meio da carreira, por volta dos 35 anos, em que você de fato terá a experiência daquilo que, anteriormente, tinha apenas aprendido; daí estará elegível para ensinar. Esta é a tarde.

CAPÍTULO V – *Mito pessoal*

Dante chama a idade que vai dos 45 até os 70 anos de idade da sabedoria. Na Índia, os sábios são enviados para a floresta; aqui no Ocidente, não. Aqui esperamos que os idosos fiquem na sociedade, olhem ao redor com um olhar crítico, e partilhem os benefícios de sua experiência. Neste estágio, as qualidades são a sabedoria, a justiça, a generosidade, o humor ou a alegria. Afinal de contas, você não tem nada a perder; chegou o ocaso.

A idade dos 70 em diante ele chama de decrepitude, e as qualidades são olhar para trás, para sua vida, com gratidão e olhar à frente, para a morte, como uma volta para casa. É a noite.

Este pequeno cronograma, este padrão de vida – isto é o mito.

Em todo caso, quando terminei minha palestra em Seattle, uma jovem veio até mim e disse, com muita seriedade: "Ah, Sr. Campbell, o senhor simplesmente não sabe nada sobre a geração atual. Nós vamos direto da infância para a sabedoria".

Eu respondi: "Que bom. Vocês perderam a vida, só isso".

Então, eu digo que o caminho para encontrar o seu mito é encontrar a sua paixão, encontrar o seu suporte, e saber em qual estágio da vida você está. Os problemas da juventude não são os problemas da velhice. Não tente viver a vida cedo demais. Ao dar ouvidos a muitos gurus, você tenta pular a coisa toda e se distanciar e se tornar sábio antes de ter experimentado aquilo que dará origem à sabedoria. Esta coisa, a sabedoria, tem de vir gradualmente.

Só no cérebro existem em torno de 18 bilhões de células. Não existem dois cérebros parecidos; não existem duas mãos parecidas; não existem dois seres humanos parecidos. Você pode obter instrução e orientação de outras pessoas, mas deve encontrar o seu próprio caminho, assim como um dos cavaleiros de Arthur buscando o Graal na floresta.

Esta é a qualidade do espírito ocidental que parece às outras culturas tão tola e romântica. O que estamos buscando? A realização daquilo que existe como potência em cada um de nós. Buscar isso não é uma viagem do ego; é uma aventura para trazer à realização o seu dom para o mundo, que é você mesmo.

Não há nada que você possa fazer que seja mais importante do que ser realizado. Você se torna um signo, se torna um sinal transparente à transcendência. Dessa maneira encontrará, viverá e se tornará uma realização do seu próprio mito pessoal.

Parte III

A Jornada do Herói

CAPÍTULO VI

O eu como herói[53]

No Ocidente, temos a liberdade e a obrigação de descobrir qual é o nosso destino.[54] Você pode descobrir isso por si mesmo. Mas, será que o fazemos?

É claro, não dói nada ser abençoado com o acidente do dinheiro, e uma certa quantidade de apoio, e uma margem de tempo livre. Mas me permitam dizer isto: pessoas sem dinheiro frequentemente têm a coragem de arriscar viver uma vida própria, e conseguem. O dinheiro não conta, não é tão importante em nossa cultura; não é mesmo.

Dei aula para alunos de todos os estratos econômicos, e os mais afortunados nem sempre são os muito ricos. De fato, com muita frequência esses são os menos afortunados porque não há nada que os impulsione. Uma experiência muito comum é ver um estudante que tem todo tipo de possibilidades e talentos e dinheiro basicamente ilimitado e não se torna nada além de um diletante. O estudante não é forçado a seguir um caminho, a tomar uma decisão: "Vou fazer isto". Assim que aquilo que está fazendo fica difícil, assim que começa a chegar a crise, ele ou ela passam para outra busca, e depois outra, e mais outra. Eles simplesmente borrifam suas vidas por toda parte. Com muita frequência, um jovem que não tem margem para fazer isso toma a decisão inteligente, corajosa, e a segue até o fim.

Ora, não estou dizendo que somos perfeitos nesse ponto aqui nos Estados Unidos, ou no Ocidente. Porém, a oportunidade está ali para cada pessoa que tenha coragem de ir em busca de um destino. Existem diversas maneiras de descobrir qual é esse destino.

A primeira é em retrospecto. Em um ensaio maravilhoso chamado "Sobre uma aparente intencionalidade no destino do indivíduo", Schopenhauer aponta que, depois de ter alcançado uma idade avançada, como é o meu caso, ao olhar para trás na sua vida, pode parecer que ela tem uma trama, como se composta por um romancista.[55] Eventos que pareceram inteiramente acidentais ou incidentais terminam sendo centrais para a composição.

Então, quem compôs essa trama? A ideia de Schopenhauer é que, assim como nossos sonhos, nossas vidas são dirigidas pelo que ele chamou de "vontade", aquele *self* do qual somos amplamente inconscientes. Temos sido, diz ele, sonhadores de nossas próprias vidas, como Vishnu e a serpente de sete cabeças.

Em meu livro *Mitos para viver* reuni uma série de palestras que havia ministrado na Cooper Union ao longo de um período de 24 anos.[56] Minha impressão sobre mim mesmo era de que eu tinha crescido durante esse tempo, que minhas ideias haviam mudado e, também, que eu havia progredido. Mas quando reuni esses escritos, todos diziam essencialmente a mesma coisa – ao longo de décadas. Descobri algo sobre o que me movia. Eu não tinha uma ideia muito clara do que era até reconhecer aquelas continuidades atravessando o livro como um todo. Vinte e quatro anos é um bom tempo; muita coisa aconteceu durante aquele período. E ali estava eu, tagarelando sobre a mesma coisa. Aquele é o meu mito.

Outra maneira surpreendente de olhar para trás é pegar alguns registros de diários ou anotações que tenha feito há muito tempo. Você ficará surpreso. Coisas que você tinha certeza de ter compreendido recentemente estarão todas registradas ali. Estes são os temas que conduzem a sua vida.

Mas e se você quiser ter uma ideia de qual é o seu mito enquanto o estiver vivenciando? Bem, outra maneira de tentar discernir o seu destino – o seu mito – seria seguir o exemplo de Jung: observe seus sonhos, observe suas escolhas conscientes, mantenha um diário, e veja que imagens e estórias aparecem repetidas vezes. Dê uma olhada em estórias e símbolos e veja quais te dizem alguma coisa.

Gostaria de rever agora o mito arquetípico da jornada do herói, à maneira em que o abordei em *O herói de mil faces*.[57] Isto é o que Joyce chamou de "monomito": uma estória arquetípica que brota do inconsciente coletivo. Seus temas podem aparecer no mito e na literatura,

CAPÍTULO VI – *O eu como herói*

mas também, se você tiver sensibilidade para perceber, no desenrolar da trama da sua própria vida.

A estória básica da jornada do herói envolve deixar o lugar em que você está, sair para o reino da aventura, chegar a algum tipo de compreensão gerada de modo simbólico, e daí retornar para o campo da vida normal.

O primeiro estágio é deixar o lugar em que se está, seja qual for o ambiente. Você talvez vá embora porque o ambiente é repressivo demais e você está conscientemente inquieto e ansioso para ir embora. Ou pode ser que um *chamado para a aventura*, uma tentação sedutora chega e te leva para fora. Nos mitos europeus, este chamado é frequentemente representado por algum animal – um cervo ou javali – que consegue se esquivar de um caçador e o leva para uma parte da floresta que ele não conhece. E ele não sabe onde está, nem como sair, ou para onde deve ir. Aí a aventura começa.

Outro caso óbvio do chamado para a aventura ocorre quando algo – ou alguém – foi levado embora, e aí você adentra os reinos da aventura em busca daquilo ou daquela pessoa. O reino da aventura é sempre um reino de forças e poderes desconhecidos.

Por outro lado, pode acontecer o que chamo de "recusa ao chamado", quando a convocação é ouvida ou sentida, e talvez até mesmo atendida, mas, por um motivo qualquer, o processo é interrompido. A pessoa pensa em algum motivo para não ir, ou a pessoa tem medo, ou algo assim, e fica onde está. Nesse caso os resultados são radicalmente diferentes daqueles obtidos por alguém que atende ao chamado.

Acho que a crise do xamã é o exemplo mais vívido e interessante do chamado na vida real. Enquanto pesquisava para o primeiro volume do meu *Historical Atlas of World Mythology*,[58] encontrei muitos exemplos disso, em tribos do mundo inteiro. Tipicamente, o jovem está caminhando sozinho à beira-mar, ou nas montanhas, ou na floresta, e ouve uma música de outro mundo; daí essa música é acompanhada por algum tipo de visita visionária, o que equivale a uma convocação.

Ora, em qualquer uma dessas sociedades, ser xamã não é divertido, e muitos jovens simplesmente não querem aceitar. Infelizmente, aqueles que escolhem recusar o chamado não têm vida. Ou morrem, ou, ao tentarem viver vidas mais mundanas, acabam como nulidades, o que T. S. Eliot chamou de "homens ocos".[59]

Mencionei alhures o caso da mulher em West Virginia que fazia análise já em uma idade avançada. Ela se sentia oprimida pelo sentimento de que não tinha vivido a vida, de que era só uma casca. Através da análise, olhando para trás, ela se lembrou de que, vagando pela floresta, ouviu uma música maravilhosa; infelizmente, na época, ela não soube o que fazer a respeito dessa experiência. Desde então, não vivera a vida à qual essa música a chamara. Se ela fosse parte de uma comunidade primitiva, sua família e o xamã tribal saberiam exatamente o que fazer. Quando o chamado não é respondido, experimenta-se uma espécie de ressecamento e uma sensação de vida perdida.

Se o chamado é atendido, entretanto, o indivíduo é levado a se envolver numa aventura perigosa. É sempre uma aventura perigosa, porque você está saindo da esfera familiar da sua comunidade. Nos mitos, isto é representado como uma mudança completa para fora da esfera conhecida, rumo ao grande além. Chamo a isto de "cruzar o limiar". Esta é a travessia do mundo consciente para o mundo inconsciente, mas o mundo inconsciente é representado em muitas, variadas, incontáveis imagens, dependendo do ambiente cultural do mito. Pode ser um mergulho no oceano, pode ser uma passagem para o deserto, pode ser ficar perdido em uma floresta escura, pode ser alguém que se vê perdido em uma cidade estranha. Pode ser retratado como uma ascensão ou uma descida, ou como uma ida além do horizonte; mas isto é a aventura – sempre um caminho rumo ao desconhecido, através do portal ou da caverna ou das pedras que se chocam.

Alguém poderia perguntar: qual o significado desse negócio de rochas que se chocam? É uma imagem maravilhosa. Nós vivemos, deste lado do mistério, no reino dos pares de opostos: verdadeiro e falso, claro e escuro, bem e mal, macho e fêmea, e toda aquela visão de mundo dualista racional. Uma pessoa talvez tenha uma intuição que está além do bem e do mal, que vai além dos pares de opostos – esta é a abertura do portal para o mistério. Mas este é apenas um daqueles pequenos lampejos intuitivos, porque a mente consciente volta e fecha a porta. A ideia, na aventura do herói, é cruzar corporalmente a porta para o mundo onde as regras dualistas não se aplicam.

Ora, quando eu estava na Índia, queria conhecer um mestre real, de primeira classe. E eu não queria ouvir nem mais um pio sobre *maya* e sobre ter de abandonar o mundo e todas essas coisas. Já tinha ouvido o suficiente a esse respeito durante 15 ou 20 anos. Estava dando uma olhada por ali, e ouvi falar de um mestre em Trivandrum, uma adorável cidadezinha no sudoeste da Índia. O nome dele era Sri Krishna Menon.[60]

Passando por uma série e tanto de aventuras, consegui uma audiência com esse maravilhoso homenzinho. Ele estava sentado em uma cadeira e eu em outra – foi um confronto e tanto. É claro, a primeira coisa que ele disse foi: "Você tem uma pergunta?".

Eu tive a boa sorte, descobri depois, de fazer exatamente a pergunta que fora a primeira pergunta *dele* ao guru. A pergunta que fiz foi esta: "Uma vez que tudo é *brahman*, uma vez que tudo é o divino resplendor, como podemos dizer não a alguma coisa? Como podemos dizer não à ignorância? Como podemos dizer não à brutalidade? Como podemos dizer não a o que quer que seja?".

A isto ele respondeu: "Para você e para mim, dizemos sim". Daí me deu uma pequena meditação, e é uma boa meditação: Onde você está entre um pensamento e outro? Você pensa em si mesmo o tempo todo, em tudo o que faz. Sabe, você tem uma imagem de você mesmo – o seu ego. Então, onde você está entre um pensamento e outro?

O lampejo intuitivo te dá um gostinho disso. Este pensamento, aquele pensamento, as ondulações da mente – alguma vez você tem um vislumbre que transcende tudo que você poderia pensar a respeito de si mesmo? Esse é o campo-fonte do qual estão vindo todas as suas energias. Assim, a jornada do herói cruzando o limiar é simplesmente uma jornada para além dos pares de opostos, onde você passa além do bem e do mal. Este é o sentido das imagens das rochas que se chocam, simplesmente não há dúvidas a respeito disso.

Este tema também é conhecido, mitologicamente, como a porta ativa. Esse dispositivo mítico aparece nas estórias indígenas americanas, nas estórias gregas, nas estórias esquimó, nas estórias de todo lugar. É uma imagem arquetípica que comunica o sentido de ir além dos julgamentos.

Outro desafio no limiar pode ser o encontro com o correspondente obscuro, a sombra, onde o herói brilhante encontra a escuridão. Pode ser sob a forma de um dragão, ou de um inimigo maligno. Em ambos os casos, o herói tem de matar o inimigo e entrar vivo no outro mundo.

Por outro lado, a imagem alternativa para essa passagem é o desmembramento, onde o herói é cortado em pedaços. Nesse caso, você entra morto no reino da aventura. Isto acontece na estória do deus egípcio Osíris, em que ele é morto, desmembrado, e depois recomposto. Esse é um evento típico nesse gênero de estória; pense no pai da noiva do búfalo na lenda dos blackfoot, que é pisoteado até ficar todo despedaçado e depois ressuscita.

Neste tipo de estória, depois da provação ter passado, temos uma ressurreição. Existem muitas, muitas maneiras de representar tal jornada e muitas maneiras de experimentá-la. Às vezes ela é personificada – um confronto com demônios ou deuses, como no *Livro tibetano dos mortos* – enquanto que outras vezes, em mitos e sonhos, aparece mais como a jornada através do oceano escuro ou por dentro de uma montanha.

Em todo caso, seja cortado em pedaços, pregado em uma cruz, ou engolido por uma baleia, você está passando para o reino da morte. Cristo na cruz está fazendo essa passagem: a Cruz é o limiar da aventura do encontro dele com Deus Pai.

Uma vez que tenha cruzado o limiar, se realmente for a sua aventura – se esta for uma jornada apropriada para a sua profunda necessidade ou prontidão espiritual – surgirão auxiliares ao longo do caminho para fornecer ajuda mágica. Pode ser uma criaturinha da floresta ou um sábio ou fada madrinha, ou um animal que vem até você como companheiro ou conselheiro, para contar quais são os perigos ao longo do caminho e como superá-los. Eles te oferecem pequenos símbolos de proteção, imagens para meditar, *mudras* (gestos ou posturas com as mãos) e mantras (palavras para entoar e refletir) que irão guiá-lo e mantê-lo no caminho. É um caminho estreito, a ponte do fio da espada, e se cair dali você não tem auxílio algum porque não sabe o que fazer e não há ninguém por perto para ajudá-lo.

Depois de receber o auxílio mágico, você terá uma série de testes ou provações cada vez mais ameaçadores para passar. Quanto mais fundo você for nesse desafio, maior será a resistência.

Você está chegando a áreas do inconsciente que foram reprimidas: a sombra, a anima/o animus, e o resto do self não integrado; é este sistema de repressão que você tem de atravessar. Aqui, é claro, é onde mais precisa do auxílio mágico.

Esses testes, então, simbolizam a autorrealização, um processo de iniciação aos mistérios da vida. Há quatro tipos de obstáculo nessa estrada de provações, e penso que eles representam todas as possibilidades.

O primeiro é o símbolo do encontro erótico com a pessoa amada perfeita; chamo a isto de encontrar a deusa. Esse é o desafio de

CAPÍTULO VI – *O eu como herói*

integrar a anima/o animus. No vocabulário mítico da alquimia, chamam a isto de casamento sagrado, ou *hieros gamos*. Jung escreve bastante a respeito dessa união.[61] Em mitos das aventuras masculinas, o casamento sagrado é a união com a deusa do mundo ou com alguma representação secundária, menor, de seu poder. Esta é a estória do príncipe chegando até a Bela Adormecida, ou do casamento de Rama e Sita no *Ramayana*.

Se você ainda não está pronto, entretanto, a deusa pode aparecer sob uma forma menos benigna. Actéon, que está completamente desconectado de sua anima, encontra Ártemis nua no lago e é destruído por esse encontro. Ela o transforma em um cervo, e ele é caçado até a morte por seus próprios cães. Ela também pode aparecer como uma mulher sedutora, um súcubo levando-o para longe de seu verdadeiro caminho.

No caso da mulher, essa união divina é frequentemente representada por ela sendo fecundada por um deus. A *Metamorfose*, de Ovídio, está cheia de deuses indo atrás de ninfas; o deus aparece como um touro ou uma chuva de ouro, e de repente você tem um pequeno pacote de alegria. Daí a criança se torna um símbolo da coordenação dos opostos: macho e fêmea. É claro, este é o significado real do Nascimento Virginal. Ele representa a mulher recebendo inspiração para a nova vida através de uma visita divina.

Em mitos desse tipo, o próximo estágio da aventura é o nascimento da criança e, frequentemente, sua criação, como Joquebede fez com Moisés. Lembre-se, contudo, que a criança não representa um bebê físico, mas a vida espiritual.

Portanto, o primeiro estágio na estrada é o casamento sagrado. O conto de fada sempre acaba assim: o casal se beija e vive feliz para sempre. Bem, como alguém que está em um casamento feliz há quase meio século, posso dizer com autoridade que esse *felizes para sempre* é apenas o começo. Como na vida, a maioria dos mitos seguem daí.

O segundo tipo de realização na estrada das provações se chama "expiação junto ao pai", e esta provação é definitivamente um rito de passagem masculino. O filho foi separado do pai; tem vivido uma vida incompatível com sua verdadeira herança. Talvez ele tenha vivido como uma garota, como Aquiles, ou como um servo na fazenda, como Percival. Talvez ele tenha sido reconhecido como um príncipe, mas pelo povo errado, como acontece com Moisés. Conforme ele se esforça em sua missão, encontra o pai, que na verdade está no abismo para além da mãe – pode-se dizer que ele tem de atravessar o mundo da mãe para chegar até o mundo do pai.

Em estórias de expiação junto ao pai, a mulher se torna ou a guia ou a sedutora que bloqueia o caminho. Ora, no pensamento indiano, *maya*, o princípio feminino que produz o universo dos fenômenos, tem tanto o poder de revelar quanto o poder de obscurecer. Em seu aspecto que obscurece, ela se torna a bruxa, e em sua forma reveladora, é a mulher-guia revestida de luz, a Senhora do Lago.

Na simbologia cristã, a expiação junto ao pai é a imagem primária; Cristo atravessa a Cruz até o Pai. Frequentemente, em imagens da crucificação, temos Maria de pé diante da cruz. Ora, em muitas culturas, a cruz é sinal tanto da terra quanto do princípio feminino. Maria é a cruz; ela foi o portal de Cristo, que o levou da eternidade para o campo temporal, e agora é o portal de volta. O nascimento no mundo é a crucificação do espírito, e a crucificação do corpo liberta o espírito de volta para a eternidade.

No filme de George Lucas, *O Retorno de Jedi*, Luke Skywalker arrisca sua vida para redimir a vida de seu pai, Darth Vader – este é o tema da expiação junto ao pai desdobrado em grande escala: o filho salva o pai e o pai salva o filho.

A terceira estação ao longo do caminho da realização é a apoteose, onde acontece a compreensão de que você é aquilo que está buscando. O exemplo definitivo disso é quando Gautama Shakyamuni alcança o estado búdico e compreende: "Eu sou o Buda".

Estes são os três principais símbolos de realização: o *hieros gamos* (a reconciliação com o animus ou a anima), a expiação junto ao pai e a apoteose, que é compreender a plena extensão de si mesmo, como Gautama sentado debaixo da Árvore Bo se tornando o conhecedor dele mesmo como uma encarnação da consciência universal de Buda.

O quarto tipo de realização tem um espírito bem diferente. Ao invés de um progresso lento através dos mistérios, há uma correria violenta por todos os obstáculos e a captura da dádiva desejada: o roubo prometeico do fogo. Uma variação desse tema é a busca pela noiva – o herói perdeu sua amada e sai para roubá-la do ogro que a levou. A esposa de Rama, Sita, é sequestrada por Ravana, o rei-demônio. Muito do *Ramayana* diz respeito ao resgate de Sita por Rama – essa é a busca pela noiva.

CAPÍTULO VI – O eu como herói

Em todo caso, uma vez que o tesouro tenha sido tomado, não há qualquer reconciliação possível com os poderes do mundo inferior – nenhum casamento sagrado, ou expiação com o pai, nem apoteose – vem uma reação violenta de todo o sistema inconsciente contrária ao ato, e o herói tem de escapar.

Este é um estado psicótico. Você extraiu algum conhecimento dos abismos mais profundos do seu eu desconhecido, e agora os demônios estão soltos para executar sua vingança.

Então encontramos o maravilhoso tema conhecido como a "fuga mágica", que é um dos favoritos em contos de fada e em estórias indígenas americanas. O herói ou heroína em fuga vai jogando por cima do ombro favos de mel que se transformam em florestas e seixos que se transformam em montanhas, e espelhos que se transformam em lagos e assim por diante. Há um monstro em perseguição desvairada – geralmente é uma ogra que os persegue, já que o inconsciente frequentemente surge sob a aparência do poder materno em seu aspecto negativo, violento.

Daí vem de novo o cruzamento da linha, que eu chamo de "atravessar de volta o limiar". A linha que você atravessou quando entrou no abismo é a linha que você atravessa quando deixa os poderes para trás. Mas você consegue voltar para o mundo da luz? Haverá uma remissão espontânea, por assim dizer, ou continuaremos à mercê desses poderes lá de baixo?

Ora, as crises de descida e retorno serão equivalentes. Se você fez a descida sendo engolido por uma baleia (por exemplo como aconteceu com Jonas, sendo engolido pelo abismo), no fim será cuspido de volta para fora da baleia. Se passou para dentro da aventura pela água (José no poço ou Odisseu no mar escuro como o vinho), retornará pela água; Moisés liderando o herói do Antigo Testamento, o Povo passando pelo Mar Vermelho ou Odisseu emergindo nas margens de Ítaca. Se entrar no caminho da aventura passando pelas Simplégades, as rochas que se chocam, daí você volta atravessando algo parecido também.

A ideia é que você tem de trazer de volta aquilo que foi resgatar, o potencial não compreendido, não utilizado dentro de si. Todo o sentido da jornada é a reintrodução desse potencial no mundo; isto é, em você, vivendo no mundo. Você terá de trazer de volta esse tesouro de entendimento e integrá-lo em uma vida racional. Nem preciso dizer que isto é muito difícil. Trazer a dádiva de volta pode ser ainda mais difícil do que descer nas suas próprias profundezas.

Digamos que um jovem venha para Nova York para estudar arte. Ele saiu de Winsconsin para o mundo inferior, Greenwich Village, e ali encontra um monte de ninfas que o tentam e o inspiram, e lá há um mestre com quem ele está estudando, e assim por diante; finalmente, com a assistência deles e por meio de trabalho duro e talento, ele alcança seu próprio estilo artístico.

A primeira crise é que ele não pode ter o estilo artístico do mestre, mas deve encontrar o seu próprio estilo. Esse é um momento muito importante em qualquer estúdio criativo. Já vi coisas muito engraçadas. Às vezes as pessoas têm um mestre que não quer que seus alunos tenham outro estilo, e daí o aluno, quando seu próprio espírito começa a assumir o controle, desenvolve um ódio violento pela pessoa que está no papel de mestre.

Finalmente, tendo alcançado seu estilo individual, ele vai até a Rua 57* para vender suas pinturas, e encontra o olho frio do comprador. A questão é que você tem de trazer alguma coisa que falte ao mundo – é justamente por isso que você foi atrás do seu estilo. Bem, o mundo diurno não sabe que precisa desse dom que você está trazendo. Portanto, existem três reações possíveis quando se chega ao retorno do limiar portando sua dádiva para o mundo.

A primeira é que não há recepção alguma. Ninguém se importa com esse grande tesouro que você trouxe. O que fazer? Uma reação seria dizer a si mesmo: "Que eles vão para o inferno. Vou voltar para Winsconsin". E aí você compra um cachorro e um cachimbo e deixa as ervas daninhas crescerem no portão, e pinta quadros que serão descobertos daqui a dois mil anos e reconhecidos como as maiores pinturas do século XX. Você voltou para sua nova inteireza unificada e o mundo que se dane.

O segundo caminho é dizer: "O que eles querem?". Agora você tem uma habilidade, e pode lhes dar o que estão desejando. Isto é conhecido como arte comercial. Você segue dizendo para si mesmo: "Quando eu tiver dinheiro suficiente, vou parar e fazer minha obra-prima". É claro que isso nunca acontecerá, porque você cria todo um tom particular para a sua expressão que não permite que você manifeste o que tinha antes; aquilo se perde. Mas você tem uma carreira pública, isso já é alguma coisa.

---

* Uma das maiores ruas da Ilha de Manhattan, Nova York. Tornou-se célebre ao longo do século XX pela concentração de estabelecimentos culturais, galerias de arte etc. [N.T.]

CAPÍTULO VI – *O eu como herói*

A terceira possibilidade é tentar encontrar algum aspecto, ou alguma parcela do ambiente no qual você chegou que possa receber uma pequena porção do que você tem para dar. Esta é a atitude pedagógica, de ajudar os outros a compreenderem a necessidade, a sua necessidade e o que você tem para dar. Essas são as únicas possibilidades.

A primeira é a recusa do retorno. A segunda é o retorno nos termos da sociedade, ou seja, você não está dando a eles porcaria nenhuma: eles só estão recebendo o que querem. E a terceira é uma atitude pedagógica de tentar encontrar um meio ou um vocabulário ou alguma coisa que te permita entregar o que você descobriu como dádiva da vida, nos termos e na proporção adequados à capacidade que a sociedade tem de recebê-los. É possível fazer isso, mas requer uma boa dose de compaixão e paciência.

Se tudo o mais der errado, você pode conseguir um emprego como professor.

No entanto, descobrirá que, se conseguir um pouco da atenção da sociedade, logo poderá entregar sua mensagem. Eu sei disso.

Um artista que tenha descoberto seu próprio estilo, sua própria voz, volta e assume um cargo de professor, ensinando arte. Talvez isto não signifique que ele vai dar tudo o que tem, mas significa dar algo do que ele tem, algo que coaduna o que ele tem para dar e o que a sociedade está pronta para receber. Ele está recebendo uma renda adequada para seu sustento enquanto continua a pintar e gradualmente constrói um público de galeria.

No meu caso, eu estava no meio do mato durante o auge da Grande Depressão sem nada para fazer a não ser ler, e passei cinco anos lendo, sem emprego. Vejam bem, na minha juventude, na época da Depressão, as pessoas que pertenciam ao movimento que pode ser chamado de contracultura foram completamente excluídas da sociedade. Não havia espaço algum para elas. É diferente daqueles que vão embora por ressentimento ou com a intenção de aprimorá-la.

O que eu fiz? Li. Segui o caminho de um livro para outro, de um pensador para outro. Segui meu entusiasmo, muito embora não soubesse que estava fazendo isso. Então arrumei um emprego. Estava imerso em Spengler, Schopenhauer e Joyce, quando enfim chegou uma curta mensagem: "Você gostaria de assumir um cargo como professor de Literatura no Sarah Lawrence?".

Quando vi aquelas garotas, tive certeza de que queria o emprego. E o salário era de US$ 2.200,00 por ano.

Eu estava disposto a voltar para o mundo e compartilhar o que havia aprendido. Eu vinha seguindo uma estrela; realmente descobri tudo o que estou compartilhando aqui durante aqueles cinco anos.

Bem, na época em que comecei a ensinar, foi lançado um livro maravilhoso: *Finnegans Wake*. E ninguém entendeu – ninguém além de mim e alguns outros irlandeses malucos. Tudo que Joyce estava escrevendo vinha direto daquela região em que eu estivera mergulhado durante cinco anos no interior. Bem, eu virei para um dos outros malucos, meu colega Henry Morton Robinson, e disse: "Alguns bocós têm de explicar isso para todo mundo. Podem bem ser você e eu". E aquele foi o meu primeiro livro: *A Skeleton Key to Finnegans Wake*.[62]

Mesmo assim, trabalhamos durante cinco anos nesse projeto e não conseguíamos vendê-lo. Já estávamos a ponto de pensar: "Bem, vamos publicá-lo nós mesmos" – o que teria custado muito dinheiro – quando fui assistir à peça *The Skin of Our Teeth*, de Thornton Wilder, que era o grande sucesso da Broadway na época. E tudo que eu ouvi era *Finnegans Wake*. Eu era a única pessoa na cidade que sabia disso. Eu detectava as citações conforme elas apareciam. Bem, é assim que você volta para o mundo.

Liguei para Robinson e disse: "Meu Deus, Wilder está ganhando rios de dinheiro e fama com essa peça, e é tudo simplesmente *Finnegans Wake*".

Joyce acabara de morrer, e sua família estava na miséria. Então eu disse: "Acho que devíamos escrever uma carta para o *New York Times*". Aí eu simplesmente contei para ele o que tinha ouvido, porque a peça ainda não tinha sido publicada.

Daí ele telefonou para Norman Cousins do *Saturday Review* e disse: "*Skin of Our Teeth* é *Finnegans Wake*, você tem interesse?".

Cousins respondeu: "Traga aqui hoje à noite".

Então passamos um pequeno artigo para Cousins. Ele leu, e a primeira coisa que disse foi "Vamos chamar de 'The Skin of Whose Teeth?'"*.

---

* O título do artigo é um jogo de palavras; o título da peça em inglês – *The Skin of Our Teeth* – se traduz como "A pele de nossos dentes"; o título do artigo de Campbell e Robinson traz a pergunta "A pele dos dentes de quem?" [*The skin of whose teeth?*], como referência à sugestão de plágio. [N.T.]

CAPÍTULO VI – *O eu como herói*

Ele o publicou, e nós conseguimos manchetes em todo lugar nos Estados Unidos.⁶³

Daí todos os colunistas do país caíram em cima de nós como bombardeiros em mergulho. Estávamos em guerra, entendem? E Wilder se tornou Capitão Wilder, depois Major Wilder, praticamente General Wilder. Afinal, quem são esses dois irlandeses? E aquele outro irlandês, Joyce, com seu *Ulysses* e seu *Finnegans* – essa não é a civilização pela qual estamos lutando. E não era. Mas ninguém conseguia ler *Finnegans Wake*, então eles não sabiam se nós estávamos falando a verdade ou não.

Então foram até Wilder, e aquele filho da mãe, quando lhe perguntaram a respeito do nosso artigo, disse: "Bem, assistam à minha peça e leiam *Finnegans Wake* e vejam o que vocês acham". É claro, ninguém conseguia ler o livro.

Seu discurso falacioso era de que ele era um grande artista americano e a inspiração vinha do folclore que ele extraíra do próprio solo americano. Disse que a coisa toda ocorreu a ele durante um musical tolo chamado *Hellzapoppin*; sua peça caíra em seu colo como Atena recém-nascida da cabeça de Zeus.

Bem, isso era tudo asneira. Eu disse a Robinson: "Fique frio, espere. Deixe que ele grite".

Logo depois *Skin of Our Teeth* foi lançada em forma de livro. Estava concorrendo aos prêmios Pulitzer e Tony. Bem, eu passei um pente fino no roteiro e encontrei quase 250 pontos análogos: personagens, temas e, por fim, uma citação de quatro linhas, copiada palavra por palavra.

Daí lançamos "The Skin of Whose Teeth? Part II". Dispusemos os paralelos lado a lado. E pronto. Ele não ganhou a premiação da crítica.

Então Cousins disse: "Vocês dois têm mais alguma coisa?". Nós pensamos: "Vamos dar a ele o primeiro capítulo de *A Skeleton Key*. E ele repassou o capítulo para a editora Harcourt Brace, que já havia recusado o livro antes. Eles enviaram o capítulo para T. S. Eliot, que respondeu: "Comprem".

Foi assim que vendemos o livro. É assim que você entra de novo no mundo. Tem-se muito trabalho, mas é preciso ter sorte.

Há outra possibilidade. Eu conhecia um artista lá em Woodstock, onde passei a maior parte da Depressão. Ele tinha um bom público, uma galeria, e um estilo comercial bem típico. No período de um ano, ele passou por uma transformação. Teve uma descoberta psicológica, e desenvolveu uma maneira muito mais brilhante e ousada de manejar o pincel. Ele trouxe as novas pinturas para a galeria e eles disseram: "Não queremos. O seu público quer pinturas como as que você vem sempre fazendo".

O sucesso pode se tornar uma espécie de armadilha. Isto é muito verdadeiro nos Estados Unidos. Não acho que seja tanto assim em outros lugares. Havia um padrão típico para todos os romancistas publicados nos anos 20: Sinclair Lewis, Theodore Dreiser, Ernest Hemingway, F. Scott Fitzgerald e os demais. Eles escreviam uma obra inicial, que mostrava talento, e depois uma outra obra que estava mais avançada no manejo da forma, e depois mais uma e essa, subitamente, chamava a atenção do público. Daí eles tentavam se agarrar àquilo, e sua escrita começava a decair e... Sinclair Lewis é um exemplo perfeito desse padrão. Sua produção inicial vai crescendo cada vez mais e então, depois de *Doutor Arrowsmith*, veio o colapso total. Vemos isto com Hemingway também. Seus escritos iniciais são milagrosos. Daí, depois de *Adeus às armas,* o que temos?

O mesmo acontece com pintores. Quer dizer, por que se dar ao trabalho de fazer outra pintura que é meramente uma repetição do que você fez antes? A mensagem de uma pintura não está nos objetos retratados na pintura, mas na exploração da forma. Ao ficar pendurado em uma única solução formal, você se torna petrificado; a vida se esvai.

Permitam-me contar algumas estórias aqui que seguem o padrão da jornada do herói. Pensem nelas como imagens nas quais meditar.

A primeira estória que gostaria de abordar é a do "Príncipe Sapo," o primeiro dos Contos de Fada dos Grimm. Começa com uma garotinha – uma princesa, é claro – que tem uma bolinha dourada.

Ora, o ouro é um metal incorruptível, e a esfera é a forma perfeita. Esta bolinha *é ela* – a bola é o círculo de sua alma. Ela gosta de ir até bem na beira da floresta. Estamos na Alemanha, onde a floresta é o abismo, como mencionei antes. Ela fica sentada ali brincando, e bem perto há uma pequena lagoa, uma nascente, que é a entrada para o mundo inferior. E nesse recanto ela gosta de jogar sua alma para cima. Ela joga a bolinha e a apanha, joga e apanha, repetidamente, até que, por fim, não consegue apanhá-la e a bolinha cai no lago.

CAPÍTULO VI – *O eu como herói*

Trata-se do ser da menina, o seu potencial, sendo engolido pelo mundo inferior. Quando isso acontece, o poder que mora ali embaixo invoca o pequeno dragão que é o guardião do limiar: um sapinho feio. O sapo no fundo do lago é uma espécie de dragão de contos de fada.

Ela perdeu a bola e começa a chorar; perdeu sua alma. Quer dizer, isto é a depressão, é a perda da energia e da alegria de viver; algo essencial saiu de cena. Esse tipo de perda tem um equivalente na *Ilíada*: o sequestro de Helena de Troia, que desencadeia toda a aventura épica, já que os príncipes e os guerreiros da Grécia eram obrigados a trazê-la de volta.

No conto, a pequena bolinha dourada cai e aparece o sapinho, o habitante do mundo inferior, que diz: "Qual o problema, garotinha?".

Ela responde: "Perdi minha bola dourada".

Muito graciosamente ele oferece: "Vou pegá-la para você".

"Seria muito gentil de sua parte."

Sendo um sapo sensato, ele propõe: "O que você me dará em troca?".

Por uma dádiva como a que ela está procurando, a pessoa tem de abrir mão de alguma coisa; tem de haver algum tipo de troca. Então a princesinha sugere: "Darei a você minha coroa de ouro".

Ele sacode sua cabeça verde. "Não quero sua coroa dourada."

"Darei meu lindo vestido de seda."

"Não quero seu lindo vestido de seda."

"Bem", ela se irrita, "o que você quer?".

"Quero comer com você à mesa e quero estar com você como seu companheiro de brincadeiras e quero dormir com você na sua cama."

Subestimando o sapo, ela responde: "Tudo bem, eu concordo".

O sapo mergulha e traz de volta a bola. O engraçado aqui é que ele também é o herói na aventura; ele traz o brinquedo e entrega a ela.

Ela, sem nem agradecer, pega a bola e vai saltitando para casa.

Bem, ele vem pulando e espirrando água atrás dela, dizendo: "Espere por mim!". Infelizmente, ele é muito lento, e ela chega em casa bem antes dele, pensando que o deixou para trás.

De noite, a princesinha e o Rei Papai e a Rainha Mamãe estão jantando. Parece que naquele palácio em particular, a mesa de jantar ficava bem perto da porta da frente. Eles estão tendo uma refeição muito agradável, quando aquela criatura molhada vem saltando pelos degraus da frente, e a menina fica um pouco pálida.

O pai pergunta: "Qual o problema, querida, o que houve?".

Ela diz: "Oh, é só um sapinho que eu conheci".

Sendo um rei sábio, ele indaga: "Você fez alguma promessa?". Aqui aparece o princípio moral, o complexo da persona – é preciso correlacionar todas essas coisas.

É claro, a princesa é obrigada a admitir que, de fato, fez uma promessa.

Então o rei recomenda: "Abra a porta e deixe-o entrar".

E o sapo entra pulando. A princesa está envergonhada e arruma um lugarzinho para o sapo debaixo da mesa, mas ele não quer saber de nada disso. Ele diz: "Não, quero ficar na mesa; quero comer do seu prato dourado". Como podem imaginar, isso estraga o jantar da jovem.

Finalmente, terminado o jantar, ela vai indo para o quarto. Lá vem o sapo de novo, saltando pelas escadas atrás dela e batendo na porta. Ele fala: "Quero entrar".

Ela abre a porta e deixa entrar o sapo.

"Quero dormir na sua cama com você."

Os freudianos amam essa estória.

Bem, aí já é mais do que ela consegue suportar. Existem várias maneiras de terminar essa estória, a mais famosa delas sendo aquela em que a menina beija o sapo e ele se transforma. Mas a que eu mais gosto é aquela em que ela o agarra e atira na parede. E o sapo estoura, e de dentro dele sai um belo príncipe com cílios iguais aos de um camelo.

Descobrimos que ele também estava em apuros. Havia sido amaldiçoado, transformado em sapo por uma feiticeira. Ora, este é o rapaz que não ousou passar para a vida adulta. Ela é a garota que está no limiar da vida adulta e ambos estavam se recusando a crescer, mas agora um ajuda o outro a sair dessa estase neurótica. É claro, eles imediatamente se apaixonam, trocando anima por animus.

Daí, segundo conta a estória, na manhã seguinte, depois de ela apresentá-lo à Mamãe e Papai, depois de terem se casado, uma carruagem real chega à porta da frente. Na verdade, ele é mesmo um príncipe, e esta é a sua carruagem, que veio para levá-lo de volta a seu reino, que estivera desolado desde sua transformação em sapo. Trata-se do tema da terra arrasada, que era uma imagem central nos romances medievais do Graal. O rei é o coração da terra e, enquanto ele estiver incompleto, a terra jaz devastada.

CAPÍTULO VI – *O eu como herói*

Assim, os noivos entram na carruagem e, quando estão indo embora, ressoa um estrondo. O príncipe diz ao cocheiro: "Qual o problema, Heinrich, o que aconteceu?".

O cocheiro responde: "Bem, desde que você foi embora, caro príncipe, havia quatro tiras de ferro ao redor do meu coração, e uma delas acaba de se romper".

Daí, é claro, conforme seguem caminho, ocorrem mais três estrondos, e então o coração do cocheiro volta a bater no ritmo natural de novo. Obviamente, o cocheiro simboliza a terra, que precisa do príncipe como poder gerador e governante. Mas o jovem herói falhara em seu dever ao recusar o chamado. Ele descera ao mundo sobrenatural contra sua vontade, mas, no mundo sobrenatural, encontrou sua pequena noiva. Assim, tudo está bem, com perdão do trocadilho*.

Gosto desta estória em particular porque os dois estão em apuros e no fundo do poço, e resgatam um ao outro. Enquanto isso, o mundo aqui em cima está esperando pelo retorno de seu príncipe.

Outra estória que segue o padrão de modo interessante nos veio dos navajos. Se chama "Quando os Dois Foram até o Pai", e é o assunto do primeiro livro no qual trabalhei, editando e escrevendo comentários para a antropóloga Maud Oakes.

Ora, estórias indígenas americanas como essa frequentemente apresentam heróis gêmeos. Um é o gêmeo ativo e o outro é o gêmeo contemplativo – o extrovertido e o introvertido.

O primeiro jovem se chama Matador de Inimigos. Ele é o gêmeo voltado ao exterior, o agressivo. O segundo menino se chama Filho da Água. É o mago. A mãe deles, a Mulher Cambiante, os concebeu quando o Sol a engravidou enquanto passava cruzando os céus.

Bem, existem monstros em todo lugar, e a mãe diz aos meninos: "Não se afastem muito de casa. Podem ir para o leste, para o sul e para o oeste, mas não vão para o norte".

É claro que eles vão para o norte. Como é possível mudar a situação sem quebrar as regras? A proibição é o chamado à aventura.

---

* O trocadilho que o autor faz aqui é um jogo de palavras impossível de ser traduzido; *well* em inglês significa tanto *bem* quanto *poço*, ou, no caso da estória, o lago onde a bola caiu. Assim, a frase *all is well* indica que a narrativa termina bem, mas também que a resolução do conflito tem o "poço" (representado pela descida do príncipe ao mundo inferior ou inconsciente) como elemento central. [N.T.]

Os gêmeos querem ir até o pai deles, conseguir armas para ajudar sua mãe e combater todos os monstros. O Homem Arco-Íris os carrega até o limite do mundo conhecido, o limiar. Em cada direção da bússola, o caminho é bloqueado por um guardião do limiar: o Menino das Areias Azuis, o Menino das Areias Vermelhas, o Menino das Areias Negras e o Menino das Areias Brancas. Eles abrem o caminho e passam por ogros usando bajulações e persuasão, e dizem que vão pegar armas com seu pai, o Sol. Os guardiões os deixam passar.

Agora eles estão além do âmbito do mundo conhecido. Estão em uma espécie de deserto, onde a paisagem não tem qualquer característica. Eles encontram uma velhinha: seu nome é Velhice. Ela diz: "O que estão fazendo aqui, garotinhos?".

Bem, eles contam que estão indo ver seu pai, o Sol. E ela fala: "Esse é um caminho muito, muito longo. Vocês envelhecerão e morrerão antes de chegarem lá. Permitam que eu lhes dê uns conselhos. Não andem no meu caminho. Passem para a direita".

Eles começam a caminhar e esquecem, e pegam o caminho dela. Percebem que estão começando a ficar cansados e velhos; eles têm de se apoiar em bastões e depois não conseguem mais andar de jeito nenhum.

Ela aparece e diz: "Ah, ah, ah, eu avisei".

"Bem, a senhora não pode nos consertar?".

Daí ela esfrega as mãos embaixo das axilas e nas virilhas e esfrega o corpo dos meninos. Isto lhes dá vida novamente. Daí Velhice diz: "Agora sigam em frente, e dessa vez fiquem fora do meu caminho".

Eles vão vagando ao lado da estrada quando veem um pouco de fumaça saindo do chão; é o fogo da Mulher Aranha. Ela é outro auxiliar mágico, uma encarnação da mãe terra.

Ela os convida a descer ao seu pequeno buraco no chão e lhes dá comida adequada para repor suas forças. Ela conta quais são os perigos no caminho; dá a eles um símbolo mágico, uma pena, e manda seguirem em frente.

Daí eles chegam às três provações que bloqueiam o caminho: um cacto que perfura; rochedos que se chocam; e juncos que cortam. Bem, a Mulher Aranha lhes tinha dado uma pena, e esta pena os protegerá de todas as coisas, então eles passam em segurança.

Finalmente, chegam ao oceano que cerca o mundo. Veja bem, existem graus neste mundo desconhecido. E agora chega a hora de cruzar

CAPÍTULO VI – *O eu como herói*

o oceano; eles conseguem fazer isso voando em sua pena. Existe um lugar onde o oceano e o céu se tocam, e é azul sobre azul; é bem neste ponto que está situada a casa do Sol no Oriente. Agora os meninos chegam ao lugar das provações e da aventura. Até agora, tinham enfrentado apenas provações preliminares.

De pé ao lado da casa do Sol está a filha do Sol. O Sol, é claro, está fora, em sua viagem diária. A filha pergunta aos gêmeos: "Quem são vocês, meninos?".

Eles respondem: "Somos os filhos do Sol".

Surpresa, ela retruca: "É mesmo? Quando meu pai voltar, vai ficar com muita raiva. Acho que seria melhor eu escondê-los". Então ela os envolve em nuvens de quatro cores e os esconde no alto de duas portas diferentes.

Ao anoitecer, o Sol chega e desce de seu cavalo. Seu escudo é o disco solar. Bem, ele pendura o escudo na parede, fazendo barulho de clang clang clang clang. Daí o Sol se volta para sua filha e diz: "Quem são aqueles dois jovens que eu vi entrando aqui hoje?".

Ela responde: "O senhor sempre me disse que se comporta quando está por aí pelo mundo. Esses dois meninos dizem que são seus filhos".

"Bem," diz ele, "veremos".

Daí ele os encontra, traz para baixo, e então começa um procedimento importante que vocês encontrarão em muitas, muitas estórias: o pai testando o filho – ou, como acontece neste caso, os filhos. E ele faz com que passem por toda espécie de tratamentos brutais. Os atira em cima de grandes cravos nas quatro direções. Eles seguram firme na pena da Mulher Aranha. Ele lhes dá tabaco venenoso para fumar. Eles seguram firme na pena. Os coloca em uma tenda do suor* para fumegá-los, e eles seguram firme na pena. Finalmente ele diz: "Vocês são meus filhos, então vamos para o próximo cômodo".

Ali ele estende dois trajes de búfalo, e posiciona cada menino de pé sobre um deles. Os poderes do trovão entram, há um grande clamor, e eles recebem seus nomes próprios. Ele lhes diz quais são seus nomes. Eles recebem a estatura adequada, e o Sol lhes dá as armas de que precisam.

---

* Também conhecido como sauna indígena, é um ritual que consiste na produção de vapor dentro de uma cabana fechada. O vapor é produzido a partir do contato da água com pedras previamente aquecidas em uma fogueira [N.T.].

Essa é a expiação junto ao pai e a conquista da dádiva. Agora eles têm de ir para casa. O Sol os traz até o buraco no céu, e quando chegam ali ele os testa pela última vez: "Quais são os seus nomes? Qual o nome da Montanha do Norte? Da Montanha do Leste? Da Montanha Central?

Eles respondem todas as perguntas porque dois pequenos espíritos estão sussurrando as respostas em seus ouvidos. Um se chama Mosca Negra e o outro se chama Pequeno Vento. Ora, me disseram que, quando você está caminhando no deserto, há uma grande mosca que vem e pousa no seu ombro – talvez você tenha visto isso. Essa mosca é considerada o Espírito Santo. É uma visitação do espírito, então é ele que sussurra todas as respostas.

Bem, eles passam no teste e daí descem para a Montanha Central – o *axis mundi* – que para os navajos se identifica com o Monte Taylor, no Novo México. Na base da montanha fica um grande lago, e vivendo à margem do lago está o monstro arquetípico – você não consegue matar monstros meramente físicos até que tenha matado o arquétipo. O nome do arquétipo é Grande Monstro Solitário. Por mais curioso que pareça, ele também é filho do Sol.

A característica dos monstros é que eles confundem sombra com substância. Bem, o monstro vê os meninos refletidos no lago, e ele acha que os reflexos no lago são seu inimigo. Então decide beber todo o conteúdo do lago e digeri-los até a morte. Ele bebe o lago e digere tudo, depois cospe o lago de volta. Ali estão eles de novo; estão na margem oposta, refletidos. O monstro faz isso quatro vezes. A essa altura, até mesmo o Grande Monstro Solitário está bastante esgotado.

Agora os meninos se aproximam para matá-lo e, com a ajuda do Sol, destroem o Grande Monstro Solitário – eis aí: eles sempre foram os prediletos do Pai.

Depois de terem matado o monstro, os meninos finalmente dirigem-se para casa; cruzam de volta o limiar.

Aí acontece uma coisa muito, muito interessante, um pequeno tema que encontramos em muitas mitologias: a perda da dádiva. Os gêmeos têm de cruzar o limiar para voltar para casa. Até então eles estavam no campo do poder solar puro. Agora, têm de voltar para o reino do poder feminino, onde a feroz energia do sol é suavizada para a vida.

Você já se perguntou por que Zeus sempre se disfarçava quando visitava as mulheres mortais? A radiância plena de um deus mataria

CAPÍTULO VI – *O eu como herói*

tudo, e a vida se extinguiria. Pode-se dizer que é preciso ter o contraponto da água contra o fogo solar.

Este é o mundo no qual os heróis têm de atuar. Tendo realizado seu feito mitológico, agora eles precisam descer para o mundo real, prático. Contudo, quando atravessam o limiar de volta, cambaleiam, e as armas que seu pai lhes dera se despedaçam – eles perdem ambas.

E então aparece uma divindade chamada Deus Falante; ele é o ancestral masculino da linhagem feminina dos deuses, portanto representa os dois juntos. Seu nariz é um pé de milho; as pálpebras superiores de seus olhos representam a chuva masculina, enquanto as pálpebras inferiores representam a bruma feminina. Ou seja, ele é uma figura andrógina. Ele lhes dá novas armas e conselhos. E então os gêmeos seguem para lidar com os monstros que têm tumultuado os arredores de seu lar, matando-os. E quando termina a luta com os quatro grandes monstros, ficam tão cansados que estão prestes a morrer.

Daí os deuses descem e realizam um ritual que os cura. E qual é o ritual? É o ensaio desta mesma estória que estou contando, a estória da vida dos gêmeos. É isso que o psiquiatra faz quando desce para descobrir o que há de errado com você, por que você está desconectado do seu inconsciente. Os deuses conduzem os gêmeos por esse pequeno psicodrama e colocam os heróis gêmeos de volta em contato com o dinamismo da estrada de suas vidas.

Este ritual foi revelado a Maud Oakes por um velho curandeiro chamado Jeff King da nação navajo, no começo da Segunda Guerra Mundial. Os Estados Unidos estavam introduzindo garotos navajos no exército porque o idioma deles era um código indecifrável – os alemães e japoneses não tinham nenhum espião que falasse navajo. Bem, quando um menino era recrutado, o velho Jeff King realizava este ritual na presença dele para convertê-lo em um guerreiro. O rito durava três dias e três noites, durante os quais toda a estória era reencenada com canções e pinturas – há toda uma série de 18 pinturas de areia maravilhosas que ilustram a estória. A ideia era transformar esses meninos pastores em guerreiros, porque ser um soldado exige uma mentalidade diferente daquela necessária para viver em um povoado.

Isto é algo que nós não fazemos, então acontecem um monte de rupturas que são o resultado de psiques não muito bem preparadas. Assim, aqui está a função deste mito – é um mito guerreiro.

O velho Jeff King está enterrado no Cemitério de Arlington. Ele foi um batedor que ajudou o exército dos Estados Unidos na luta contra os apaches. Ele conhecia esta antiga cerimônia de guerra que ofereceu para os garotos recrutados para a guerra. Ele lhes fornecia o ritual para ser usado nas questões práticas da vida.

Qual é a aventura desses garotos navajos? Eles estão saindo de uma vida em comunidade para entrarem em ação como guerreiros. Têm de passar por uma transformação – isso é um limiar, e um limiar que tiveram de atravessar arrastados, por assim dizer, pelo órgão de recrutamento.

A *Odisseia* é o tipo de estória totalmente oposta. A *Odisseia* é o interrogatório de um guerreiro após a guerra. Ele tem de voltar para casa, deixar seus hábitos de guerreiro para trás e retornar ao mundo doméstico modulado pelo feminino.

Hoje em dia não temos muita coisa no campo do mito para nos ajudar com essas transições. Podemos revirar os restos e estilhaços dos mitos antigos, ou podemos tentar nos voltar para a arte.

Assisti aos filmes da série *Star Wars* recentemente. George Lucas convidou a minha esposa, Jean, e eu para irmos a Marin County e ver os filmes porque ele disse que eram baseados nos meus livros, na ideia da jornada do herói. Bem, eu não via filmes há 30 anos, então fiquei simplesmente maravilhado.

Foi uma experiência surreal. Na manhã do primeiro dia, assistimos *Star Wars*. Na tarde seguinte, assistimos *O Império Contra-Ataca*, e depois de noite assistimos *O Retorno de Jedi*. E eu conseguia enxergar os meus estudos ali, sem dúvida. Acabei me tornando um fã, e tenho grande admiração por aquele jovem. Ele tem a imaginação de um artista e um grande senso de responsabilidade com seu público, pois entende que o que está produzindo precisa ter valor. E com todas as galáxias disponíveis para abordar, ele tem o tipo de campo aberto que os primeiros poetas tinham. Por exemplo, quando os argonautas gregos vão até o Mar Negro, onde ninguém jamais havia estado, podiam encontrar todo tipo de monstros e povos estranhos – amazonas e coisas do gênero. É uma folha em branco para o jogo da imaginação.

Enquanto assistia a esses filmes, percebi que ele usa sistematicamente os arquétipos sobre os quais aprendeu em meus livros – ele diz isto. Por exemplo, em *O Império Contra-Ataca*, Luke Skywalker confronta quem ele pensa ser Darth Vader, a figura do pai-sombra.

CAPÍTULO VI – *O eu como herói*

Ele mata a figura e depois vê que a face do homem-máquina é na verdade a sua própria face.

Depois, como mencionei, no fim de *O Retorno de Jedi*, temos o tema da expiação junto ao pai resolvido de forma muito explícita; é para isso que toda a série se dirige. Ela era na verdade uma peça em três atos: o chamado à aventura, a estrada de provações, e a provação final, com a reconciliação junto ao pai e a travessia de volta do limiar.

É muito gratificante que este meu pequeno livro esteja realizando o que eu queria, isto é, inspirar um artista cuja obra está realmente circulando pelo mundo. *O herói de mil faces* foi recusado por dois editores; o segundo me perguntou: "Bom, quem vai ler isso?". Agora sabemos.

Artistas são auxiliadores mágicos. Invocando símbolos e temas que nos conectam com nosso ser mais profundo, eles podem nos ajudar ao longo da jornada heroica de nossa própria vida.

É um jogo popular entre críticos literários e estudantes de graduação discutir as influências de um autor – de quem derivam suas ideias e seu estilo. Bem, quando o processo de criação está acontecendo, o autor está cercado por um ambiente pleno de tudo o que já experimentou: cada acidente de infância, cada canção que ouviu e, também, cada livro, poema e panfleto que leu. Sua imaginação criativa pega essas coisas e as coloca em um molde.

Mas todos esses temas que você ouviu e que têm eco em você, esses são os elementos do seu entorno aos quais você está dando forma em sua vida. O que vale a pena considerar é como eles se relacionam entre si dentro do seu contexto, e não como se relacionam com alguma outra coisa por aí (por exemplo, de que maneira eles eram relevantes nas pradarias norte-americanas ou nas selvas asiáticas centenas de anos atrás), mas de que maneira são relevantes *agora* – a menos que, ao contemplar seu significado anterior você possa começar a amplificar o seu próprio entendimento do papel que tais elementos desempenham na sua vida.

Na subida da serpente *kundalini* pela coluna vertebral – que, observem, é outra jornada do herói – o obstáculo final a ser superado, no trânsito do sexto para o sétimo *chakra*, é a barreira entre o eu e seu amado, o Senhor do Universo, o deus que é o mundo e transcende o mundo. Mas o que é essa linha, abaixo da qual tudo é dois, e além da qual não existe nem o ser nem o não ser? É *maya,* que já conhecemos de longa data.

A palavra *maya* vem da raiz *ma*, que significa "construir ou medir à frente". *Maya* tem três poderes. Um poder se chama poder obscurecedor; ele obscurece o nosso entendimento acerca da luz pura. O segundo poder se chama poder de projeção. Ele converte a luz pura nas formas do mundo dos fenômenos assim como um prisma transforma a luz branca nas cores do arco-íris. Estes são os poderes que transformam o mundo transcendente no mundo que conhecemos, temporal, espacial, com todas as suas coisas.

Ora, se você pegar as cores e colocá-las em um disco e girá-lo, elas revelarão o branco novamente. As cores deste mundo podem ser moduladas assim; podem ser dispostas de uma forma tão artística que lhe permitirão experimentar, através delas, a luz verdadeira. Isto se chama poder revelador de *maya* – e a função da arte é servir a esse fim. O artista deve arranjar os objetos de seu tempo de tal maneira que, através deles, se experimente aquela luz, aquele resplendor que é a luz da nossa consciência, a luz que todas as coisas escondem e, quando contempladas da maneira adequada, revelam.

A jornada do herói é um dos padrões universais através dos quais aquele resplendor brilha vivamente. Penso que uma vida boa é uma jornada do herói após a outra. Repetidamente, você é chamado ao reino da aventura, é convidado a conhecer novos horizontes. Todas as vezes há o mesmo problema: ouso fazer isto? E daí, se você ousar, os perigos aparecem, e o auxílio também, e a realização ou o fiasco. Sempre existe a possibilidade do fiasco.

Mas também existe a possibilidade do júbilo.

Parte IV

Diálogos[64]

CAPÍTULO VII

Diálogos

HOMEM: *Você falou sobre pirâmides e catedrais. Quais são nossos monumentos e conquistas contemporâneos?*

CAMPBELL: Uma das maiores conquistas, penso eu, foi ter ido à Lua. É claro que isso não foi realizado por pessoas que estavam pensando: "Qual o valor econômico disso?". Se você envereda por esse caminho, a economia vence e a aspiração perde sempre, e toda a diversão vai embora – para mim, pelo menos.

Acho que o mundo subsiste de coisas loucas. A economia se resolve sozinha depois – pode contar com isso. Há todo tipo de produtos aparecendo em nossas cozinhas que são resultado do programa espacial: refeições que são fáceis de cozinhar e de limpar, esse tipo de coisa. Mas é o escopo da aspiração que realmente importa.

HOMEM: *O que você acha do Cristo de Ozarks? [risos] Eles construíram uma cruz imensa com música tocando e holofotes lá em cima da montanha.*[65]

CAMPBELL: Bem, alguém quis expressar sua empolgação. [risos] Tudo bem. Isso é o que o artista faz. Ele está apegado a uma imagem arquetípica. Mas o que significa? Quando São Paulo diz: "Não sou eu que vivo, é Cristo que vive em mim", isto é uma coisa. Outra muito diferente é colocar o Cristo em cima de uma montanha. Esse é um grande problema na vida: o que você faz com o seu Cristo quando ele aparece? Você acolhe a imagem em si mesmo e permite que ela se torne a fonte motivadora de sua vida, ou a coloca ali em cima e faz dela um grito de guerra? Essa é uma questão muito difícil.

MULHER: *O que o senhor faz, Sr. Campbell? E qual a sua imagem de Deus?*

CAMPBELL: É muito divertido responder a esta pergunta: "Sr. Campbell, o que o senhor faz?". "Ah, eu escrevo e leio sobre mitologia."

MULHER: *Que curioso. Eu li Bullfinch, e é tão interessante.*

CAMPBELL: Bem, minha atração por mitologia é um pouquinho mais profunda. Você acredita em Deus?

MULHER: *Bem, sim.*

CAMPBELL: Maravilha. E Deus é menino ou menina? Alan Watts costumava contar a história do astronauta da Apolo que voltou do espaço; algum repórter sabichão perguntou, já que ele havia estado no céu, se tinha visto Deus. "Sim" respondeu o astronauta, "e ela é negra".[66]

Daí pergunto ao meu interlocutor: Qual a sua opinião? É homem? Tudo bem. Está lá em cima ou lá embaixo? Tem alguém ao redor dele? Ele está sozinho? É um poder racional? Um poder moral? Afirmação? Negação? Aperfeiçoamento? Consciência? Inconsciência? Um deus pessoal? Um poder impessoal? Você pensa nele principalmente sob forma feminina ou masculina?

É claro, no culto indiano de Shakti, a deusa é o principal. No culto masculino judeu, Yahweh é o principal. Você pode se fazer todas essas perguntas. Onde a sua imagem de Deus se encaixa?

No meu caso, Alan Watts uma vez me perguntou que prática espiritual eu seguia. Eu respondi: "Sublinho livros".

É tudo uma questão de abordagem.

Leo Frobenius descreve um ritual maravilhoso dos pigmeus, um povo de caçadores do Congo. Frobenius fez por volta de 20 expedições à África e, durante uma delas, três pigmeus se juntaram à sua expedição, dois homens e uma mulher. Quando finalmente acabou a carne, ele lhes disse: "Será que vocês caçariam uma gazela para nós?".

Os pigmeus olharam para ele indignados. "Trazer uma gazela para vocês, assim? Temos de fazer uma preparação para isso". Então ele os acompanhou na preparação. O que eles fizeram? Subiram uma pequena colina cujo topo era nu. Limparam a vegetação rasteira, e desenharam ali a imagem de uma gazela. E aí tiveram de esperar a noite inteira, e quando o sol nasceu na manhã seguinte, um desses dois homenzinhos ficou de pé com seu arco e flecha na direção da qual viria o sol, e disparou a flecha na imagem da gazela de modo que a atingiu no pescoço. Ao mesmo tempo a mulher ergueu os braços – observamos exatamente a mesma imagem em muitos desenhos rupestres neolíticos: uma mulher com os braços erguidos e o homem disparando uma flecha. Então eles desceram e rastrearam uma gazela de verdade. E a atingiram no pescoço.

Em outras palavras, o homem não estava fazendo aquilo como alguém que atua de modo pessoal, mas sim como o agente do poder da vida, o poder do sol.

Ora, um rito funciona de uma determinada maneira – há algo naquela situação de se identificar com o que está acontecendo. Existe uma estória (vocês talvez já me ouviram contá-la) de um samurai. O soberano fora morto, e seu voto era, claro, de lealdade absoluta a seu senhor. E era seu dever agora matar o assassino. Bem, depois de dificuldades consideráveis, ele finalmente encurrala o sujeito, e está prestes a matá-lo com sua *katana*, sua espada, que é o símbolo de sua honra. E o sujeito encurralado está com raiva e aterrorizado, cospe no samurai, que então embainha sua espada e sai andando. Ora, por que ele fez isso? É porque a ação do inimigo o deixou com raiva, e matar aquele homem sentindo raiva teria sido um ato pessoal, e isso teria destruído todo o acontecimento.

É muito parecido com o ato de caça do pigmeu. Trata-se de uma atitude mitológica. Você não está agindo em termos de sua vida individual, pessoal, mas como se você mesmo fosse o sacerdote, por assim dizer, de um poder cósmico que está operando através de você, algo que todos nós somos em algumas circunstâncias, e o problema é equilibrar-se em relação a essa situação e manter, ao mesmo tempo, sua própria personalidade.

HOMEM: *Você falou sobre transcender o dualismo, o mundo dos opostos. É possível fazer isso nesta vida?*

CAMPBELL: Não há experiência alguma na vida que não envolva dualismo e que, apesar disso, não tenha também a experiência de unicidade por trás do dualismo. Então eu diria que o tema mitológico primário é o de nos ajudar a experimentar o que Jung chama de *coniunctio oppositorum*, "a união de opostos". De uma maneira ou de outra, eles podem se fundir um no outro ou podem ser colocados em um bonito equilíbrio um em relação ao outro – uma dança. O prazer da dança de um casal é o prazer de um par de opostos em uma relação harmônica.

Mas o que me vem à mente sempre que penso nisso é um jogo de tênis. Não se pode ter um jogo de tênis sem os dois lados da rede, e se queremos uma atitude positiva em relação ao tênis, é preciso ter uma atitude positiva em relação à condição de estar somente de um lado da rede de cada vez. Mas você tem de ser firme a favor daquele lado da rede, ou não haverá jogo. Então, reconheça o seu próprio caráter, o seu próprio papel no jogo, de qual lado da rede você está, e esteja *lá*. Mas isso não significa que a pessoa do outro lado da rede não tenha o mesmo valor que você tem deste lado. A oposição é um jogo. Entendem o que estou querendo dizer?

Mitos podem parecer estar funcionando em um nível totalmente diferente, mas tomemos o exemplo de uma oposição apenas: Siegfried e Fafner, o dragão que ele mata – o típico feito de matar um dragão, que o herói realiza ao cruzar o limiar. Ele e o dragão são opostos, mas somente depois de ter provado o sangue do dragão e integrado o caráter do dragão dentro de si é que ele ouve os pássaros cantarem e entende o que a canção deles significa. Você não entra em contato com a força da natureza (que inclui tanto você quanto o outro) até que tenha aceitado como parte essencial de si mesmo a parte anteriormente excluída, que era vista como o outro. É por causa dos acidentes da sua vida – sua família, sua sociedade, a mágoa e os milhares de embates naturais que a carne humana herdou – que você acabou sendo desse jeito e não de outro. Mas você tem o mesmo potencial dentro de si. A psicologia de Jung enfatiza a questão muito importante de que você não precisa *se identificar* com o outro a fim de assimilá-lo e reconhecer que o que ele representa é um outro aspecto daquilo que você é.

As únicas mitologias nas quais temos uma dualidade absoluta são aquelas que derivam do Oriente Próximo depois da época de Zoroastro. Com o zoroastrismo, surge a ideia de um deus da luz e um deus da escuridão que estão competindo, e sua competição criou o mundo que temos agora. E é preciso se alinhar com o deus da luz, contra o deus da escuridão.

Em outras tradições esses dois poderes – luz e trevas, bem e mal – são os braços direito e esquerdo de um ser dos seres que transcende o par de opostos. Encontramos vestígios disso até mesmo na Bíblia, nos livros que foram compostos antes do exílio na Babilônia, que colocou os judeus em contato com ideias zoroastristas. Em Isaías, o Senhor diz: "Eu formo a luz, e crio as trevas, asseguro o bem-estar, e crio a desgraça: sim, eu, Yahweh, faço tudo isso".[67] Ora, aí está um deus que transcende a dualidade. E, minha nossa, no comportamento dele podemos ver que ele faz coisas que, se um ser humano as fizesse, seriam consideradas más. Por exemplo, no Livro de Jó, Deus se comporta de maneira atroz – a partir de um referencial humano. Em certos pontos, o que pode ser chamado de *mysterium tremendum et fascinans*, irrompe o aspecto tremendo do divino, que é, ao mesmo tempo, fascinante e horrível. Normalmente, Yahweh é o deus de uma ordem moral onde há o bem e o mal. Mas veja a justificativa dele para suas ações em relação a Jó, e você compreenderá que esse é um poder além da moralidade.

Basta lembrar que antes de Adão e Eva comerem a maçã, eles não sabiam nada a respeito do bem e do mal. Na verdade, saber a distinção entre o bem e o mal é o que chamamos de Queda. Então, se você quiser chegar à condição de Adão e Eva antes da Queda, deve retornar para antes do bem e do mal novamente a fim de saber que o bem e o mal são as formas através das quais um princípio transmoral opera no campo do espaço-tempo – no jogo de tênis.

No entanto, se o seu impulso é afirmar o seu ego e os valores do seu ego de uma maneira tal que destrói outras pessoas, pensando que está além do bem e do mal e pode se comportar desse jeito sem se importar com o que acontece aos outros – você é uma pessoa perigosa. É um sociopata. Mas se já tiver sido, por assim dizer, domesticado, civilizado, de modo que o princípio que te anima não é a violência e a luxúria, mas sim o amor, daí só te resta compreender, como Cristo fez, que a chuva de Deus cai sobre o justo e o injusto, que a luz de Deus brilha sobre o justo e o injusto. Se você for como seu Pai do céu (onde quer que isto seja) então você também tem de reconhecer que aquilo que você chama de justo e de injusto não são definições finais dos valores dessas pessoas. Isso não significa que você não deva lutar por seus valores e defendê-los com convicção – quero dizer, esse é o misticismo da guerra: as pessoas lutam e matam e morrem por valores, mas nessa luta compreendem que o outro é igualmente justificado diante do Senhor, por assim dizer.

Isso está na nossa tradição ocidental; está nas próprias palavras de Cristo. Mas temos de perceber que todas essas coisas profundas, todas essas coisas finais, são depois traduzidas em termos práticos, moralizantes – deveis e não deveis – que são bons para a sociedade e para as pessoas que estão sendo cooptadas pela sociedade. Primeiro você é introduzido na sociedade, daí é cooptado para a sabedoria da vida que, podemos dizer, vai um pouquinho além.

No Éden nada aconteceria se Adão estivesse sozinho; ele estava entediado, Deus estava entediado, era tudo um tédio, até Deus criar o que Joyce chamou de "consorte do tamanho de uma costeleta" a partir do lado de Adão, daquela costela dois se tornaram um, e a vida (na verdade, o tempo) começou com essa dupla.

É por isso que fico incomodado com algumas das coisas que noto nos meus alunos jovens: a ideia do unissex; vocês sabem como é, mesmo cabelo, mesmas roupas, mesmas atividades. Perde-se tensão. Penso que seria mais bondoso para com a vida manter a tensão ao invés de liberá-la, porque a vitalidade vem da tensão. A eletricidade que carrega nossa voz através do fio de telefone é tanto positiva quanto negativa; se não tivéssemos essa oposição, não haveria eco algum.

O importante, entretanto, não é que o masculino seja dominante ou que o feminino seja dominante; o que há de ser dominante é o *coniunctio oppositorum*, a "conjunção dos opostos".

Em um casamento, por exemplo, qual é a parte preciosa? É o casamento, ou é o Fulano ou a Sicrana? Se o Fulano acha que é ele que importa e a Sicrana acha que é ela que importa, não há casamento. Mas se os dois, através de toda a agonia da oposição, conseguem manter a ideia de que o mais precioso é o casamento em si, que é o que está além do par de opostos, então tem-se uma boa posição de onde começar.

Meu amigo Heinrich Zimmer costumava falar da relação macho--fêmea como uma oposição criativa, um conflito criativo. O equilíbrio está na tensão; é como o jogo de tênis. O jogo de tênis não é uma má ideia. Vejam bem, a bola tem de ir e voltar, e cada jogador dá tudo de si até o fim para que seja um bom jogo. Sabem como é, você se solta quando está com raiva e lutando – minha nossa, você não se sairia muito bem se não esquecesse que é um jogo, que existe um outro lado, e desse tudo de si na sua própria posição. Mas isso não significa que por trás de tudo isso você não conheça o outro.

CAPÍTULO VII – Diálogos

O mestre Zen Dogen, grande professor da escola Soto, disse que a dualidade é reconhecida, mas isto não obstrui o conhecimento da unidade. Você enfatiza a dualidade, mas a dualidade não obstrui a percepção da unidade. Isso enriquece a sua humanidade.

Essa é a natureza do combate cavalheiresco: dois cavaleiros cavalgam um em direção ao outro, mas cada um reconhece o outro como um cavaleiro nobre. O fanático é alguém que perdeu esse equilíbrio e pensa que está certo: C-E-R-T-O. E esse é um tipo feroz de monstro para se enfrentar.

MULHER: *A Bíblia pode ser lida dessa maneira mitológica? Os símbolos das tradições cristãs e judaicas podem ser lidos como algo que transcende o campo de opostos?*

CAMPBELL: Veja, há alguns momentos na Bíblia que se destacam, e eles enriquecerão sua vida. Não precisamos jogar a Bíblia fora, mas certamente é preciso relê-la, porque as leituras ortodoxas geralmente são leituras superficiais, bastante literais. Pode haver duas mitologias bastante contrárias usando o mesmo símbolo e pensando em si mesmas como hebraica ou cristã – a posição ortodoxa nas duas tradições é do bem contra o mal, Deus e o homem separados. Mas cada um desses símbolos é suscetível à leitura em termos da transcendência de opostos. Temos as escolas gnóstica e cabalista, que olham para os mesmos símbolos com um olho muito mais místico. Lembre-se do que Deus fala para Isaías: "Eu formo a luz, e crio as trevas, asseguro o bem-estar, e crio a desgraça". Isto coloca Deus acima de opostos passivos. É uma dimensão de Deus maior do que aquela das tradições ortodoxas.

Isso é algo que aparece com muita força em Jesus, mas não no cristianismo como tem sido praticado. Jesus diz: "Ouvistes o que foi dito: 'Amarás o teu próximo e odiarás o teu inimigo'. Eu, porém, vos digo: amai os vossos inimigos".[68] Ame seus inimigos? Suponhamos que "inimigos" represente tudo que é condenável para você. Digamos que o inimigo seja Hitler. Você é capaz deste amor? Se não for, pode se chamar de cristão?

Ele deve continuar seu inimigo por causa de seu sistema de persona. O que você aprendeu a considerar como bom e mau não corresponde ao que ele representa. Então você deve representar aquilo que de fato acredita. Mas é possível amá-lo? Pois o amor te coloca na posição de ver os dois lados da quadra de tênis, embora esteja jogando de um lado só da rede. Entendem o que quero dizer? Você agora está na posição de árbitro e, ainda assim, tem de jogar do seu lado da rede também. Esse é um problema muito interessante.

Cristo diz: "Amai os vossos inimigos [...] desse modo vos tornareis filhos do vosso Pai que está nos céus, porque Ele faz nascer o sol igualmente sobre maus e bons e cair a chuva sobre justos e injustos".[69] Cristo viu isto como uma revelação, a percepção de um sentido quase budista de unidade com o todo da criação e com o Criador, ao passo que na ortodoxia essa revelação se extingue. Jesus diz: "Eu e o Pai somos um".[70] Ele foi crucificado por esse motivo pela comunidade ortodoxa, porque o homem e Deus não são um, mas ele disse que são. Al-Hallaj experimentou o mesmo destino 900 anos depois exatamente pela mesma razão.

E, portanto, quando a Igreja tentou resolver essa questão, resultou na doutrina de que Cristo é verdadeiro deus e verdadeiro homem. Não era isso que ele estava dizendo; ele sempre se denominava o filho do homem. Contudo ele e o Pai são um. Está tudo lá na Bíblia.

MULHER: *E quanto à imagem de Frankenstein? Tenho um filho de dez anos, e ele é fascinado pelo Frankenstein.*

CAMPBELL: Há muitos temas mitológicos ali, e o tema básico é a ideia alquímica do homúnculo, a criatura feita por meio da arte. É claro, a representação mais nobre do tema está em *Fausto*, de Goethe. Na primeira cena da parte 2, Fausto está trabalhando em seu laboratório, produzindo o pequeno homúnculo, o homenzinho feito na garrafa por meio da arte. Ora, ali o homúnculo simboliza o nascimento do novo homem, o Nascimento Virginal, e a garrafa é o ventre virgem. Trata-se de um homem feito pela arte, não pela natureza, sendo a arte uma disciplina e uma técnica do espírito e não do corpo.

Os alquimistas sempre tiveram a sensação de que estavam ajudando a natureza a gerar o ouro a partir do metal grosseiro, mas seu real interesse não era tanto no ouro material quanto no ouro do espírito. Não havia fim para esse assunto do transporte espiritual, no qual se deixam os defeitos da natureza para trás. O pequeno corcunda em *Frankenstein* representa o defeito da natureza, os erros e tudo que pensávamos ter sido deixado para trás.

CAPÍTULO VII – *Diálogos*

Me pergunto quantos de vocês leram *Erewhon*, de Samuel Butler. É a estória de pessoas que inventaram uma máquina, um autômato que realizará o trabalho delas, assim como os deuses na antiga tradição semítica criaram o homem para cuidar do jardim para eles. Nessa estória o homem criou as máquinas para fazerem o seu trabalho. Mas assim como nas estórias antigas, em que o homem se revolta contra os deuses, a máquina se revolta contra o povo de Erewhon; e é também o que faz a criatura do dr. Frankenstein, que se chama, apropriadamente, Adão.

Por que essa estória nos fascina? Acho que poderia nos encantar por várias razões. Uma razão é que temos sempre a ideia de moldar um mundo novo; deixar o mundo antigo para trás e criar um mundo que não tenha todos os defeitos que as pessoas com mais de 30 anos têm. A outra coisa é que, neste mundo em que enfatizamos gentileza e bondade, e falamos que Deus é amor e assim por diante, sabemos muito bem que há um outro lado da equação, e o que foi omitido, o que foi reprimido, é o que sempre nos fascina, porque os nossos espíritos buscam o equilíbrio.

Jung assinala que tudo que lemos nos evangelhos é amor, amor, amor. Mas, em Paulo, tudo o que lemos são as coisas terríveis que vão acontecer com os pecadores. Encontramos o mesmo no Antigo Testamento. Os Salmos cantam louvores ao Senhor, e depois Josué e os demais profetas estão cheios de prazer na destruição que vai acontecer, de júbilo porque Nínive e Jericó e uma cidade após a outra serão dizimadas. É algo impressionante.

HOMEM: *No romance de Mary Shelley, o monstro não era um monstro feio, mas uma criatura bela. Quando a MGM produziu o filme, decidiram que devia haver alguma razão para odiar aquela criatura, então o fizeram feio. Ele era uma criatura bela, e foi alguma coisa da natureza humana que fez com que ele mostrasse seu outro lado.*

MULHER: *Mas também, é errado que o homem crie a vida...*

CAMPBELL: Só Deus pode criar uma árvore. É claro, como alguém disse, "Só Deus criaria uma barata".

MULHER: *O senhor pode falar da jornada do herói da mulher? É igual à do homem?*

CAMPBELL: Todas as grandes mitologias e boa parte das narrativas míticas do mundo são do ponto de vista masculino. Quando eu estava escrevendo O herói de mil faces e queria acrescentar personagens femininas, tive de ir para os contos de fada. As mulheres os contavam às crianças, sabem como é, e então temos uma perspectiva diferente. Foram os homens que teceram a maioria dos grandes mitos. As mulheres estavam ocupadas demais; tinham coisas demais para fazer além de ficarem sentadas pensando em estórias.

MULHER: *Não tenho problema algum em me identificar com o herói em todos os aspectos. Tenho entrado em contato com meu animus. Um dos processos que apareceram para mim foi através da Feira Renascentista; fiquei muito interessada em facas, no sentido de ser o cavaleiro, e toda a coisa do naipe de espadas do tarô, e o que era aquele poder. Aí comprei uma faca dessas, e durante algum tempo simplesmente andava com ela por aí e, à noite, ficava com ela na mão, e a guardava debaixo da minha saia e simplesmente me conectava com toda essa energia masculina.*

CAMPBELL: Você seria presa por isso em Nova York [risos].

MULHER: *Devo dizer que muitas pessoas não entendiam [risos]. Até cheguei a entrar no banheiro masculino, para me conectar com aquilo. Entrei no cubículo e fechei a porta. Eu via os pés das pessoas ali embaixo, mas seus pés não pareciam muito diferentes dos pés das mulheres, exceto que eram, talvez, um pouco maiores.*

HOMEM: *Para que lado estavam apontando?*

MULHER: *O quê? As facas? [risos] Venho brincando com os arquétipos mitológicos em minha própria mente há bastante tempo, e descobri que consigo me identificar com o príncipe e com o rei na mesma medida que me identifico com a princesa. Na verdade, agora parte do meu processo é voltar e ter mais contato com o feminino e a deusa: Ísis e Ártemis e até mesmo a mãe devoradora, Kali Ma.*

CAMPBELL: Bem, a sua é uma história dupla. Primeiro você encontrou o poder masculino, que é a faca, mas nisto você está removida, é claro, do feminino. E agora, está fazendo a jornada de volta para integrar essa descoberta com o seu caráter feminino.

MULHER: *No começo sim, é claro, foi um pouco estranho e a maioria das pessoas não entendia; quer dizer, eu realmente me dediquei ao amor por aquela faca, ao ato de segurar a adaga, daí comecei a meditar sobre as cartas do tarô. No começo era o naipe de espadas e daí passei para o valete e depois, é claro, conseguia me identificar muito bem com o rei, mas finalmente chegando à rainha de espadas, que é um arquétipo maravilhoso de poder, mas é mulher.*[71] *Em certo ponto, eu tinha uma coleção inteira de baralhos de tarô diferentes. Eu pegava mais ou menos doze rainhas de espadas diferentes e só ficava olhando para elas e segurava minha maldita faca e olhava para elas e segurava minha faca e olhava para elas, segurava minha faca – até que realmente internalizei aquela sensação de poder.*

CAMPBELL: Bem, este é um belo exemplo do problema da relação da mulher com o animus. E para mim a diferença é esta: quando um homem procura descobrir o lugar da faca – este é o instrumento de seu poder completo – depois não teria problema de descobrir o feminino em si mesmo. *Não teria o problema de descobrir o feminino em si mesmo porque o fator feminino na vida e no corpo masculino é leve em comparação com o fator feminino no corpo da mulher.* Entende o que quero dizer? É uma distância maior em relação àquilo que o corpo lhe forneceu. Então é uma questão de proporção.

Minha esposa, Jean, sempre disse que não teria dificuldade alguma, assim como você disse, em se associar com o herói masculino, porque o masculino representa o agente do poder feminino, direcionado a um certo tipo de funcionamento específico.

Contudo, ao corpo masculino falta aquela memória da natureza, da natureza feminina, que existe naturalmente no corpo da mulher. Quando eu tinha os meus vinte e poucos anos, morava com minha irmã Alice em Woodstock, Nova York. Minha irmã era escultora e seus amigos também, e então eu vivia com artistas, muitos do quais eram mulheres jovens. Notei que, uma após a outra, conforme chegavam próximo dos trinta anos, surgia o problema do casamento, até mesmo para minha irmã. Esse mantra começava a se apossar delas: tenho de casar agora e ter um filho e tudo o mais. E daí vinha o divórcio e era uma confusão só. A arte se despedaça também, porque você não consegue levar adiante uma carreira artística com seriedade a menos que se dedique a ela e a mais nada o dia inteiro. De algum modo, esse naufrágio não acontecia com os homens. E é isso – o homem encontra a faca, certamente; minha irmã encontrou martelo e cinzel. E, então, o feminino chama. Mas quando o feminino chama o masculino, basta ele ir e se casar; o feminino está lá fora, onde naturalmente habita. Entende o que quero dizer? Este é um dos pontos na jornada feminina, eu diria, em que há que se lidar com uma carga mais pesada advinda da natureza.

Lembro-me de ler um texto jainista que tinha a ver com yoga. O yoga jainista é extremo; a ideia é de fato cancelar totalmente a natureza. Chamam a isso de *kaivalyam*, estar completamente isolado de todos os chamados do corpo. É a este ponto que o vegetarianismo deve supostamente nos conduzir: acabar com a matança, com o viver à base de morte. Nada de matar, nada parecido com matar, exceto, é claro, você mesmo; o que você está matando é o seu desejo de viver. E o objetivo é morrer bem no momento em que se desistiu de todo desejo de viver, sem ressentimento ou qualquer coisa do gênero. Bem, essa modalidade de yoga em particular não é recomendada para mulheres. Há vida demais no corpo delas. E isso me fez entender toda essa convocação à vida; o corpo inteiro diz à mulher: você me renegou. E o homem não tem o mesmo problema, pelo menos não na mesma medida.

Sim, uma mulher pode seguir a jornada do herói, mas existem outros chamados e exige-se dela uma outra relação com o campo da natureza, do qual ela é uma manifestação.

MULHER: *Outra experiência que me ajuda consideravelmente tem sido o meu envolvimento com o xamanismo. Na cultura xamã, como o senhor mencionou, realmente não há diferença alguma entre o masculino e o feminino. Eles não veem como mulher xamã ou homem xamã; o xamã é alguém que tem o chamado. Observei isso, e é algo muito atraente.*

Mas tem uma coisa, tenho uma pequena reclamação a fazer com você, porque sinto que há uma parte tradicional em você, parte de você pessoalmente, que vê sim o feminino como diferente do masculino, e não estou certa de que concordo.

CAMPBELL: Bem, eu diria que são duas maneiras de experimentar, só isso.

Eu gostaria, por cerca de dez minutos, de realmente ser uma mulher, só para saber qual é a diferença.

CAPÍTULO VII – *Diálogos*

Levei um longo tempo para me casar, principalmente porque sabia que iria interferir nas minhas leituras [gargalhada]. Isso é verdade mesmo. Havia uma outra razão também: toda vez que eu realmente me envolvia com uma moça, tinha a sensação de um peso me pressionando; a vida ficava pesada. Aquele peso, o sentimento de que o outro é importante demais, me fazia sentir as pequenas irritações como problemas enormes. Eu simplesmente ficava cheio e fugia, logo depois me via com outra jovem, sentindo o mesmo peso. Ops, lá vamos nós outra vez!

HOMEM: *Bem, junto com as mulheres vêm casa e filhos e todas as outras coisas que entram nessa viagem. Isso não tem de vir junto com elas, mas de algum modo parece...*

MULHER: *Mas a perspectiva da mulher é exatamente a mesma! [risos] Me sinto exatamente assim a respeito dos homens! [risos] E sou eu quem tem de ficar em casa! [risos] Saio sozinha e me sinto leve e livre.*

CAMPBELL: Minha sensação era de que elas sempre queriam se divertir, e esse não era meu interesse de modo algum [risos].

MULHER: *Bem, isso é verdade, admito que é verdade.*

MULHER: *Queriam se divertir e eram um peso.*

CAMPBELL: É por isso que precisavam de diversão [risos]. Bem, temos um consenso aqui de que homens e mulheres são diferentes. Não temos?

MULHER: *Acho que as mulheres estão discordando quanto à sua concepção de que o casamento iria impedir o progresso delas. Meu sentimento a respeito disso é que, meu Deus, tenho filhas lindas, inteligentes, e será que elas vão simplesmente grudar em algum homem e acabar lavando a louça ao invés de usar o seu potencial? Vão ficar lavando meias, louça, espanando a casa?*

CAMPBELL: Bem, sabe, minha irmã e as amigas dela não estavam lavando louças; estavam esculpindo e coisas assim. E daí seus corpos diziam: "Minha nossa, tem algo que deixei de fora". Se suas filhas não querem lavar a louça, permita que fiquem cinzelando alguma coisa e veja até onde elas chegam com isso.

MULHER: Mas o corpo chama mesmo. Tenho uma amiga que é só um pouco mais velha do que eu, muito capaz, muito bem-sucedida, e ela me disse: "O relógio biológico está correndo. Devo ter um bebê? Posso ter um bebê?"

CAMPBELL: É inevitável.

HOMEM: É uma questão de realizar o seu destino biológico ou o seu destino humano.

CAMPBELL: Não, isso já é uma palavra muito pesada [risos].

HOMEM: Que tal uma palavra mais leve?

CAMPBELL: Destino vocacional.

MULHER: Mas será possível ter os dois? Uma mulher consegue ser mãe e um indivíduo realizado? E é possível para um homem ser pai e um aventureiro cavaleiro?

CAMPBELL: Ah, claro que sim, é possível. Não estou dizendo que esse dilema nunca foi resolvido, mas estou dizendo que existe uma agonia típica aí – que a força e o peso do chamado do corpo da mulher para ter um filho, para ter o que quer que seja associado a tudo isso, torna diferente a conquista do objetivo em si. Essa é a diferença entre um homem e uma mulher. Um homem poderia seguir em frente sem isso.

O Monte Athos é um exemplo extremo da remoção do homem da vida que a mulher representa para o mundo. Esse é um mosteiro grego onde não é permitida a entrada de mulher alguma. E nos monastérios da Idade Média, se uma mulher chegasse à porta e a deixassem entrar, mesmo que estivesse em um grande apuro, o porteiro sofria punição apenas por deixá-la entrar.

O chamado do corpo, o chamado da natureza, é muito potente na mulher, na própria vida dela, mas também no modo como o homem vivencia a mulher. Ora, em *Finnegans Wake,* Joyce assume a posição hindu de que a mulher é o princípio da energia vital. E o homem, pode-se dizer, só quer que o deixem em paz. E quando ela passa, ele é ativado; ela é o ativador.

É interessante: no Norte, nos sistemas europeu e chinês, você sempre ouve falar de yin e yang e esse tipo de coisa. O homem é o agressor e é ativo, a mulher é o aspecto receptivo e bastante passivo. Na Índia não é bem assim, de modo algum, é o oposto. Psicologicamente, o homem é interessado em outras coisas, e então seu campo de poder passa, como diz Joyce: "Com lábios ela fala com ele o tempo todo"*. Ela diz: "Que vida incrível foi aquela no último éon. Vamos viver outro éon [...]. Não seria legal inaugurar um outro éon?". E o homem pensa: "Sim, seria".[72]

E dessa maneira o homem é seduzido para o campo da ação. Na Índia, o princípio feminino é a *shakti*, ela é o poder serpentino que sobe pela coluna vertebral, é todo o fluxo de energia, em todos os seus aspectos. A grande celebração da deusa na Índia é o Durga Puja. Durga é um aspecto dela; ela é a deusa de 18 braços empunhando espadas – quando você pega a sua faca, está interpretando Durga. *Puja* significa "cerimônia". Este festival dura cerca de três semanas.

A imagem principal vem de um mito chamado *Devi Mahatmya*. Nessa estória, um iogue com cabeça de búfalo, através de intensa concentração, detém todos os deuses. Nenhum dos deuses consegue derrubar esse iogue formidável. Então eles ficam de pé em formação circular e devolvem aquelas energias para o lugar de onde vieram, e uma grande nuvem negra aparece, e dela sai Durga, a deusa com 18 braços. Em cada mão ela tem o símbolo de um dos deuses. Portanto, o poder masculino representa meramente uma inflexão e definição específicas da energia, que é feminina. Ela é a fonte da energia e o masculino é simplesmente a sua especificação nesta, naquela, ou em outra direção.

Por isso, penso que é muito mais fácil uma mulher se identificar com o masculino do que um homem – comprometido com sua mentira, com a sua forma particular de abstração (se quiser chamar assim), com sua esfera de ação – se voltar para aquilo que é mais geral. É o que o Buda fez e foi um ato heroico de primeira ordem. Parece mais uma dissolução.

Para a mulher é mais uma questão de especificação, de ir em certa direção. Entende o que estou dizendo? Ela está se levando até um determinado ponto.

HOMEM: *Parece-me que, em relação à jornada do herói, frequentemente o homem vai descobrir sua relação com a vida, com a vida em um sentido mais amplo, a experiência apoteótica, por exemplo, a*

---

* No original: *With lipth she lithpeth to him all the time of thuth on thuch and thow on thow*. A tradução que sugerimos é aproximada, pois a escrita de Joyce retrata uma pessoa que balbucia com um ciciar.

experiência do "Eu sou aquilo"; de certo modo, não é difícil ver uma mulher em uma jornada do herói se ela não tiver filhos. Quando você falou "qual é a jornada do herói feminina?", pensei nas mulheres que conheço, ou nas mulheres da história, nas biografias, de modo que poderíamos pegar algumas grandes mulheres e olhar para suas vidas como se fosse uma jornada do herói e isso provavelmente seria feito em termos de...

MULHER: *Não é a mesma coisa. Isso não é a jornada.*

HOMEM: *Como asssim?*

MULHER: *Você pode ter sido uma mulher muito bem-sucedida. É só uma mulher trabalhando num mundo superior muito concreto; ela não empreendeu a jornada. Ou pelo menos, não é isso que podemos observar. A jornada é lá para o fundo da psique e, seja um homem ou uma mulher, sem essa jornada, fica claro que se vive apenas meia vida. Isto é, toda a dimensão mitológica não se abre. Não tem nada a ver com o que você conquistou no mundo concreto.*

HOMEM: *Bem, não me ocorre nenhum exemplo imediato, mas se você imaginar uma mulher, por exemplo, que tem sucesso no mundo externo e também, simultaneamente, tem adentrado o mundo mitológico, nesse caso seis ou dez dentre nós votaria que sim, isso é uma jornada do herói. Mas acho que a diferença está na questão de ter filhos – e eu nunca os terei, então estou falando apenas a partir de especulações aqui – mas existe uma maneira de interpretar o parto como um elo com a vida eterna. O corpo feminino se conecta com a vida eterna e de alguma maneira entra nela, que é algo que o homem nunca vivenciará. Eles têm de sair e passar por todas aquelas tribulações, e mergulhar em lagos e atravessar obstáculos, ao passo que a mulher apenas tem de estar ali. E acho que isso faz parte da diferença, faz parte do ponto em que a jornada feminina se diferencia.*

CAMPBELL: Sabe, eu dei aulas para mulheres durante 38 anos, e era um tipo de ensino muito íntimo, quase uma tutoria, então eu conhecia minhas alunas muito, muito bem. Observei ali, uma após a outra, elas se casavam, e se casavam com maridos que estavam interessados e envolvidos com este mundo, de modo que minhas alunas frequentemente se tornavam conselheiras de seus maridos nas áreas de empreendimento deles sem qualquer problema. Para mim isto é o equivalente da deusa de 18 braços. Não é problema algum para a mulher, se a situação pede, assumir o papel masculino. Quer dizer, tudo o que ela tem de fazer é assumir uma forma específica do poder que ela já possui.

Mas para um homem é algo totalmente diferente; ele não tem aquela base feminina a partir da qual pode então se mover para outro elemento. Tomemos, por exemplo, o seu exercício de se identificar com a faca; eu acharia muito, muito difícil me identificar com algum símbolo da vida feminina que tivesse a ver com o parto. Quer dizer, um homem não tem como parir. Nós não estamos ligados àquele sistema de energia vital da mesma maneira direta. Estamos no campo de uma ação ou função específica.

Vemos isso na arte mais antiga, a arte das cavernas Cro-Magnon e nas estatuetas de Vênus. A mulher é simplesmente uma forma nua em pé. Ela é tudo, e as figuras masculinas estão em papéis específicos o tempo todo, em ações-funções específicas: caçador, xamã. E me parece que aquela imagem da grande deusa com 18 braços, ela é a estória toda. Cada mão porta o símbolo de um dos deuses, mas ela abrange todos eles.

MULHER: *Joseph, o que me chama atenção agora é que a capacidade inerente à mulher de suportar pode colocá-la no estágio do camelo, recebendo carga.*

CAMPBELL: Em *Assim falou Zaratustra*, Nietzsche lista três estágios da vida: o camelo recebe uma carga e vai para o deserto, torna-se um leão, mata o dragão (o nosso velho amigo, "Vós deveis") e então se torna a criança que se move sozinha.[73]

MULHER: *Eu me pergunto se não é provável que ela fique presa no estágio do camelo por causa de sua habilidade para suportar, ao passo que um homem, devido à sua inabilidade de esperar e seu ímpeto para a ação, sai para matar o dragão imediatamente, e é neste lugar que ele fica preso. Acho que essas mulheres que ficam no estado do camelo são as que, se não passam para a fase do leão e mais além, são as que são vítimas dos tipos terríveis de enantiodromia que você mencionou.*

CAMPBELL: Depois de ouvir a fala de vocês, moças, nos últimos dois dias, cheguei à compreensão de que a experiência característica da mulher é ter de suportar alguma coisa – que essa tolerância, essa habilidade de suportar, é o requisito primordial.

O homem tem de suportar apenas momentos de grande dor, luta e dificuldade. É nisto que são atirados nos rituais de iniciação, onde são obrigados a suportar até os seus limites. E eu tinha muito interesse nisso. George Catlin, que esteve entre os índios mandan na década de 1830, fez centenas de pinturas do povo indígena.[74] Uma das séries – entre as mais memoráveis de um conjunto inesquecível – tinha a ver com a iniciação dos jovens, em que eles eram pendurados no teto por espetos que atravessavam seu peito. Um dos jovens disse para ele, "nossas mulheres sofrem, e nós devemos aprender a sofrer também". O sofrimento atinge as mulheres – faz parte da natureza da mulher. Ao passo que o homem tem de tomar para si o sofrimento – é uma grande diferença.

MULHER: *E a mulher tem de chegar ao ponto de voltar com aquela energia, de limitar o sofrimento, e o homem tem de aprender como suportá-lo por mais tempo.*

CAMPBELL: Ele tem de descobrir qual é o problema. Eu falei sobre a iniciação de meninos e meninas nessas sociedades. A mulher é tomada pela vida. Quando acontece a primeira menstruação, ela vira mulher.[75] O homem nunca tem uma experiência comparável.

MULHER: *Exceto em ritos.*

CAMPBELL: É por isso que o rito precisa ser tão violento. Para que ele não seja mais um menininho. E ele também tem de ser desatrelado de sua mãe. *Tem* de se desatrelar de sua mãe.

MULHER: *Mas aqui isso não acontece nunca. Meu irmão viveu com meus pais até os 24 anos, e nunca se separou de fato de nossa mãe.*

CAMPBELL: Bem, sei que temos muito disso. Mas existem aqueles que se separam. E existem mães que entendem isso e ajudam na separação. Mas uma mãe pegajosa é um peso terrível na vida de um jovem em nossa cultura.

Nas culturas primitivas e tradicionais, são separados de maneira enfática. Um dia desses eu estava lendo sobre um rito hindu em Bengala. Ali vemos a condição extrema da mulher como camelo: ela tem de obedecer ao pai até que se case, daí tem de obedecer ao marido até que ele vá para a floresta ou morra, e aí, se ela não se atirar na pira funerária, tem de obedecer ao filho mais velho. Ela nunca é o seu próprio patrão. E a única conexão emocional forte, válida, na vida

CAPÍTULO VII – Diálogos

dela é com seus filhos. Então é claro que existe um ritual para habilitar a mulher a abrir mão de seu filho. Isso ocorre durante vários anos. O capelão da família, o guru, vem e pergunta para a mãe a respeito de alguma coisa valiosa que ela deve lhe dar. Começa com alguma joia, e depois uma certa comida da qual ela deve abrir mão, e assim por diante. Daí chega o tempo em que o garotinho dela não é mais um garotinho, ele é um homem e, a essa altura ela aprendeu a dizer: a coisa mais preciosa na minha vida pode ir embora. Este é o rito de iniciação da mulher, abrir mão.

Mas o homem tem de ser sistematicamente retirado do mundo da mãe e colocado no espaço dos homens para encontrar seu campo de ação. A menina é tomada. Assim a iniciação da menina consiste, em ampla medida, em ficar sentada numa pequena cabana, na época da primeira menstruação, e compreender "sou uma mulher" – de fato, tudo se resume nisso. O menino tem de encenar ser um homem. A menina tem de compreender que é uma mulher. Logo em seguida, na maioria das sociedades, ela fica grávida e se torna mãe.

MULHER: *E agora virou um camelo.*

CAMPBELL: Não necessariamente um camelo. Ela não é um camelo. Esse é o seu campo de ação – ela pode passar por toda a progressão dentro desse campo, assim como o homem o faz no seu.

MULHER: *O ideal seria se houvesse uma transformação através da qual a mulher pudesse continuar a explorar o seu potencial junto com a maternidade ou o casamento ou o que quer que ela escolhesse.*

CAMPBELL: Mas parte da incumbência de se ter uma família são essas tarefas; não existe um trabalho no mundo sem tarefas.

MULHER: *Bem, concordo inteiramente com isso.*

CAMPBELL: É triste, lamentável – então qual é o problema?

MULHER: *Contudo você apresentou esse argumento repetidamente em suas palestras: é muito difícil persistir em uma tarefa criativa ou espiritual quando se está constantemente sujeito a distrações.*

CAMPBELL: Bem, antigamente ter filhos era um trabalho criativo.

MULHER: *Sabe, não vejo a jornada do herói como algo que tenha a ver com lavar a louça ou estar presente na mesa do conselho ou no campo de batalha ou na biblioteca. Acho que é uma jornada psicológica, e o que a pessoa faz pode ser criativo, não importa o que seja. Se você resolveu as questões psicológicas dentro de si e integrou aquele reino mítico, daí tudo ganha vida. Assim existe um aspecto criativo no que quer que se faça. Mas não acho que tenha a ver com quem lava a louça.*

Acho que a jornada é psicológica, e penso que esse aspecto é muito semelhante no homem e na mulher. Sei que me identifico muito com a jornada sobre a qual você escreveu. Mas, tendo começado a trilhá-la, ela trouxe brilho para toda a minha vida. Se eu não tivesse empreendido essa jornada, não importa o que me tornasse lá fora; não teria alegria interior. Para mim, foi como encontrar um chão no eterno, foi como aprender a ver o mundo se tornando uma metáfora, foi como ver as coisas de maneira diferente.

CAMPBELL: Quando eu dava aula a essas jovens, não estava pensando em transformá-las em filólogas ou historiadoras. E então para que ensinar aquelas coisas? Existem muitas maneiras de usar esse conteúdo. Meu pensamento era esse: a maioria delas vai se casar, vai ter filhos, vai se entregar a essas tarefas diárias, que são comparáveis às minhas tarefas diárias de professor, o que também não foi nada divertido depois da empolgação inicial [gargalhada]. Mas meu pensamento era: elas terão uma família, e vai chegar um tempo em que terão 50 anos e os seus filhos vão começar a ir embora e, como aquela pobre senhora em Bengala, lá estarão elas.

Então minha intenção era oferecer a elas um método espiritual para ler o mundo nos termos da segunda metade da jornada da vida, só isso. Foi há muito tempo. Tenho contato com essas mulheres hoje, vinte, trinta, quarenta anos depois, e, unanimemente, elas me dizem que funcionou. Aqueles conteúdos são algo que agora alimenta esse aspecto na vida de cada uma daquelas mulheres.

Agora, temos também a seguinte questão: seu trabalho tomou uma parcela imensa de você. Lavar a louça pode ser bem exaustivo. E aqui está você, em uma idade em que começa a pensar que a vida deveria ser mais do que só essas tarefas – este é o problema – você começa a pensar assim, conseguem entender?

E outra coisa é que, qualquer um que se case terá esse problema. Porque cuidar de uma casa pesa, seja você homem ou mulher. Se quiser desfrutar, como eu desfrutei, do voo aquilino do espírito sem responsabilidades, então deveria ter se dado conta disso há muito tempo e não ter se casado. No caso da mulher, quando ela já sabe disso e não se casa, os 30 anos chegam e, com muita frequência, ela acaba querendo se casar.

MULHER: *Mesmo que você não seja casado, ainda há louça para lavar.*

CAMPBELL: Pode apostar que sim. Toda vida envolve labuta.

MULHER: *Quer dizer, muita gente chama de um trabalho indigno, mas gosto de pensar nessas tarefas mais como algo Zen. Quer dizer, tem certas coisas que precisam ser feitas. Existem vegetais que têm de ser lavados para que se possa comer.*

CAMPBELL: Sim. No Zen, entretanto, mesmo lavar a louça é uma meditação, é um ato da vida. Não é uma tarefa, não é isso que você acabou de chamar.

Às vezes a própria labuta se torna parte do feito heroico. A questão é não ficar preso na labuta, mas usá-la para se libertar.

No entanto, a aventura é sempre imprudente. Sempre há um fator de insensatez nela. E isso acontece até mesmo nas coisas simples que eu faço ao reescrever um livro. Há uma carta muito interessante do poeta alemão Schiller a um jovem escritor que estava sofrendo do que chamam de bloqueio do escritor.[76] Trata-se da recusa ao chamado do escritor. Schiler diz: "O problema com você é que você deixa o fator crítico entrar antes que o fator lírico tenha a oportunidade de se expressar". Na literatura, passamos a juventude estudando Shakespeare e Milton, examinando o gênio deles e até criticando-os em alguns casos. Daí começamos a escrever nosso próprio poeminha lamentável e pensamos: "Ah meu Deus, não é nada disso!".

Quando estou estudando, penso em todo o mundo acadêmico; sei o que eles pensam, e eles não pensam o que eu penso. É preciso apenas dizer: que desça a guilhotina; vocês me têm na palma da mão, mas não vão escapar dessa mensagem. Sempre me sinto como se estivesse passando por simplégades prestes a se fecharem, mas consigo passar antes de deixar aquele pensamento chegar até mim. É um sentimento muito estranho de segurar – de intelectualmente manter a porta aberta para colocar meu pensamento para fora. É assim, *assim* que se faz. Não pense no lado negativo. Haverá coisas negativas, e elas virão, e será como lavar a louça, sabe? É preciso manter a porta aberta na hora de fazer algo que não tenha sido feito antes. Você tem de fazer as suas coisas, tem de manter todas as críticas em suspensão. Tenho certeza de que essa é uma experiência que todo mundo tem na vida.

Na escrita, você sente isso o tempo todo, em menor escala, sempre que escreve uma frase e põe no papel.

MULHER: *Porque todas as outras coisas são instruções vindas de fora.*

CAMPBELL: Todas as outras coisas. Isso é matar o dragão. Às vezes o dragão chega carregando um lápis vermelho, e às vezes chega na sua casa equilibrando um monte de louça empilhada [gargalhadas].

Quero fixar isso na memória, é uma bela imagem. O dragão com uma carga inteira de louça nos braços.

MULHER: *De certa forma, então, você está dizendo que o herói pode não responder ao chamado porque ele sente que tem um dever para com o seu lar. E com a mulher é exatamente a mesma coisa, só que o seu dever pode ser lavar a louça e o dever do homem pode se cuidar de, não sei, trazer o bacon para casa, o que quer que queiramos chamar.*

CAMPBELL: No momento de atingir o nirvana, o Buda encarou três tentações. O Senhor da Luxúria, Kama, colocou três belas garotas diante dele; seus nomes eram Desejo, Realização e Arrependimento. Bem, o Buda não se identificava mais com seu ego. Ele se identificava com o Eu Universal, a consciência, que também está nelas. Então aquilo não mexeu com ele; ou seja, ele estava no ponto imóvel. Daí *Kama* se transformou no Senhor Medo, Mara, e atirou no Buda todo o armamento de um exército formidável. Mas o Buda não é mais uma pessoa, então ele não sente medo. Ele se identificou com tudo o que acontece, então pequenos fenômenos insignificantes, como espadas, não conseguem afetá-lo. E aí vem a terceira tentação. É aquela que você acabou de mencionar – *dharma*, ou dever. "Jovem rapaz sentado debaixo desta árvore, você é um príncipe! Por que não está governando o seu povo? Por que não está no trono, que é seu lugar?". Bem, o Buda tampouco foi afetado por isso. Esticando o braço, ele tocou a terra com o dedo. Ele chamou a terra, a própria natureza, para testemunhar que ele estava no lugar certo, na parte central do mundo. E já cumprira seus deveres.

MULHER: *Certo, então você tem de ter lavado a louça ou ter trazido o dinheiro para casa.*

CAMPBELL: Sim, ele realizou essas tarefas, e agora está livre. Lembram quando falei da *kundalini*? Os *chakras* da pélvis são aqueles do apego à vida, do procriar, e do vencer: são os *chakras* um, dois e três. E estes são os que compartilhamos com os animais. E depois vem

CAPÍTULO VII – Diálogos

o *chakra* do coração, que é o do despertar, a abertura da dimensão espiritual; tudo que está abaixo disso é uma metáfora da jornada. E, uma vez que você tenha chegado a esse ponto, esses poderes se tornam espiritualizados. O próprio ato de fazer coisas que pertencem aos primeiros três *chakras* se torna a realização dos três mais elevados, os *chakras* cinco, seis e sete.

Quando você sabe, a partir do coração, do centro, é então que entra o fator do amor. Enquanto a louça não for isso, você estará empacado numa mera tarefa. Quando você ama a louça e pensa no que ela significa na sua vida, quando ela é o alimento da sua família, o sustento, e tudo o mais, então tudo se transforma em metáfora e você se liberta. E toda a ideia do bodisatva é que não há diferença visualizável na ação, naquilo que é visto em ação, entre cativeiro e libertação. Duas pessoas realizam o mesmo ato: uma está cativa, a outra está livre. É claro, o exemplo extremo são as tarefas que lhe são impostas quando você está na prisão. Mas existem histórias de santos em que encontraram o transcendente mesmo ali.

Mas as tarefas simples da nossa vida, quando você as executa porque são uma função ou fator da vida que você ama e que escolheu e à qual se entregou, aí elas não são um peso para você.

MULHER: *Eu me sinto como Psiquê, sentada separando ervilhas e feijões, tentando peneirar o que foi dito, e quais podem ser as implicações para uma jornada da heroína.*

CAMPBELL: Sim.

MULHER: *E uma coisa que me ocorreu foi que é diferente da jornada do herói, cujo elemento é o espaço, enquanto o da heroína seria o tempo. É a questão da resistência, ficar ali sentada até o fim. Ou melhor, resolvendo as coisas, e não esperando até acabar. Trabalhando nisso repetidamente. Indo cada vez mais fundo, tornando as coisas cada vez mais claras. Ao passo que, para o homem, o campo de ação vai para o que você chamou de Floresta da Aventura. O herói geralmente é um jovem rapaz nessa viagem da jornada do herói. Geralmente não é um homem de meia-idade, ou é?*

CAMPBELL: Sim, geralmente é um jovem rapaz.

MULHER: *Sim, certo.*

CAMPBELL: Na *Odisseia*, temos três jornadas. Uma é a de Telêmaco, o filho, saindo em busca de seu pai. A segunda é a do pai, Odisseu, se reconciliando e se relacionando com o princípio feminino no sentido da relação masculino-feminino, ao invés da dominação do feminino pelo masculino, que era o ponto central da *Ilíada*. E a terceira é a da própria Penélope, cuja jornada é exatamente o que você descreveu: resistência. Lá em Nantucket, temos todos aqueles chalés com a passarela da viúva* no telhado: quando meu marido voltar do mar. Duas jornadas pelo espaço e uma pelo tempo.

MULHER: *Você estaria argumentando, e talvez seja um argumento interessante, que a jornada do herói geralmente é de um jovem rapaz, enquanto a jornada da heroína talvez seja um lugar mais maduro, onde ela já passou da época de lavar louça e fazer bebês?*

MULHER: *E as mulheres que não têm bebês?*

CAMPBELL: Bem, minha esposa é uma dessas. Ela é bailarina e coreógrafa. E Jean trabalhou com Martha Graham, que não é outra coisa senão bailarina. Agora Martha está com 90 anos mas continua, ainda é artista. A calamidade chegou para Martha quando sua arte não era mais possível, porque seu corpo era seu instrumento. Quando não conseguiu mais dançar, foi uma crise psicológica terrível. Jean tinha a dança como uma *parte* da sua vida, de modo que agora, quando é impossível para ela mesma dançar porque o seu corpo não coopera, ela consegue lidar com isso. E foi sempre a vida dela, não a sua arte, que esteve em primeiro lugar.

MULHER: *Então ela viveu sua própria jornada do herói?*

CAMPBELL: Ela teve uma carreira elegante.

MULHER: *Como ela se relaciona com isso? Ela pensa em carreira como uma jornada do herói? Ou melhor, uma jornada da heroína?*

CAMPBELL: Digamos que a mitologia facilitou um pouco. E ela teve um marido que a ajudou a enxergar como isso estava acontecendo.

---

* Espécie de plataforma aberta, com parapeito, localizada acima do telhado em uma casa. Esta estrutura era bastante comum em construções litorâneas nos Estados Unidos no século XIX, no auge da atividade de navios baleeiros. Atribui-se o nome ao suposto hábito das esposas de marinheiros de observar o mar à espera do retorno de seus maridos. Campbell utiliza a ideia para ilustrar a situação de Penélope à espera de Odisseu. [N.T.]

NOTAS

PREFÁCIO DO EDITOR

1   Ver p. 152.

INTRODUÇÃO

2   A maior parte da introdução vem de parte de uma palestra que Campbell proferiu em 1981 (L965 nos arquivos da Fundação Joseph Campbell). A discussão do conceito de "seguir o seu entusiasmo" foi extraída de uma sessão de perguntas e respostas de uma palestra de 23 de abril de 1983, intitulada "A Experiência do Mistério" (L830).

3   Karlfried Graf Dürckheim (1896-1988) foi um aristocrata alemão que serviu como diplomata no Japão. Seu contato com o budismo zen e com o taoismo na Ásia Oriental abriu novas vias de pensamento para ele. Quando voltou para a Europa, seguiu um caminho intelectual que de diversas maneiras esboça um paralelo com o do próprio Campbell, explorando a mitologia comparada e seus corolários na prática espiritual e na psicologia profunda junguiana. Junto com Maria Hippius, que depois se tornou sua esposa, ele fundou um centro de psicologia espiritual.

Carl Gustav Jung (1875-1961) foi um dos grandes inovadores na psicologia do século XXI. Para saber mais sobre sua biografia e obra, ver os capítulos "O mito e o self" e "Mito pessoal".

4   Para aprofundar a discussão sobre as teorias de Joyce a respeito de arte própria e imprópria, ver o livro de Joseph Campbell *The Inner Reaches of Outer Space: Metaphor as Myth and as Religion* (Novato, Calif.: New World Library, 2002), p. 90-91 e ss.

5   Lao Tsé, *Tao Te Ching*, citado por Campbell em inglês, com tradução de Gai-Fu Fung e Jane English (New York: Vintage Books, 1997), p. 1.

6   Waldemar Bogoras, "The Chuckche, Material Culture," *Memoirs of the American Museum of Natural History*, vol. II, parte I (New York: G.E. Stechert and Co., n.d.).

7   Gareth Hill et al., *The Shaman from Elko: Festshrift for Joseph L. Henderson, M.D.* (San Francisco: The Jung Society of San Francisco, 1978).

8   Alberto M. de Agostini, *I miei viaggi nela Terra del Fuoco* (Turin: Cartografia Flli. De Agostini, 1923).

9   Para saber mais sobre a viagem de Campbell à Índia e à Ásia Oriental, ver *Baksheesh & Brahman: Asian Journals – India*, de Joseph Campbell. Robin, Stephen Larsen e Antony Van Couvering, ed. (Novato, Calif.: New World Library, 2002) e *Sake & Satori: Asian Journals – Japan*, David Kudler, ed. (Novato, Calif.: New World Library, 2002).

10 James Joyce, *Finnegans Wake* (New York: Penguin Books, 1982), p. 230.
11 Carta de Paulo aos Gálatas 2, 20.
12 Este conceito é um pilar fundamental da escola Advaita Vedanta, fundada por Shankara por volta do ano 800.
13 Este amigo era John Moffit Jr., que Campbell conheceu no Centro Ramakrishna-Vivekananda em Nova York. Os dois auxiliaram Swami Nikhilananda na tradução da obra para a missão: Campbell editou a tradução de Nikhilananda das *Upanishads*, enquanto Moffitt ajudou a traduzir *O Evangelho de Sri Ramakrishna* e *Autoconhecimento*, de Shankara. Moffitt é um dos poucos ocidentais a ter feito os votos de *sannyasin* de Ramakrishna, em 1959, assumindo o nome Swami Atmaghananda.
Moffitt escreveu um livro detalhando suas experiências como religioso em duas tradições: *Journey to Gorakhpur: an encounter with Christ beyond Christianity* (New York: Holt, Rinehart and Winston, 1972).
Para mais informações sobre Swami Nikhilananda e a Sociedade Vedanta, ver *Joseph Campbell, Baksheesh & Brahman: Asian Journals — India*, passim.

CAPÍTULO I

14 Este capítulo foi extraído em grande parte de uma palestra ministrada em 9 de maio de 1968, no Amherst College, intitulada "The Necessity of Myth" (L196), da qual existe uma gravação disponível como a quarta parte da *The Joseph Campbell Audio Collection*, vol. IV: *Man and Myth*. Parte desta seção foi extraída de uma palestra ministrada em 17 de abril de 1969, na Universidade de Vermont, intitulada "The Necessity of Myth" (L250).
15 Arthur Schopenhauer, "On the Sufferings of the World," *Studies in Pessimism: A Series of Essays*, traduzido para o inglês por T. Bailey Saunders, M.A. (London: Swan, Sonnenschein & Co., 1892). Disponível em http://www.gutenberg.org/files/10732/10732-h/10732-h.htm [Acesso: 15 abr. 2024].
16 Sir Baldwin Spencer, *Native Tribes of Central Australia* (New York: Dover Publications, 1968).

CAPÍTULO II

17 Esta seção se baseia primariamente em uma palestra intitulada "Man and Myth", que Campbell proferiu no dia 16 de outubro de 1972, na universidade canadense Loyola, de Montreal (L435). Uma gravação de áudio foi lançada como parte da *The Joseph Campbell Audio Collection*, vol. IV: *Man and Myth*. Uma monografia, também intitulada *Man and Myth*, que se baseou tanto nesta palestra quanto em um seminário chamado "Imagination and Relation to Theological Enquiry" (L436), foi lançada pelo Departamento de Estudos Teológicos da Loyola de Montreal (Montreal: Editions Descléé & Cie/Les Editions Bellarmin, 1973).
18 A primeira parte deste capítulo foi retirado da L250. Ver nota 14.
19 Angelus Silesius, *The Angelic Verses: From the Book of Angelus Silesius*, Frederick Franck, ed. (Boston: Beacon Point Press, 2000).
20 Steven Fanning, *Mystics of the Christian Tradition* (New York: Routledge, 2001) p. 103.

Notas

21 A exploração desta ideia serve como tema central tanto em Joseph Campbell, *Thou Art That: Transforming Religious Metaphor*, Eugene Kennedy, ed. (Novato, Calif.: New World Library, 2001) quanto em Campbell, *The Inner Reaches of Outer Space: Metaphor as Myth and as Religion*.

22 Esta afirmação, que Campbell teria admitido ser controversa, é indicativa de uma questão que ocuparia muito do seu trabalho acadêmico posterior. Até hoje, cientistas sociais discutem se as civilizações se desenvolveram globalmente ou através de difusão (como Campbell postula aqui), convergências ou paralelismo. Ver Campbell, *The Historical Atlas of World Mythology*, vol. 2, parte 1 (New York: Alfred van der Marck Editions, 1988), p. 20 e ss, e Campbell, "Mythogenesis", *The Flight of the Wild Gander* (Novato, California: New World Library, 2002), passim.

23 Levítico 17:6.

24 Gênesis 1:26.

25 Minnehaha era na verdade uma personagem da mitologia dakota sioux e não das lendas blackfoot. Sua história ficou famosa com o poema de Longfellow "The Song of Hiawatha", o qual Campbell e a maioria dos americanos de sua geração teriam conhecido bem. Portanto, ele está usando o nome dela aqui de maneira brincalhona, como fica claro a partir do tom que emprega na palestra.

26 Leo Frobenius, *Paideuma* (Frankfurt am Main: Frankfurter societät-druckerei, 1928).

27 Para mais discussão sobre estes temas, ver Campbell, *Thou Art That*, p. 15, 66, 111-112.

28 Livro de Josué 1:5.

29 Gênesis 3:19.

30 Tomás de Aquino, *Summa contra gentiles*, livro 1, capítulo 3.

31 *Chandogya Upanishad*, capítulo 12.

32 A exploração desta ideia é a tese central de Joseph Campbell, *Myths of Light: Eastern Metaphors of the Eternal*, David Kudler, ed. (Novato, Calif.: New World Library, 2003).

CAPÍTULO III

33 Os capítulos a seguir são baseados, primariamente, em uma palestra intitulada "Overview of Western Psychology: Freud and Jung", proferida por Campbell em 1962 no Foreign Service Institute (L47); em duas palestras intituladas "Living Your Personal Myth", uma das quais Campbell proferiu no dia 17 de novembro de 1972, no Analytical Psychiatrists' Club of New York (L441) e a outra no dia 3 de maio de 1973, na Universidade de Arkansas, Fayetteville (L483); e em um simpósio de uma semana, também intitulado "Living Your Personal Myth", que Campbell conduziu no Instituto Esalen em Big Sur, Califórnia, de 16 a 20 de março de 1973 (L468-L472).

CAPÍTULO IV

34 Este capítulo e o seguinte são baseados em L441, L468-472 e L483. Ver nota 33.
35 Campbell está comentando diferenças percebidas culturalmente entre os gêneros. Para uma exploração mais profunda de seus pensamentos sobre as diferenças entre gêneros, ver p. 185-200.
36 Evangelho segundo Mateus 7:1.
37 Trata-se de um epigrama escrito por um aluno de Oxford e satirista tardio, Tom Brown, por volta de 1680. Supostamente escrito como parte de uma punição administrada pelo reitor da faculdade de Brown, dr. John Fell, era a tradução do epigrama do poeta romano Martial: *Non amo te, Sabidi, nec possum dicere quare;/Hoc tantum posso dicere, non amo te.* Isto só serve para mostrar que a projeção da sombra está entre nós há bastante tempo.
38 Primeira carta de Paulo aos Coríntios 13:7.
39 Thomas Mann, *Tonio Kröger*, traduzido para o inglês por David Luke, (New York: Bantam Modern Classics, 1990).
40 Thomas Mann, "Little Herr Friedmann," *Death in Venice and Other Tales*, Joachim Neugroschel, tradução. (London: Penguin, 1998).

CAPÍTULO V

41 C. G. Jung, *The Portable Jung*, ed. Joseph Campbell (New York: Viking, 1971), p. xxi.
42 *The Portable Jung*, p. xxi-xxii.
43 *The Inner Reaches of Outer Space: Myth as Metaphor and as Religion.*
44 Evangelho segundo São Mateus 10:39.
45 "En un cuaderno de *La Critica* cita Croce la definitión que un italiano da del *latoso*: es—dice—el que nos quita la soledad y no nos da la companhia." José Ortega y Gasset, *Obras Completas* (Madrid: Talleres Gráficos, 1957), p. 378.
46 Para uma discussão mais aprofundada sobre *kundalini yoga* e a sílaba sagrada *aum*, ver Joseph Campbell, *Myths of Light: Eastern Metaphors of the Eternal*, p. 27-38; *The Inner Reaches of Outer Space*, p. 36-37, 71-72; e *The Mythic Image* (Princeton, N.J.: Princeton University Press, 1981), p. 331-387.
47 Henry Adams, *Mont-Saint-Michel and Chartres* (New York: Penguin, 1986).
48 Para uma discussão mais profunda deste conceito, ver Joseph Campbell, *Mythic Worlds, Modern Words: Joseph Campbell on the Art of James Joyce*, Edmund L. Epstein, PhD, ed. (Novato, Calif.: New World Library, 2004), p. 19-25.
49 Esta é a tradução de Campbell de uma passagem de Dante Alighieri, *Vita nuova*, capítulo 2. O texto em italiano segue:
    In quello punto dico veracemente che lo spirito de la vita, lo quale demora ne la secretissima camera de lo cuore, cominciò a tremare sì fortemente, che apparia ne li menimi polsi orribilmente; e tremando disse queste parole: "Ecce deus fortior me, qui veniens dominabitur michi." In quello punto lo

spirito animale, lo quale demora ne l'alta camera ne la quale tutti li spiriti sensitivi portano le loro percezioni, se mominciò a maravigliare molto, e parlando spezialmente a li spiriti del viso, sì disse queste parole: "Apparuit iam beatitudo vestra." In quello punto lo spirito naturale, lo quale demora in quella parte ove si ministra lo nutrimento nostro, cominciò a piangere, e piangendo disse queste parole: "Heu miser, quia frequenter impeditus ero deinceps!".

50 Bhairavananda é um epíteto para Shiva. Também é um título para iniciados em certas seitas tântricas.

51 Immanuel Kant, *Prolegomena zu einer jeden künftigen Metaphysik, die als Wissenschaft wird auftreten können*, par. 36-38.

CAPÍTULO VI

52 As seções seguintes se baseiam primariamente em uma seção de dois dias de um simpósio mais longo, intitulado "Explorações", que Campbell conduziu no Instituto Esalen em Big Sur, Califórnia, de 16 de novembro a 20 de março de 1973 (L1183-L1185).

53 Os parágrafos de abertura deste capítulo foram extraídos de L472. Ver nota 34.

54 Arthur Schopenhauer, "Über die anscheinende Absichtlichkeit im Schicksale des Einzelnen" (Leipzig: Ed. Frauenstaedt, 1851). Campbell leu este ensaio no idioma original: o título que ele dá é a sua própria tradução do alemão. A tradução em inglês do ensaio aparece em E. F. J. Payne, ed., *Six Long Philosophical Essays*, vol. 1, *Parerga and Paralipomena* (Oxford: Clarendon Press, 2000) p. 199 e ss.

55 Joseph Campbell, *Mitos para viver* (São Paulo: Palas Athena Editora, 2023).

56 Joseph Campbell, *O herói de mil faces* (São Paulo: Palas Athena Editora, 2024).

57 Joseph Campbell, *The Historical Atlas of World Mythology*, vol. 1, *The Way of the Animal Powers* (New York: Alfred van der Marck Editions, 1983).

58 T. S. Eliot, "The Hollow Men," *The Waste Land and Other Poems* (New York: Signet, 1998).

59 Este encontro é relatado no diário da viagem de Campbell à Índia, *Baksheesh & Brahman: Asian Journals—India*, p. 277-278.

60 Mais digna de nota, a última obra completa de Jung foi uma exploração do simbolismo do *hieros gamos* no mito e na alquimia: *Mysterium Coniunctionis*, 2ª ed., vol. 14, *The Collected Works of C. G. Jung* (Princeton, N. J.: Princeton University Press, 1977).

61 Joseph Campbell e Henry Morton Robinson, *A Skeleton Key to Finnegans Wake* (San Francisco: Harcourt Brace Jovanovich, 1988).

62 Para ler este artigo e a sua continuação, "Skin of Whose Teeth? Part II", bem como as reflexões de Campbell sobre os romances de James Joyce, ver Campbell, *Mythic Worlds, Modern Words*.

PARTE IV

63 As perguntas e respostas nesta seção foram extraídas das palestras das quais veio a maior parte deste volume.

CAPÍTULO VII

64 O Cristo de Ozarks é uma grande estátua de Cristo com os braços estendidos que fica na Magnetic Mountain perto de Eureka Springs, Arkansas. Tem 67 pés de altura e pesa quase meio milhão de quilogramas. A estátua foi construída sob o comando de Gerald L. K. Smith, um pregador fundamentalista que foi descrito como "o antissemita mais proeminente na América" dos anos 1940 até sua morte, em 1977. Smith está enterrado na base da estátua. Ver Michael Barkhun, *Religions and the Racist Right: The Origins of the Christian Identity Movement*, rev ed. (Chapel Hill, N.C.: University of North Carolina Press, 1966).
65 Alan Watts, "Images of God," *The Tao Philosophy*, audio ed. (San Anselmo, Calif.: Electronic University Publishing, 1995).
66 Livro de Isaías, 45: 7.
67 Evangelho segundo Mateus 5: 43-44.
68 Evangelho segundo Mateus 5: 44-45.
69 Evangelho segundo João 10:30.
70 Para uma exploração abrangente do simbolismo arquetípico do baralho de tarô, ver Joseph Campbell, *The Hero's Journey: Joseph Campbell on His Life and Work* (Novato, Calif.: New World Library, 2003), p. 179-183. Ver também Richard Roberts, *Tarot Revelations* (Fairfax, Calif.: Vernal Equinox Press, 1987), uma exploração Junguiana do baralho Waite-Rider com prefácio de Joseph Campbell.
71 Estes são Anna Livia Plurabelle e Henry Chimpden Earwicker do livro de James Joyce, Finnegans Wake, p. 23.
72 Friedrich Nietzsche, *Thus Spoke Zarathustra: A Book for All and None*, Walter Kaufmann, trad. (New York: Modern Library, 1995), p. 25-28.
73 George Catlin (1796-1872) foi um pintor que viveu, estudou e pintou o povo nativo do Alto Missouri durante a década de 1830.
74 Ver Joseph Campbell, *As Máscaras de Deus*, vol. 1: *Mitologia Primitiva* (São Paulo: Palas Athena Editora, 1992), p. 301.
75 Friedrich Schiller (1759-1805) foi um proeminente poeta, crítico e dramaturgo alemão. Ele é mais conhecido por ser o autor dos dramas *Don Carlos* e *Maria Stuart* e de "Ode à Alegria," que Ludwig von Beethoven celebremente musicou em sua *Nona Sinfonia*.

BIBLIOGRAFIA DE JOSEPH CAMPBELL

A seguir o leitor encontrará os livros mais importantes escritos ou editados por Joseph Campbell. As informações bibliográficas são da primeira edição. Para informações sobre as demais edições, por gentileza consulte a midiografia da Joseph Campbell Foundation em seu website: www.jdf.org.

AUTOR

Where the Two Came to Their Father: A Navaho War Ceremonial Given by Jeff King. Bollingen Series I. Coautoria de Maud Oakes e Jeff King. Richmond, VA: Old Dominion Foundation, 1943.

A Skeleton Key to Finnegans Wake. Coautoria de Henry Morton Robinson. New York: Harcourt, Brace & Co., 1944.

The Hero with a Thousand Faces. Bollingen Series XVII. New York: Pantheon Books, 1949. [*O herói de mil faces*. São Paulo: Palas Athena Editora, 2024.]

The Masks of God, 4 vols. New York: Viking Press, 1959-1968. Vol. 1, *Primitive Mythology*, 1959. Vol. 2, *Oriental Mythology*, 1962. Vol. 3, *Occidental Mythology*, 1964. Vol. 4, *Creative Mythology*, 1968. [*As máscaras de Deus*. Vol. 1, *Mitologia Primitiva*, 1992. Vol. 2, *Mitologia Oriental*, 1994. Vol. 3, *Mitologia Ocidental*, 2004. Vol. 4, *Mitologia Criativa*, 2010.]

The Flight of the Wild Gander: Explorations in the Mythological Dimension. New York: Viking Press, 1969.* [*O voo do pássaro selvagem: ensaios sobre a universalidade dos mitos*. São Paulo: Record, 1997.]

Myths to Live By. New York: Viking Press, 1972. [*Mitos para viver*. São Paulo: Palas Athena Editora, 2023.]

The Mythic Image. Bollingen Series C. Princeton, N.J.: Princeton University Press, 1974. [*A imagem mítica*. Campinas: Papirus, 1999.]

The Inner Reaches of Outer Space: Metaphor as Myth and as Religion. New York: Alfred van der Marck Editions, 1986.* [*A extensão interior do espaço exterior: a metáfora como mito e religião*. Rio de Janeiro: Campus, 1991.]

---

* Publicados pela New World Library como parte da *The Collected Works of Joseph Campbell*.

The Historical Atlas of World Mythology:

    Vol. 1, *The Way of the Animal Powers.* New York: Alfred van der Marck Editions, 1983. Reimpressão em 2 partes. Part 1, *Mythologies of the Primitive Hunters and Gatherers.* New York: Alfred van der Marck Editions, 1988. Part 2, *Mythologies of the Great Hunt.* New York: Alfred van der Marck Editions, 1988.

    Vol. 2, *The Way of the Seeded Earth,* 3 partes. Part 1, *The Sacrifice.* New York: Alfred van der Marck Editions, 1988. Part 2, *Mythologies of the Primitive Planters: The Northern Americas.* New York: Harper & Row Perennial Library, 1989. Part 3, *Mythologies of the Primitive Planters: The Middle and Southern Americas.* New York: Harper & Row Perennial Library, 1989.

The Power of Myth with Bill Moyers. Com Bill Moyers. Ed. Betty Sue Flowers. New York: Doubleday, 1988. [*O poder do mito.* São Paulo: Palas Athena Editora, 1990.]

Transformations of Myth Through Time. New York: Harper & Row, 1990. [*As transformações do mito através do tempo.* São Paulo: Cultrix, 1992.]

The Hero's Journey: Joseph Campbell on His Life and Work. Ed. Phil Cousineau. New York: Harper & Row, 1990.* [*A jornada do herói.* São Paulo: Ágora, 2003 (fora de catálogo); Palas Athena Editora, no prelo.]

Reflections on the Art of Living: A Joseph Campbell Companion. Ed. Diane K. Osbon. New York: HarperCollins, 1991. [*Reflexões sobre a arte de viver.* São Paulo: Editora Gaia, 2003.]

Mythic Worlds, Modern Words: On the Art of James Joyce. Ed. Edmund L. Epstein. New York: HarperCollins, 1993.*

Baksheesh & Brahman: Asian Journals – India. Eds. Robin and Stephen Larsen and Antony Van Couvering. New York: HarperCollins, 1995.*

The Mythic Dimension: Selected Essays 1959–1987. Ed. Antony Van Couvering. New York: HarperCollins, 1997. [*Mitologia na vida moderna: ensaios selecionados de Joseph Campbell.* São Paulo: Rosa dos Tempos, 2002.]

Thou Art That: Transforming Religious Metaphor. Ed. Eugene Kennedy. Novato, CA: New World Library, 2001.* [*Isto és tu: redimensionando a metáfora religiosa.* São Paulo: Landy Editora, 2002; *Tu és Isso: transformando a metáfora religiosa.* São Paulo: Madras, 2003.]

Sake & Satori: Asian Journals – Japan. Ed. David Kudler. Novato, CA: New World Library, 2002.*

---

* Publicados pela New World Library como parte da *The Collected Works of Joseph Campbell.*

Myths of Light: Eastern Metaphors of the Eternal. Ed. David Kudler. Novato, CA: New World Library, 2003.* [*Mitos de luz: metáforas orientais do eterno.* São Paulo: Madras Editora, 2006.]

Pathways to Bliss: Mythology and Personal Transformation. Ed. David Kudler. Novato, CA: New World Library, 2004.* [*Na trilha do entusiasmo.* São Paulo: Palas Athena Editora, 2024.]

Mythic Imagination: Collected Short Fiction. Novato, CA: New World Library, 2012.*

Goddess: Mysteries of the Feminine Divine. Editado por Safron Rossi. Novato, CA: New World Library, 2013.* [*Deusas: mistérios do divino feminino.* São Paulo: Palas Athena Editora, 2015.]

Romance of the Grail: The Magic and Mystery of Arthurian Myth. Editado por Evans Lasing Smith. Novato, CA: New World Library, 2015.*

Asian Journals: India and Japan. Reedição em livro de bolso que reúne *Baksheesh & Brahman* e *Sake & Satori.* Livro I: *Baksheesh & Brahman,* editado por Robin Larsen, Stephen Larsen e Antony Van Couvering; livro II: *Sake & Satori,* editado por David Kudler. Novato, CA: New World Library, 2017.*

The Ecstasy of Being: Mythology and Dance. Editado por Nancy Allison. Novato, CA: New World Library, 2017.*

EDITOR

Livros que ele editou e completou após o falecimento de Heinrich Zimmer:

Myths and Symbols in Indian Art and Civilization. Bollingen Series VI. New York: Pantheon, 1946. [*Mitos e símbolos na arte e civilização da Índia.* São Paulo: Palas Athena Editora, 1989.]

The King and the Corpse. Bollingen Series XI. New York: Pantheon, 1948. [*A conquista psicológica do mal.* São Paulo: Palas Athena Editora, 1988.]

Philosophies of India. Bollingen Series XXVI. New York: Pantheon, 1951. [*Filosofias da Índia.* São Paulo: Palas Athena Editora, 1986.]

The Art of Indian Asia. Bollingen Series XXXIX, 2 vols. New York: Pantheon, 1955.

---

* Publicados pela New World Library como parte da *The Collected Works of Joseph Campbell.*

OUTRAS OBRAS EDITADAS POR JOSEPH CAMPBELL:

The Portable Arabian Nights. New York: Viking Press, 1951.

Papers from the Eranos Yearbooks. Bollingen Series XXX, 6 vols. Editado com R. F. C. Hull e Olga Froebe-Kapteyn, traduzido por Ralph Manheim. Princeton, N.J.: Princeton University Press, 1954-1969.

Myth, Dreams and Religion: Eleven Visions of Connection. New York: E. P. Dutton, 1970. [*Mitos, sonhos e religião: nas artes, na filosofia e na vida contemporânea.* São Paulo: Ediouro, 2001.]

The Portable Jung. C. G. Jung. Traduzido por R.F.C. Hull. New York: Viking Press, 1971.

My Life and Lives. Rato Khyongla Nawang Losang. New York: E. P. Dutton, 1977.

ÍNDICE REMISSIVO

A

aborto, 42
Abraão (figura bíblica), 122
absoluto, o, 92
Actéon, 157
Adão (figura bíblica), 73, 111, 181, 182
Adams, Henry, 130
Adler, Alfred, 101-102
adolescência, 97-98
Adônis, 69
Advaita Vedanta, escola, 202 n12
Agamenon (Ésquilo), 74
Agostini, Alberto de, 23
ahimsa (não violência), 36
Ahura Mazda, 38
al-Hallaj, 76, 184
alegoria, 21
alimento, invólucro do (*anna-maya-kosha*), 24, 26
alquimistas, 184
altas culturas, emergência das, 70-79
aluno (*sisa*), 94
amar os inimigos, 183-184
ambivalência, 85
amor, 115, 118-119
ananda-maya-kosha (invólucro da beatitude), 24-25, 26
Anel dos Nibelungos, O (Wagner), 104
Angelus Silesius, 57
Angra Mainyu, 38
anima/animus (ideal feminino/masculino no inconsciente masculino/feminino), 114-119, 121, 156-157, 166, 186-188
animais, desenvolvimento espiritual dos, 128-129
anna-maya-kosha (invólucro do alimento), 24, 26
Antigo Testamento, 72, 74. Ver também Bíblia
apache, indígenas, 22
Apolo 10, 145,
apoteose, 158
aranda, povo (Austrália), 44-46
arianos, 72-73
arquétipos, 84. Ver também inconsciente, arquétipos do
Arte da Guerra, A (Sun-Tzu), 90
arte imprópria, 21
Ártemis, 19
artha (sucesso), 96-97
arturianos, romances, 30-31, 53
aspiração/terror, 129-130
assassinato ritual, 65
assombro
    atitudes em relação ao, 38-39, 42
    e mito pessoal, 127, 128, 129, 143
    e o *aum*, 128-129
    nos sistemas religiosos, 91
astecas, 98
astrologia, 143
Atena, 19
atman (base espiritual do indivíduo), 24, 26
ato falho, deslize freudiano, 107-108
aum (sílaba sagrada), 128-129
autodesenvolvimento como um valor, 127-128

auxílio mágico, 156
aventura, chamado à, 153-154. Ver também herói, jornada/aventura do

B

Bastian, Adolf, 21, 55-56, 134
batismo, 98
beatitude, invólucro da (*ananda-maya-kosha*), 24-25, 26
Beethoven, Ludwig von, 206n75
bem versus mal, 180-181, 183
bhairavananda (epifania e êxtase do terror), 144
Bhairavananda (Shiva), 205n50
bhiksu (monge errante), 96
Bíblia
    alegações cosmológicas, 52
    Antigo Testamento, 72, 73-74
    leituras ortodoxas da, 183-184
    luz versus escuridão, 180-181
    obediência exigida pela, 91
    tradição da, 40-41
    transcendendo opostos, 183-184
blackfoot, indígenas (Montana), 62-64
Bleuler, Eugen, 123
bodisatva, 199
Bogoras, Waldemar, 22
brahman, 41, 93
brâmanes, casta dos 93
Brown, Tom, 113, 204n37
Buda
    como *tathagata*, 136
    consciência de, 26-27, 198
    e o sofrimento da vida, 143
    morte, 68
    tentações, 198
    visão de mundo do, 75-76
budismo, 36, 75-76
búfalo, mito do, 62-64, 69, 138-139
busca da noiva, 158
Butler, Samuel: *Erewhon*,185

C

cabalista (escola), 183
caçadores, povos, 60-64, 69, 71
canibalismo, 69
cansaço do mundo, 36
captura estética, 137
casamento, 182, 196-197
casamento sagrado (*hieros gamos*), 156-157, 158, 205n60
castas, sistema de, 41, 93-94
Catedral de Chartres, 130
categorias de pensamento, 74-76
Catlin, George, 194, 206n73
Católicos Apostólicos Romanos, 29, 41
chakras (centros de desenvolvimento espiritual), 128-129, 198-199
Chandogya Upanishad, 75
China, 60, 75
chukchi, povo (Sibéria), 22-23
ciclo cósmico, 75
ciclo da vida, 120, 146-147, 193
ciclos lunares, 140-141
ciência
    e a verdade, 42
    observação/experimentação, desenvolvimento da, 60
    leis da, 42
    teorias versus fatos na, 53
    versus religião, 52
civilização medieval, fundação mítica da, 58, 129-130
civilizações, desenvolvimento global das, 203n22
colapso nervoso na meia-idade, 48, 103
compaixão, 115-117, 119
comparações, período de, 53
complexo de Édipo, 86-87
complexo de inferioridade, 102
compulsividade, 102
comunicação, 129
conjunção dos opostos, 179-180
consciência, 85
    búdica, 26-27, 198
    e a vida, 35-36, 141-142

Índice remissivo

que aponta para a transcendência, 27-28, 202n12
contracepção, 41
contracultura, 161
cosmologia copernicana, 40
cosmologia dualista, 75-76, 154, 179-183
cosmologia ptolomaica, 40
cosmos e o ego, 117-118
Cousins, Norman, 162, 163
crise da meia-idade, 103-104, 122
Cristianismo
    ausência de deusas no, 73-74
    criador versus criatura no, 76
    historicidade dos símbolos do, 78, 126
    Nascimento Virginal, 126, 132, 157
    versus individualismo europeu, 53, 58
    Ver também Bíblia; Cristo
Cristo
    a cruz como passagem para união com Deus, 156, 158
    blasfêmia, 76
    como encarnação de Deus, 130
    e amar os inimigos, 183-184
    humanidade/divindade de, 77
    imagens de, 177-178
    morte de, e nossa vida eterna, 69
    sacrifício de si por seu próprio mito, 127
    versus Jesus, 57
crucificação, 69, 158
Cruz de Ozarks (Montanha Magnética, Arkansas), 177, 206n64
culpa, 143
cultura dos indígenas norte-americanos, obliteração da, 138
culturas tropicais primitivas, 64-66, 69

D

danças-fantasma, rituais de, 138
Dante Alighieri, 146-147
    A divina comédia, 41, 142
    Vita nuova, 137
decisões intoleráveis, 122
decrepitude, 147
deidades, ver deuses
Departamento de Estado, 49
dependência psicológica, 43-44, 87-88
"Der Kleine Herr Friedmann" (Mann), 118
desejos proibidos, 85-86, 89-90, 104
desenvolvimento psicológico do indivíduo, 43-51
desi (local), 134-135, 140
desmembramento, imagem do, 155
destino, 151-152, 190. Ver também mito pessoal
Deus
    como estando além da moralidade, 181
    como fonte de lei/moral, 40-41, 42-43
    imagens de, 178
    relacionamento com, 76-77, 78, 92
    versus humano, 92
deusas, 73-74
deuses
    celtas, 53
    da luz e das trevas, 180-181
    deidades da natureza, 73
    como modelos, 19-20, 21-22, 26-27
    como padroeiros, 19-20, 27
    como poderes espirituais personificados, 58
    masculinos, 72-73
    masculinos versus femininos, 73-74
    transcendentes dos, 21
    tribais, 73
Devi Mahatmya, 191
dharma (ordem do universo), 75, 91, 92-93, 95-97, 142
Diarmid, 69
Divina comédia, A (Dante), 41, 137, 142
Dogen, 183
doutrina da originação interdependente, 136
Dreiser, Theodore, 164
Dürckheim, Karlfried Graf, 20, 201n3
Durga Puja, 191

E

Eckhart, Meister, 57
Édipo (Sófocles), 74-75
Édipo, complexo de 86-87

ego
    e a morte, 134
    e o cosmos, 134
    Freud e o, 89-90, 97, 109, 110
    Jung e o, 106-109, 110
    versus self, 106-109
    versus sombra, 111-114
    visão do Ocidente versus do Oriente, 90-99
    visão oriental do, 110
Elementargedanke (ideias elementares), 55, 84, 135
Elêusis, ritos de 69
Elias, 74
Eliot, T. S., 153, 163
enantiodromia, 103-106, 112, 120-121
Erewhon (Butler), 185
Ergriffenheit, 127. Ver também assombro
eros (desejo de vivenciar o prazer), 97
espaço, 145
Ésquilo *(Agamenon)*, 74
esquimós, 53
esquizofrenia, 58, 123
estágio da sabedoria, 147
estampagem, 83-84
estética, captura, 137
eternidade, 26, 51
Eva (figura bíblica), 73, 111, 181
Evangelhos, sobre o amor, 185
Extremo Oriente, isolamento do, 71
extrovertidos, 102, 120-121

F

Fafner (dragão), 180
fantasma, rituais de danças-, 138
fases da vida, 120-121, 146-147, 192
Fausto (Goethe), 184

Finnegans Wake (Joyce), 162, 163, 190, 206n71
Fitzgerald, F. Scott, 164
Folclore da Europa do Norte, 56
folclore polinésio, 56
força masculina, 60-61
Frankenstein (Shelley), 184-185
Freud, Sigmund
    ambivalência, 85
    as fases da vida, 97-98
    complexo de Édipo, 86-87
    culpar os pais, 143
    dependência dos pais, 43
    desejo, 85
    e Jung, 101, 123-124
    ego, 89-90, 97, 109, 110
    id, 89-90, 97
    introjeção, 85
    libido descartável, 48-49
    neurose, 86, 123-124
    pai, 86, 88
    postura de Hamlet, 86-87
    pré-consciente, 89
    sexo, 101,118, 124
    subconsciente, 89
    superego, 90, 92, 142
Frobenius, Leo, 64, 127, 178
fuga, mitologias de, 36
função da mitologia
    cosmológica, 39-40, 59, 91
    mística, 59, 91
    pedagógica, 42, 146
    psicológica, 41, 43-44, 59
    sociológica, 40, 59, 146

G

Galileu, 145
Gauguin, Paul, 127-128
gênero, ideais enterrados, 114-115
Gênesis, 39-40, 73
gnóstica, seita (escola), 183
Goethe, Johann Wolfgang von: *Fausto*, 184
Graham, Martha, 200

Grande Reversão, 143
guerreiros versus agrários, grupos, 71-73
gurus, 94-96

H

Hallaj, al-, 76, 184
Hamlet, postura de, 86-87
hebraica, tradição, 61
Hemingway, Ernest, 164
herói, jornada/aventura do, 151-174
   a fuga mágica, 159
   a porta ativa, 155
   ajuda mágica durante a, 156
   apoteose como realização da, 158
   captura do que se deseja, 158
   casamento sagrado (hieros gamos), 156-157, 158, 205n60
   chamado à aventura, 153-154
   como reintrodução do seu potencial no mundo, 159-162
   cruzando o limiar, 155-156
   deixando seu ambiente, 153
   dinheiro como desimportante na, 151
   e a vontade, 152
   e o destino, busca, 151-152. (Ver também mito pessoal)
   em *O Império contra-ataca*, 172
   em "O Príncipe sapo", 164-167
   em *O retorno de Jedi*, 158, 172-173
   em "Quando os dois foram até o pai", 167-172
   em *Star Wars*, 172
   impulsividade na, 195-196
   o tempo na, 199-200
   para as mulheres, 185-188, 191, 195-196, 197-198, 200
   realização do, 156-157, 158, 205n60
   reconciliação com o pai, 157-158
Herói de mil faces, O (Campbell), 173
heróis folclóricos, 20
hieros gamos (casamento sagrado), 156-157, 158, 205n60
hinduísmo, 29, 75
Hippius, Maria, 201n3
história versus mito, 20

Homero
   A Ilíada, 165, 200
   A Odisseia, 172, 200
homúnculo, 184
hopi, indígenas, 22
Hyde-Lees, Georgie, 139-141

I

id, 53, 60, 61, 89, 97, 98
Idade da Razão, 53
ideias étnicas (Völkergedanke), 55-56, 117, 134
identidade versus relacionamento, 76-78
Igreja Católica, 29, 40-41
Ilíada, A, 165, 200
imagem da mariposa e da chama, 76
Imitatio Christi (A imitação de Cristo), 26
Império contra-ataca, O (Lucas), 172
Império Romano, 53
incesto, 85-86
inconsciente
   e a sombra, 112-113
   função inferior, 105
   versus consciente, 89
   Ver também inconsciente, arquétipos do
inconsciente, arquétipos do 106-122
   anima/animus (ideal feminino/masculino no inconsciente masculino/feminino), 114-119, 121
   em Jung, 84, 106, 123
   personas, 109-111, 117-118, 119, 139
   self como, 107
   sombra, 110-114, 118, 119-120, 121, 204n7
Índia, 71, 73, 77, 92-94
indiana, medicina, 21
individualismo, individualismo europeu, 53, 58
individuação, 106, 115-116, 119-120, 122
industrialização, 60
infância, 84-85, 97, 146
inferioridade, complexo de, 102

iniciação, ritos de, 88, 194-195
integração, 104, 120
intelecto/pensamento versus sensibilidade/sentimento, 104-106, 204n35
intocáveis (Índia), 94
introjeção, 85
introvertidos, 102, 120-121
intuição versus sensação, 105
invólucro
    da beatitude (*ananda-maya-kosha*), 24-25, 26
    da respiração (*prana-maya-kosha*), 24
    da sabedoria (*vijnana-maya-kosha*), 24-26
    do alimento (*anna-maya-kosha*), 24, 26
    mental (*mano-maya-kosha*), 24-26
IRM (*innate releasing mechanism* – mecanismo liberador inato), 83
ironia erótica, 117
Isaac (figura bíblica), 122
Islã, 76, 78
isolamento do Sudoeste Asiático, 71
Isolda, 53

J

jainismo, 36, 75, 188
Japão, isolamento do, 71
Jesus, ver Cristo
jivas (mônadas vivas), 37
João Paulo II, Papa, 41
Jochelson, Waldemar, 22-23
Josué, Livro de, 72
Joyce, James
    Adão e Eva, 182
    e a arte imprópria, 21
    e a captura estética, 137
    e o monomito, 152-153
    Finnegans Wake, 162, 163, 190, 206n71
    Ulisses, 54
judaísmo, 76
judeus, 77

Jung, Carl Gustav
    anima/animus, 114-115
    arquétipos do inconsciente coletivo, 84, 106, 124
    conjunção dos opostos, 179-180
    e Bleuler, 123
    e Freud, 101, 123-124
    e o *hieros gamos*, 156-157, 205n60
    e os Evangelhos sobre o amor, 185
    e os extrovertidos, 102
    enantiodromia, 103-106histórico de, 133-134
    individuação, 106, 115-116, 119-120, 122
    integração, 104, 120
    mandalas, 133-134
    Memórias, sonhos e reflexões, 123-124
    mito pessoal explorado por, 124-125, 128, 132-133, 152
    no sanatório de Burghölzli, 123
    o ego, 106-109, 110
    o poder, 101-102, 105
    o self, 106-110
    os introvertidos, 102
    personas, 109-111, 119, 122
    projeções, 118-119
    sensação versus intuição, 105
    sensibilidade/sentimento versus pensamento/intelecto, 104-106, 204n35
    sexo, 102, 105, 124
    Símbolos da Transformação, 123-124, 133
    sombra, 111-114
    sonhos, 133-134
    transição para a morte, 88-89

K

kalpa, 75
kama (prazer), 96-97,
Kamapua'a, 69
Kant, Immanuel, 145
King, Jeff, 171-172
"Kleine Herr Friedmann, Der" (Mann), 118

kosher, leis, 61
kundalini, yoga, 97, 128-129, 198

L

labirintos, 20
Lao Tsé: *Tao Te Ching*, 21
latência, período de, 97
Levante, 71
Lewis, Sinclair, 164
libido descartável, 48-49, 103
Livro tibetano dos mortos, 156
lógica aristotélica, 76
Longfellow, Henry Wadsworth: "The Song of Hiawatha," 203n25
lua
    ciclos lunares, 140-141
    exploração da, 144-145, 177
    simbolismo da, 140-141
Lucas, George
    O Império contra-ataca, 172
    O retorno de Jedi, 158, 172-173
    Star Wars, 172
luz versus trevas, 180-181

M

Mãe Terra, 72, 73
maias, 98
mana, personalidade, 119
Manava-Dharmashastra, 90, 94
mandalas, 20, 133-134
Mann, Thomas
    "Der Kleine Herr Friedmann", 118
    A montanha mágica, 54
    Tonio Kröger, 116-117
mano-maya-kosha (invólucro mental), 24-26
marga (o caminho), 134, 135
Maria (figura bíblica), 158
marind-anim, povo (Nova Guiné), 66-67
Martial, 204n37
Marx, Karl, 143
máscaras, 139-141, 142
Maslow, Abraham, 126-127, 128

maturidade, 43-46, 146
maya (princípio feminino que gera o universo dos fenômenos), 158, 173-174
me (ordem universal), 92
mecanismo liberador inato, 83
mecanização, 60
medicina chinesa, 21
medicina indiana, 21
meditação, 139, 155
medo primitivo, 56
meia-idade
    crise da, 103-104, 122
    colapso nervoso na, 48, 103
Melanésia, criação de porcos na, 67-68
Memórias, sonhos e reflexões (Jung), 123-124
Menon, Sri Krishna, 154-155
menstruação, 194-195
mental, invólucro (*mano-maya-kosha*), 24-26
Merton, Thomas, 29
Mesopotâmia, 60, 71
Metamorfose, A (Ovídio), 157
Minnehaha, 62, 203n25
mistério, senso de, ver assombro
Mistério do Oriente, 76
místicos, 76
mito, 55-79
    altas culturas do Oriente e do Ocidente, emergência das, 70-79
    e religião, 55
    elemento primordial versus elemento local no, 21-22
    funções tradicionais e atuais, 146-147
    masculino versus feminino, 73-75
    nas sociedades primitivas/ancestrais, 60-71
    onírico, 23
    superfície versus substância do, 55-59
    Ver também mito pessoal; rito/ritual
mito pessoal, 123-147
    aspiração/terror, 129-130

    como encontrar, 125-126, 130-131, 134-136
    e a comunicação, 129
    e a consciência, identificação da vida com a, 141-142
    e as fases da vida, 146-147
    e as funções da mitologia nas tradições e nos dias de hoje, 143-147
    e kundalini yoga, 128-129
    e máscaras, 139-141, 142
    e o assombro, 127, 128, 129, 143
    e o desaparecimento dos símbolos, 130, 137-139
    e os sonhos, 132-133
    e símbolos universais versus locais, 134-135
    exploração de Jung do, 124-125, 128, 132-134, 152
    na sociedade secular, 124-125
    natureza animal versus espiritual, -136-138
    o arquétipo da sua fase da vida, 137-138
    psique/espírito como fonte do, 130-132
    versus valores que regem a vida das pessoas, 125-127, 128, 129-130
mitologia
    de fuga, 36
    função cosmológica da, 39-40, 59, 91
    função mística da, 59, 91
    função pedagógica da, 42, 146
    função psicológica da, 41, 43-44, 59
    função sociológica da, 40, 59, 146
    paideumática, 64
modelos para mulheres, 19-20
moderno, período, 60
Moffitt, John, Jr., 29, 202n13
moira (ordem do universo), 92
Moisés, 159
moksha (liberação), 95, 96
mônadas vivas (*jivas*), 37
monomito, 152-153
Montanha mágica, A (Mann), 54
Monte Athos, 190
moralidade, 40, 59, 122

morte
    cruzando o limiar da, 155-156
    e o ego, 134
    vida surgindo da, 62-67, 69
    visão dos povos caçadores, 60-61
    visão religiosa da, 50
mulheres
    como camelos, 193-194, 195
    criação dos filhos pelas, 194-195
    experiência do parto para as, 192-193
    jornada do herói para as, 185-188, 191, 195-196, 197-198, 200
    sofrimento das, 193-194
    trabalho de casa das, 195-197
    versus homens, 189-193

N

Nagasaki, 136
não violência (*ahimsa*), 36
nascimento cármico, 110
Nascimento Virginal, 126, 132, 157
navajos, indígenas, 22, 23, 167-172
neuroses/neuróticos, 44, 86, 123-124
Nietzsche, Friedrich Wilhelm, 39, 53, 193
Nikhilananda, Swami, 202n13
norte-americanos, obliteração da cultura dos índios, 138
nuclear, tese, 85

O

Oakes, Maud, 167, 171
Odisseia, A (Homero), 172, 200
Odisseu, 159
olmeca, povo (América), 60
ona, povo (Terra do Fogo), 23
opostos, conjunção dos, 179-180
ordem do universo (*dharma*), 75, 91, 92-93, 95-97, 142
ordem do universo (*me, moira, tao*), 75, 92-93, 142
oriental, cosmologia/ grande harmonia da sociedade, 91

Índice remissivo

Ortega y Gasset, José, 127
Osíris, 69, 155
Ovídio (Metamorfose), 157

P

pai como educador, 87
papéis sociais, 109-111
Paulo, São, 26-27, 54, 116, 130, 177
pawnee, indígenas, 98
peiote, culto do, 138-139
Pele, Madame, 69
perfeição/imperfeição, 115-118
período de comparações, 53
período de latência, 97
período moderno, 60
personas, 109-111, 117-118, 119, 139
pigmeus (Congo), 178-179
planetas, movimento dos, 70-71
poder
    em Adler, 101-102
    em Jung, 102, 105-106
    versus sexo, 101-104, 105-106
polinésio, folclore, 56
porcos, 67-69
porta ativa, 155
povos
    agrários, 65-66, 70
    caçadores, 60-64, 69, 71
    caçadores europeus, 71
prana-maya-kosha (invólucro da respiração), 24
pré-consciente, 89
prestígio como valor, 126-127
"Príncipe sapo, O", 164-167
projeções segundo Jung, 118-119
Prometeu, 98-99
psicose, 86, 124
ptolomaica, cosmologia, 40
puberdade, 97-98
pueblo, xamãs travestidos do povo pueblo, 22

Q

"Quando os dois foram até o pai", 167-172
Queda, 38, 58, 130, 181
Queste del Saint Graal, La, 30-31

R

Rama, 157, 158
Ramayana, 158
Ravana, 158
reação estereotipada, 83-84
reconciliação com o pai, 157-158
Redenção, 58
redenção, 129-130
Reforma, 53
relacionamento
    feminino/masculino, 182, 188-189
    pessoal como valor, 125-127
    versus identidade, 76-77
relevância do entusiasmo, 26-30
religião
    e mito, 55
    historicidade dos símbolos da, 57-58, 78-79, 127
    popularização da, 21
    versus ciência, 52
    versus cosmologia moderna, 145
relógio biológico, 190
Renascença, 53, 58, 60
respiração, invólucro da (*prana-maya-kosha*), 24
Ressurreição, 38
Retorno de Jedi, O (Lucas), 158, 172-173
revolução, 142-143
rito/ritual
    assassinato no ritual, 65
    batismo, 98
    como mito encenado, 23, 65-67
    de iniciação, 88, 194-195
    desconectado do mito, 98-99
    danças-fantasma, 138
    e as funções da mitologia, 35-43, 51-52, 59, 91, 143-147

e o desenvolvimento do indivíduo, 43-52
hindu, 194-195
mitos para o futuro, 51-54
puberdade, 43-46
sacrifício, 65, 69-70
sati, 47
ritos psicológicos, encontrando o inconsciente social através dos, 22,
Robinson, Henry Morton, 162-163
romances arturianos, 30-31, 53

S

sabedoria
  de vida, 20-21
  estágio da, 147
  invólucro da *(vijnana-maya-kosha)*, 24-26
sacerdotes, 70
salvação, 130
sarcófagos egípcios, 25-26
sat-chit-ananda (ser/consciência/bem-aventurança), 27
Satchitananda (swami), 77
sati (ritual), 47
Schiller, Friedrich, 197, 206n75
Schopenhauer, Arthur, 36, 152
segurança como valor, 127-128
self
  como arquétipo do inconsciente coletivo, 106-108
  como centro da consciência, 113
  e gênero, 114-115
  em Jung, 106-110
  versus ego, 107-109
  visão do, no Oriente e no Ocidente, 90-99
  Ver também herói, jornada/aventura do
semitas, 72-73
senilidade, 41
sensação versus intuição, 106
sentimentalismo, 105
sentimento/sensibilidade versus intelecto/pensamento, 104-106, 204n35
ser, mistério do, 75-76
Set, 69
Seti I (Egito), o túmulo de, 25
sexo
  em Adler, 101-102
  em Freud, 101, 118, 124
  em Jung, 102, 105-106
  versus poder, 101-104, 105-106
Shakti, culto a 178, 191
Shakyamuni, Gautama,158
Shankara, 202n12
Shelley, Mary: *Frankenstein*, 184-185
Shiva (Bhairavånanda), 205n50
shraddha (fé absoluta no mestre), 94, 96
Siegfried (personagem), 180
símbolos
  arquétipos, 84
  desaparecimento dos, 137-139
  herói crucificado, 98
  historicidade, 55-58, 78, 126
  inatos versus estampados, 83-84
  trabalho mitológico através dos, 83-85
  universais, 83, 84-85
  universais versus locais, 134-135
Símbolos de transformação (Jung), 123-124, 133
sinais, respostas automáticas a, 131
sioux, indígenas, 203n25
  xamãs travestidos dos, 22
sisa (aluno), 94
sistema nervoso simpático, 131
Sita, 157
Skeleton Key to Finnegans Wake, A (Campbell e Robinson), 162-163
Skin of Our Teeth, The (Wilder), 162-163
Smith, Gerald L. K., 206n64
sobrevivência como valor, 127-128
sociedade e desenvolvimento pessoal, 85-89
sociedade secular, 42, 124-125
sociedades primitivas/primevas, 60-71

Sófocles (Édipo), 74
sol, simbolismo do, 141
sombra, 118, 119, 121, 204n37
    em Jung, 111-114
"Song of Hiawatha, The" (Longfellow), 203n25
sonhos, 58-59, 132-134
Soto, 183
Star Wars (Lucas), 172
subconsciente, 89
submissão à autoridade, 43-44
Sudoeste Asiático, isolamento do, 71
sudras, casta dos, 93-94
Suméria, 70
    cosmologia suméria, 40
Sun Tzu, A arte da guerra, 90
superego, 90, 92, 97, 142

T
tabus, 85
Taittiriya Upanishad, 24
tao (ordem do universe), 75, 92, 142
Tao Te Ching, (Lao Tsé), 21
taoismo, mistério do ser no, 75
tathagata (aquele que assim veio), 136
tempo versus eternidade, 26
tensão, 182
tese nuclear, 85
thanatos (vontade pelo poder/sucesso), 97
Thomás de Aquino, 74
Tonio Kröger (Mann), 116-117
tradição hebraica, 61
    tradição vedantina, 24-26
transcendência
    e o ego, 92
    ser/consciência/beatitude como apontando mais longe, 27, 202n12
    ser transparente à, 30, 23, 53
    via tradições locais, 22
Tristão, 53
Tutancâmon (Egito), túmulo de, 25-26

U
Ulisses (Joyce), 54
unidade, 182
unissex, conceito, 182

V
vaixás, casta dos, 93, 97
valores pelos quais as pessoas vivem, 125-127, 128, 129-130
vanaprastha (aquele que está na floresta), 96
vedantina, tradição, 24-26
Vedas, 94
velhice, 47-50, 105
vida
    afirmação versus negação da, 35-39, 143-144
    atitude reformadora diante da, 144-145
    ciclos, etapas da, 120-121, 146-147, 193
    e consciência, 35-36
    estágios de desenvolvimento, 97-98
    natureza/provação de "devorar ou ser devorado", 35, 143-144
    sabedoria de, 20-21
vijnana-maya-kosha (invólucro da sabedoria), 24-26
virginal, nascimento, 126, 132, 157
visão de mundo dualista, 75-76, 154, 179-183
Vision, A (Yeats), 139-141
Völkergedanke (ideias étnicas), 55-56, 117-118, 134
vontade, 152

X
xamãs
    canções/chamados dos, 22-23, 153-154
    travestidos, 22-23
xátrias, casta dos, 93

W

Wagner, Richard, *O anel dos Nibelungos*, 104
Watts, Alan, 178
Wilder, Thornton: *The Skin of Our Teeth*, 162–163
Wilhelm, Richard, 133
Wirz, Paul, 66

Y

Yahweh, 73-74, 178, 181
yámana, povo (Terra do Fogo), 23
Yeats, W. B. (*A Vision*), 139-141
yoga
    jainista, 188
        kundalini, 97, 128-129, 198

Z

Zaratustra, 38
Zen budismo, 197
Zeus, 170-171
Zimmer, Heinrich, 30, 78, 133, 182
zoroastrismo, 143, 180-181

SOBRE O AUTOR

Há mais de cem anos, em 26 de março de 1904, Joseph John Campbell nasceu em White Plains, no estado de Nova York. Joe, como era chamado, foi o primeiro filho de Charles e Josephine Campbell, um casal de católicos de classe média.

Os primeiros anos da vida de Joe foram sem incidentes. Mas quando ele tinha sete anos de idade, seu pai o levou, junto com seu irmão mais novo, ao show do Velho Oeste [Wild West Show] de Buffalo Bill. Aquela noite foi um ponto alto na vida de Joe pois, embora os cowboys fossem evidentemente as estrelas do show, conforme as palavras que o próprio Joe escreveu anos depois, ele ficou "fascinado, capturado e obcecado pela figura de um índio norte-americano nu, com a orelha colada ao chão, arco e flecha na mão, e um olhar de sabedoria especial".

Arthur Schopenhauer, filósofo cuja obra teve grande influência sobre Campbell, observou que:

> [...] as experiências e iluminações da infância e juventude transformam-se, em uma fase posterior da vida, nos tipos e categorias segundo as quais todas as coisas serão classificadas – nem sempre conscientemente, contudo. E é assim que na nossa infância lançam-se os fundamentos de nossa posterior visão de mundo, e junto com ela também a de sua superficialidade ou profundidade, que em anos posteriores será desenvolvida e realizada, mas nunca essencialmente modificada.

E foi assim com o jovem Joseph Campbell. Embora tenha (até sua segunda década de vida) praticado ativamente a fé de seus ancestrais, ele tornou-se consumido pela cultura dos nativos da América do Norte. E sua visão de mundo foi provavelmente modelada pela tensão dinâmica entre essas duas perspectivas mitológicas. Por um lado, estava imerso nos rituais, símbolos e rica tradição de sua herança católica irlandesa; de outro, obcecado com a experiência direta que os povos primitivos (ou, como depois veio a preferir, "primevos") tinham daquilo que viria a descrever como "a exposição dinâmica e em contínua criação de um *mysterium tremendum et fascinans* absolutamente transcendente, embora universalmente imanente, que é a base tanto de todo o espetáculo quanto de si mesmo". (*Historical Atlas of World Mythology*, I, pt 1, p. 8).

Aos dez anos de idade, Joe já tinha lido todos os livros sobre os nativos norte-americanos que havia na seção infantil da biblioteca local, e obteve permissão para ler os da seção de adultos, onde por fim devorou todos os volumes dos *Reports of the Bureau of American Ethnology*. Ele fez tradicionais cintos de contas de conchas, fundou sua própria tribo (chamada "Lenni-Lenape", por causa de uma tribo de Delaware que originalmente habitara a área metropolitana de Nova York) e frequentou o American Museum of National History, onde ficou fascinado com os totens e máscaras, começando assim uma exploração de vida inteira da vasta coleção desse museu.

Depois de passar a maior parte de seu 13º ano se recuperando de uma enfermidade pulmonar, Joe frequentou por algum tempo o Iona, uma escola privada em Westchester, Nova York, antes de sua mãe o matricular na Canterbury, uma escola-internato católica, em New Milford, Connecticut. Seus anos de ensino médio foram ricos e compensadores, embora marcados por uma grande tragédia: em 1919 a residência dos Campbell foi consumida pelo fogo, no qual pereceu sua avó e foram destruídas todas as posses da família.

Joe se formou na Canterbury em 1921, e em setembro do ano seguinte entrou para o Dartmouth College, mas logo se desiludiu com a cena social e se desapontou com a falta de rigor acadêmico, transferindo-se para a Columbia University, onde se destacou: enquanto se especializava em literatura medieval, tocou numa banda de jazz e tornou-se um corredor estrela. Em 1924, acompanhado de sua família numa viagem de navio para a Europa, Joe conheceu o jovem Jiddu Krishnamurti, apresentado ao mundo pela Sociedade Teosófica como "o Novo Messias", e assim começou uma amizade que se renovaria intermitentemente ao longo dos próximos cinco anos. Depois de formado pela Columbia (1925), e tendo recebido o grau de mestre (1927) por seu trabalho sobre as lendas arturianas, Joe ganhou uma bolsa para continuar seus estudos na Universidade de Paris (1927-1928). Depois disso, tendo recusado um convite para lecionar na sua faculdade de origem, sua bolsa foi renovada e ele viajou para a Alemanha a fim de continuar seus estudos na Universidade de Munique (1928-1929).

Sobre o autor

Nesse período Joe foi exposto aos mestres modernistas – notadamente o escultor Antoine Bourdelle, Pablo Picasso e Paul Klee, James Joyce e Thomas Mann, Sigmund Freud e Carl Jung –, cuja arte e insights influenciariam grandemente sua obra. Esses encontros o levariam afinal a aventar que todos os mitos são produtos criativos da psique humana, que os artistas são criadores de mitos da cultura e que as mitologias são manifestações criativas da necessidade universal humana de explicar realidades psicológicas, sociais, cosmológicas e espirituais.

Quando Joe voltou da Europa no final de agosto de 1929, viu-se em uma encruzilhada, incapaz de decidir o que queria fazer de sua vida. Com o início da Grande Depressão, perdeu as esperanças de obter um cargo como professor, portanto passou os próximos dois anos reestabelecendo conexões com sua família, lendo, revendo antigos amigos e escrevendo copiosamente em seu diário. No final de 1931, depois de rejeitar a possibilidade de um doutorado ou docência na universidade de Columbia, ele decidiu, como incontáveis rapazes antes e depois dele, "pegar a estrada" e fazer uma viagem de um lado ao outro do país, jornada na qual ele desejava vivenciar a "alma da América" e talvez descobrir o propósito de sua vida. Em janeiro de 1932, quando partia de Los Angeles onde estivera estudando russo para poder ler *Guerra e Paz* no original, Joseph Campbell refletiu sobre seu futuro nas páginas de seu diário:

> "Começo a pensar que tenho um dom para trabalhar como um boi em assuntos totalmente irrelevantes [...] Estou tomado por um sentimento horrível de que nunca cheguei a lugar algum – mas quando sento e tento descobrir aonde quero chegar, nada me ocorre. [...] A ideia de virar professor me aterroriza. Seria uma vida tentando me enganar, e a meus alunos, de que o que buscamos está nos livros! Não sei onde está – mas a esta altura tenho certeza de que não está nos livros. Não está nas viagens. Não está na Califórnia. Não está em Nova York [...] Onde estará? E afinal de contas, o que é?
>
> Portanto, um dos resultados da minha estadia em Los Angeles foi a eliminação da Antropologia desse concurso. Percebi de repente que todo o meu entusiasmo pelos povos primevos e nativos americanos poderia ser facilmente incorporado a uma carreira literária. Estou agora convicto de que nenhum outro campo além da literatura inglesa me daria espaço quase ilimitado para fazer aquilo que gosto. Uma ciência me

ataria – e provavelmente não daria qualquer fruto que a literatura não me desse. Se quero justificar minha existência, e continuo obcecado com a ideia de que devo dar alguma coisa à humanidade – bem, ensinar deve satisfazer essa obsessão – e se eu conseguir chegar a uma visão inteligente das coisas, uma crítica inteligente dos valores contemporâneos, isto será útil ao mundo. Isso me faz voltar ao dito de Krishna: *O melhor modo de ajudar a humanidade é pelo aperfeiçoamento de si*".

Suas viagens o levaram para o norte, até San Francisco, e depois de volta para o sul, até Pacific Grove, onde passou boa parte do ano na companhia de Carol e John Steinbeck e do biólogo marinho Ed Ricketts. Durante esse período ele lutou com sua escrita, descobriu os poemas de Robinson Jeffers, leu pela primeira vez *Decline of the West*, de Oswald Spengler, e escreveu para umas setenta faculdades e universidades numa tentativa malsucedida de conseguir um emprego. Por fim, foi oferecido a ele um emprego de professor na Canterbury. Ele retornou para a Costa Leste, onde amargou um ano infeliz como mestre na Canterbury, e o ponto alto do período foi quando vendeu seu primeiro conto ("Strictly Platonic") para a revista *Liberty*. E então, em 1933, ele se mudou para uma casa sem água corrente na Rua Maverick em Woodstock, NY, onde passou um ano lendo e escrevendo. Em 1934 recebeu um convite e aceitou um emprego no departamento de literatura no Sarah Lawrence College, cargo que exerceu por 38 anos.

Em 1938 casou-se com uma de suas alunas, Jean Erdman, que se tornaria uma presença importante no campo emergente da dança moderna, primeiramente como solista na trupe inicial de Martha Graham, e, mais tarde, como dançarina e coreógrafa de sua própria companhia.

Enquanto dava continuidade à sua carreira como professor, a vida de Joe continuou a se desenrolar através de felizes "acasos". Em 1940 foi apresentado a Swami Nikhilananda, que pediu sua ajuda para produzir uma nova tradução do *Evangelho de Sri Ramakrishna* (publicado em 1942). Em seguida, o swami apresentou Joe ao estudioso da Índia Heinrich Zimmer, que o apresentou a um membro do conselho editorial da Bollingen Foundation. Esta tinha sido fundada por Paul e Mary Mellon para "desenvolver estudos e pesquisas nas artes e ciências e outros campos culturais em geral" e estava justamente embarcando num ambicioso projeto editorial, a Bollingen Series. Joe foi convidado a contribuir com uma "Introdução e

Comentário" à primeira publicação: *Where Two Came to Their Father: A Navajo War Ceremonial* [Onde dois foram ao pai: uma cerimônia navajo de guerra], com texto e pinturas registrados por Maud Oakes e doados por Jeff King (Bollingen Series, I: 1943).

Quando Zimmer morreu de modo repentino em 1943, aos 52 anos de idade, sua viúva, Christiana, e Mary Mellon, pediram a Joe que supervisionasse a publicação de suas obras inacabadas. Joe acabou por editar e completar quatro volumes póstumos de Zimmer: *Myths and Symbols in Indian Art and Civilization* (Bollingen Series VI: 1946) [*Mitos e símbolos na arte e civilização da Índia*. São Paulo: Palas Athena Editora, 1989.], *The King and the Corpse* (Bollingen Series XI: 1948) [*A conquista psicológica do mal*. São Paulo: Palas Athena Editora, 1988.], *Philosophies of India* (Bollingen Series XXXIX: 1955) [*Filosofias da Índia*. São Paulo: Palas Athena Editora, 1986.], e um opus de dois volumes *The Art of Indian Asia* (Bollingen Series XXXIX).

Enquanto isso, Joe continuou contribuindo para a Bollingen com um "Comentário Folclorístico" aos Contos de Grimm (1944). Ele também foi coautor (com Henri Morton Robinson) de *A Skeleton Key to Finnegans Wake* [Chave mestra para a leitura de Finnegans Wake] (1944), o primeiro grande estudo do romance notoriamente complexo de James Joyce.

Sua primeira obra solo de grande envergadura, *The Hero of Thousand Faces* (Bollingen Series XVII: 1949) [*O herói de mil faces*. São Paulo: Palas Athena Editora, 2024.], foi publicada e recebeu aclamação pública, tendo concedido a ele a primeira de numerosas premiações e honrarias: Prêmio por Contribuições à Literatura Criativa do National Institute of Arts and Letters. Neste estudo do mito do herói, Campbell propõe a existência de um monomito (palavra emprestada de James Joyce), um padrão universal que é comum em contos heroicos em todas as culturas. Ao esboçar os estágios básicos desse ciclo mítico, ele também explorou variações comuns na jornada do herói que, conforme argumenta, é uma metáfora operacional, não apenas para o indivíduo, mas para a cultura também. *O herói de mil faces* viria a ter uma enorme influência sobre várias gerações de artistas criativos – desde os expressionistas abstratos dos anos 1950 até os cineastas contemporâneos – e com o tempo se tornaria um clássico.

Joe escreveu dúzias de artigos e numerosos outros livros, inclusive *The Masks of God: Primitive Mythology* (Vol. 1: 1959), *Oriental Mythology* (Vol. 2: 1962), *Occidental Mythology* (Vol. 3: 1964), *Creative*

Mythology (Vol. 4: 1968) *[As máscaras de Deus: Mitologia Primitiva* (Vol. 1: 1992), *Mitologia Oriental* (Vol. 2: 1994), *Mitologia Ocidental* (Vol. 3: 2004) e *Mitologia Criativa* (Vol. 4: 2010) São Paulo: Palas Athena Editora.] *The Flight of the Wild Gander: Explorations in the Mythological Dimension* (1969); *Myths to Live By* (1972) [*Mitos para viver.* São Paulo: Palas Athena Editora, 2023.] *The Mythic Image* (1974); *The Inner Reaches of Outer Space: Metaphor as Myth and as Religion* (1986); e cinco livros de seu *Historical Atlas of World Mythology* em quatro volumes, inacabado (1983-1987).

Foi também um profícuo editor. Ao longo dos anos, editou *The Portable Arabian Nights* (1952) e foi editor chefe da série *Man and Myth* (1953-1954), que incluía obras de quilate escritas por Maya Deren (*Divine Horseman: the Living Gods of Haiti*, 1953), Carl Kerrnyi (*The Gods of the Greeks*, 1954) e Alan Watts (*Myth and Ritual in Christianity*, 1954). Ele também editou *The Portable Jung* (1972), bem como seis volumes de *Papers from the Eranos Yearbooks* (Bollingen Series XXX); *Spirit and Nature* (1954), *The Mysteries* (1955), *Man and Time* (1957), *Spiritual Disciplines* (1960), *Man and Transformation* (1964) e *The Mystic Vision* (1969).

Não obstante suas muitas publicações, é possível dizer que Joe teve seu maior impacto no público atuando como orador. Desde a sua primeira aparição pública em 1940 – uma palestra no Ramakrishna-Vivekananda Center intitulada "A mensagem de Sri Ramakrishna para o Ocidente" – ficou evidente que ele era um erudito, porém um palestrante acessível, talentoso contador de histórias, e jocoso narrador. Nos anos que se seguiram, foi convidado com cada vez mais frequência para falar em diferentes locais e sobre variados assuntos. Em 1956 foi convidado a palestrar no Forum Service Institute do Departamento de Estado; falando sem anotações, ele palestrou durante dois dias inteiros. Suas apresentações eram tão bem recebidas que ele foi convidado a voltar todos os anos durante 17 anos. Em meados dos anos 1950 ele também assumiu uma série de palestras públicas no Cooper Union na cidade de Nova York, e essas palestras atraíram um público cada vez maior e mais diverso, e logo se tornaram um evento periódico.

Joe começou a ensinar no Esalem Institute em 1965. Daí em diante, todos os anos ele voltava ao Big Sur para partilhar suas ideias mais recentes, seus insights, suas histórias. Com o passar do tempo, ele

Sobre o autor

acabou cada vez mais afeiçoado a suas temporadas anuais naquele lugar que ele chamava de "paraíso da Costa do Pacífico". Embora tenha se aposentado do cargo de professor no Sarah Lawrence em 1972 para se dedicar à escrita, continuou a fazer essas temporadas de dois meses de aulas todos os anos.

Em 1985 Joe ganhou a medalha de ouro de Literatura do National Arts Club. Na cerimônia de premiação, James Hillman observou: "Ninguém do nosso século – nem Freud, nem Thomas Mann, nem Levi-Strauss – aproximou tanto nossa consciência diária do sentido mítico do mundo e suas figuras eternas".

Joseph Campbell morreu inesperadamente em 1987 depois de uma breve luta contra o câncer. Em 1988 milhões de pessoas foram apresentadas às suas ideias pela transmissão do programa *Joseph Campbell e o Poder do Mito*, série apresentada por Bill Moyers – seis horas de um diálogo eletrizante entre os dois homens, que fora gravado ao longo de vários anos. Quando ele faleceu, a revista *Newsweek* observou que "Campbell tornou-se um dos intelectuais mais raros da vida norte-americana: um pensador sério que foi abraçado pela cultura popular".

Em seus últimos anos, Joe gostava de relembrar que Schopenhauer, em seu ensaio "On the Apparent Intention in the Fate of the Individual" [Sobre a aparente intencionalidade do destino do indivíduo], escreveu sobre o sentimento curioso de que há um autor em algum lugar escrevendo o romance de nossa vida, de tal modo que eventos que nos parecem acasos na verdade têm uma trama se desenvolvendo, trama que desconhecemos.

Revendo a vida de Joe, é inevitável sentir que ela comprova a observação de Schopenhauer.

SOBRE A FUNDAÇÃO JOSEPH CAMPBELL

A FUNDAÇÃO JOSEPH Campbell (JCF na sigla em inglês) é uma organização sem fins lucrativos que dá continuidade à obra de Joseph Campbell, explorando os campos da mitologia e religião comparada. A Fundação está voltada para três objetivos principais:

Primeiramente, ela preserva, protege e perpetua a obra pioneira de Joseph Campbell. Isto inclui a catalogação e arquivamento de sua obra, o desenvolvimento de novas publicações baseadas nessa obra, a coordenação da venda e distribuição das obras publicadas, a proteção dos direitos autorais de suas obras, e o crescimento da difusão de sua obra disponibilizando-a em formato digital no website da JCF.

Em segundo lugar, a Fundação promove o estudo da mitologia e religião comparada. Isto envolve a a implementação e/ou apoio a diversos programas educativos sobre mitologia, o apoio/patrocínio de eventos concebidos para conscientização do público em geral, a doação de obras de Campbell arquivadas principalmente no Joseph Campbell and Marija Gimbutas Archive and Library e a utilização do website da JCF como fórum para relevantes diálogos interculturais.

Em terceiro lugar, a Fundação auxilia indivíduos a enriquecerem suas vidas pela participação em uma série de programas, inclusive nosso programa de associados via internet, nossa rede internacional local de Mesas Redondas Mitológicas, e nossos eventos e atividades periódicas relacionados a Joseph Campbell.

Para mais informações sobre a obra de Joseph Campbell e a JCF visite:

Joseph Campbell Foundation
8033 Sunset Blvd. #1114
Los Angeles, CA. 90046-2401
www.jcf.org

Texto composto em Versailles LT Std.
Impresso em papel Avena 80g pela Trust Gráfica.